五度课堂

教学评一致性的理论与实践

WU DU KE TANG

JIAO XUE PING YI ZHI XING DE LI LUN YU SHI JIAN

主　编　王永亮

中国海洋大学出版社
·青岛·

图书在版编目(CIP)数据

五度课堂：教学评一致性的理论与实践 / 王永亮主编 . -- 青岛：中国海洋大学出版社，2022. 12 （2025. 12重印）

ISBN 978-7-5670-3351-1

Ⅰ. ①五… Ⅱ. ①王… Ⅲ. ①课堂教学－教学研究 Ⅳ. ①G424.21

中国版本图书馆 CIP 数据核字(2022)第 230486 号

出版发行 中国海洋大学出版社
社　　址 青岛市香港东路 23 号　**邮政编码** 266071
出 版 人 刘文菁
网　　址 http://pub.ouc.edu.cn
电子信箱 ouc-shaochengjun@qq.com
责任编辑 邵成军　**电　　话** 0532-85902533
印　　制 蓬莱利华印刷有限公司
版　　次 2022 年 12 月第 1 版
印　　次 2025 年 12 月第 3 次印刷
成品尺寸 170 mm × 240 mm
印　　张 19. 5
字　　数 310 千
印　　数 2401～3000
定　　价 59. 00 元

如遇印装问题，请致电 0535-5651533，由印刷厂负责调换。

编委会

序 言

PREFACE

新时代，每一位教育工作者都应该有个美好的教育梦——一个"为党育才""为国育才"的中国梦！

而对于中小学教师来说，如何才能实现这个伟大的教育梦，引人深思。作为一名大学教师，我常有机会到全国各地的中小学考察、调研，会遇到形形色色的人与事。我发现，他们大都是一群默默无闻却又激情干事的人。他们常怀坦诚之心、求教之意，描述着他们的成就，诉说着他们的困惑，透露着他们的简单快乐。我从他们那里汲取的点点滴滴，终汇聚成河，时常流淌在我的念头里，呈现激涌状态。

留给我印象最为深刻的学校之一，就是王永亮校长引领下的潍坊寿光现代明德学校。明德学校是一个新建学校，在最近几年的接触中，我看到该校几乎每年一个台阶在向上努力、蓬勃发展。出现这种喜人的态势，其原因是多元的。但最重要的一点，我想，是明德学校对课堂教学改革的执着信念与持续行动。在王永亮校长的倡导下，明德学校开始了深入的、长期的、富有成效的五度课堂改革实践探索。

何为五度？五度是明德人对高品质课堂构成要素的多维解读，它包括"效度""温度""参与度""深度"与"梯度"。这五个词生动地概括出"教学目标""教师的教""学生的学""教学内容"以及"教学方式"等课堂教学关键要素的意蕴特色，也可比喻为一个拳头的五个手指，合则力生威。它们之间互为联系、互相作用，共同促进课堂教学的高质量发展。与常见的中小学课改书籍不同，我们从全书的体例结构上，可以清楚地看到，明德学校从一开始就坚持理论建构与实践探索相结合、过程性反思与阶段性总结相结合的原则，在大量文献综述的基础上，科学规划五度课堂改革的每一阶段、每一小步。这是可贵的教育智慧。这是因为，改革尝试未必都是正确的，也肯定不会是一帆风顺的。尤其是教育改革，更应慎之又慎。教育改革的根本是育人。如果课堂改革稍有差池，可能会影响孩子们的一生。令人欣慰的是，明德人在课堂改革的道路上既有大胆创新之举，也有慎重决策之选。他们与我反反复复地论证过课堂改革的种种可能，每个学期又都把论证的可能通过课堂教学的实践转化为现实的可行。就这样，他们从论证出发，到课堂实践，再到课题探索，又返回课堂，进入一个良性循环。从书中，我们不难看到大量的理论知识、学术观点，也不难看到五度课堂实践的学科案例。这说明，五度课堂实践已经取得了初步的成果。

在课改的探索之路上，我目睹了明德课堂的成就与创造。五度课堂不再是单向的知识传递，而是多向的知识建构。教师的经验得以迅速积累、内化、升华，我见证了一批批教师的崭露头角。学生的学风得以迅速改良、沉淀，我见证了一群群学生的动静相宜。五度课堂犹如庖丁解牛一般直击课堂教学之本质，促使明德学校走上了内涵式发展的道路。五度课堂宛如一块强大的磁铁，吸引着亲身实践者、慕名参观者，他们共同助力五度课堂的进一步发展。

同时，作为五度课堂实践的参与者，我清醒地意识到，课改的道路没有尽头，布满了荆棘和陷阱。只有加强反思性实践教学，理性审视课改表现与成果，五度课堂实践才可能保持长久的活力与生机，从而修成正果。

最后，感谢永亮校长请我为本书写序，也衷心祝愿永亮校长和明德学校的师生在五度课堂的实践熔炉中能百炼成钢、终成国家栋梁之材，祝愿明德学校明天更美好！

张雨强
2022 年 6 月 23 日
于曲阜师范大学曲园

目　录

CONTENTS

第一篇　五度课堂解读

第二篇　学科样例：小学

第三篇　学科样例:初中

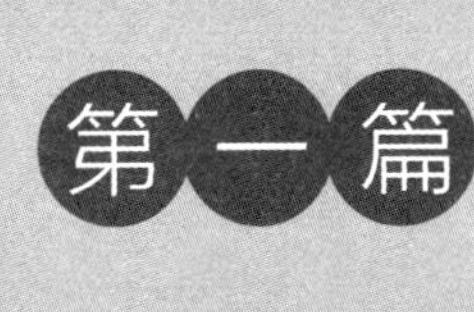

五度课堂解读

第一章 >>>

五度课堂的理论建构

第一节 理论研究现状

当前，我国教育迎来了高质量发展的新时代，这意味着我国中小学课堂教学需要新的进化。课堂教学如何提升课貌、课质与课效等方面必然需要更加科学、合理的标准与方法。寿光现代明德学校在实践探索中认为，学校要想实现高质量课堂教学，首先要聚焦课堂教学这一本体，解码课堂教学的核心要素，厘清其核心要素的关键特征，并以此为基础构建出高质量课堂教学的理论框架与操作框架。五度课堂的提出，正是基于上述思路，是我国中小学课堂教学在高质量发展新时代下的一次教学理论与实践的尝试性自主创新。

五度课堂始终围绕教学质量提升这一基点，从教学价值论、教学本体论和教学策略论等多个维度，尝试创新教学理论。

就教学本体论而言，五度课堂紧紧围绕课堂教学的核心要素构建理论模型，即从教学的主客体两个主要领域出发，聚焦两个领域中的教师、学生、教学内容与教学方式四个核心要素，用四个关键词高度概括出这四个核心要素的关键特征，即温度、参与度、深度与梯度，简洁而形象地解释教师的教、学生的学、教学内容以及教学方式的标准与方法。在此基础上，五度课堂始终关注四个教学维度的达成度，并将其达成度整合凝练为课堂教学的效度，视效度为衡量课堂教学质量高低的统领指标。

如图 1.1.1 所示，五度课堂的理论模型是以课堂教学的效度为目的的。效度处在模型的顶端，是整个课堂教学活动的最终目标指向，中间一层是四个核心要素的关键特征，模型底座是教学系统的四个核心要素。可以说，这种理论模型结构是整个高质量课堂教学的基本结构，四个核心要素的达成度影响了教学行为效果的优劣。在课堂教学活动进行的过程中，有梯度的教学内容是关键，而有梯度的教学方式会配合教师有温度的教，调动学生有参与度的学，从而为有效的教学效度打下良好的基础。

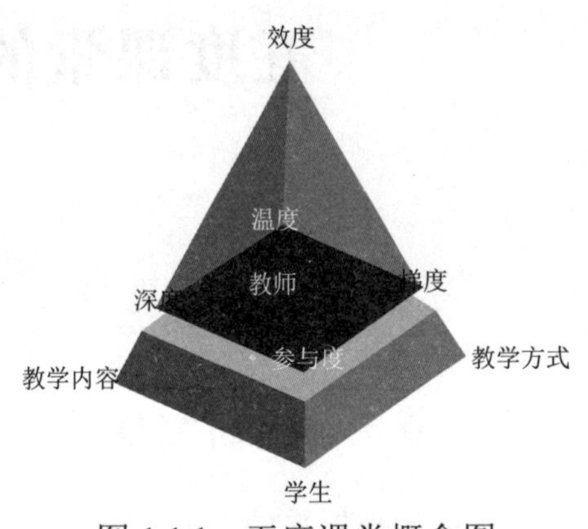

图 1.1.1　五度课堂概念图

第二节　理论研究基础

一、哲学基础

存在主义哲学家马丁·布伯提出，个体与世界上各种存在物发生关系的方式有“我—它”与“我—你”两种。“我—它”的关系是不平等的、不亲密的、对立的关系；“我—你”的关系是直接的、交互的、活生生的精神上的相遇关系，是平等的对话关系。我们所追求的是师生因“相遇”而形成的“我—你”关系：师生均以完整人格与“我”对话，师生均敞开自己的精神世界，以信任、宽容、直接、平等的方式进行精神交往，共享彼此精神世界中所蕴含的知识、经验、智慧等一切精神的东西。

二、心理学基础

(一)人本主义心理学

人本主义教育思想以个体的整体发展与自我实现为最终目的，注重学生内在动力的潜在价值，将情感贯穿于教育过程之中，主张教育过程以学生为中心展开，通过学生的自主学习，达到自我实现，最终培养全面发展的人。罗杰斯提出的“非指导性教学法”是人本主义最具代表性的教学模式。在这样无组织的环境中，学生可感受到自由的氛围，在自由提问与自由表达的过程中逐渐提升“自我”的地位。人本主义教育思想关注的不仅是教学中认知的发展，而且是教学中学生情感、兴趣、动机的发展规律，注重对学生内在心理世界的了解，以顺应学生的兴趣、需要、经验以及个性差异，开发学生的潜能，激发认知与情感的相互作用，重视创造能力、认知、动机、情感等心理方面对行为的制约作用。

（二）认知主义心理学

1. 认知发展阶段理论。

皮亚杰认为儿童的思维发展是连续的、分阶段的。因此，他将儿童的思维发展分为四个阶段：感知运动阶段，前运算阶段，具体运算阶段，形式运算阶段。认知发展阶段理论强调前一阶段是后一阶段的基础，儿童的认知发展建立在学生已有认知结构的基础上。鉴于此，课堂教学不应超出学生的发展水平，教师所创设的教学情境应是恰好合适的。

2. 多元智力理论。

哈佛大学心理学教授霍华德·加德纳认为，人的智能包含语言智能、逻辑数学智能、音乐智能、空间智能、运动智能、人际智能和自我认知智能，以及后续补充的自然观察智能。多元智能理论说明了学生从出生之时就各不相同，都具有自己擅长的智能领域。教师应相信每个学生的潜能，并帮助他们发现自身优势；还应在不同情境中对学生的各个方面进行观察分析，并展开全面严谨的综合性评价。

3. 最近发展区理论。

维果茨基在论述教学与发展的关系时，提出了最近发展区理论，认为“教学必须考虑儿童已具有的水平并要走在儿童发展的前面”。为此，在确定儿童发展水平及其教学时，必须考虑儿童的两种水平：一种是儿童现有的发展水平；一种是在有指导的情况下借助成人帮助可以达到的解决问题的水平，这两者之间的差距就是最近发展区。教学应着眼于学生的最近发展区，根据学生自身发展水平基础，为学生提供带有难度的内容，调动学生的积极性，发挥其潜能，超越其最近发展区而达到下一发展阶段的水平，然后在此基础上进行下一个发展区的发展，对学生的未来发展规范要有前瞻性。现实发展水平与潜在发展水平之间的最近发展区不是固定不变的，而是动态变化的。

4. 学习层次分类理论。

美国著名教育心理学家加涅，根据学习内容由简单到复杂、学习水平由低级到高级的顺序，将学习层次分成了八类：信号学习，刺激—反应学习，连锁学习，言语联结学习，辨别学习，概念学习，规则或原理学习，解决问题学习。他认为，先前学会的一定的能力为新的学习提供了必要的支持。一方面，高级学习包含低级学习；另一方面，复杂的学习任务是简单学习成分的层层累积。

5. 结构主义学习理论。

布鲁纳指出，被动学习不应该出现在学生身上，学生应该主动接受课堂知识，并且处理所接受的信息。教师应该给学生创设一个良好的环境，学生在这样创设好的环境中去发现知识。与此同时，他认为学生掌握的知识如何、学生的参与度如何以及学习动机如何，这些都是设计、实施教学活动时应当考虑的内容。此外，还应当考虑将教学活动通过何种方式呈现，通过哪种手段实现加深学生学习印象的效果，实现学生现有的认知匹配知识，才能有助于学生的学习。

6. 有意义学习理论。

奥苏伯尔认为有意义学习（有意义接受学习）是与机械学习相对的，其实质在于在以符号（语言文字及其符号）所代表的新知识与学习者认识结构中已有的适当观念之间建立起非人为性的和实质性的联系。有意义学习的产生既受学习材料性质的影响，又受学习者自身因素的制约，即学习材料本身必须具有逻辑意义，学生具有理解材料的心理倾向并付诸行动，学生要有相应的知识准备。

（三）建构主义心理学

建构主义学习观：学生是学习的主体，学习是学生自己建构知识的过程。学生不是简单被动地接收信息，而是主动地建构知识的意义。学习是学习者根据自己的经验背景，对外部信息进行主动的选择、加工和处理。建构主义教学观：反对“填灌”式教学，应该把学生原有的知识经验作为新知识的生长点，引导学生从原有的知识经验中主动建构新的知识经验。教学不是知识的传递，而是知识的处理和转换。

三、教育学基础

(一)教学原则与方法

1. 因材施教原则。

个体身心发展有五大规律:顺序性、阶段性、不平衡性、互补性和个别差异性。从群体的角度看,个别差异性首先表现为男女性别的差异;不仅是自然性别上的差异,还包括由性别带来的生理机能和社会地位、角色、交往群体的差别。其次,个别差异性表现在身心的所有构成方面,其中有些是发展水平的差异,有些是心理特征表现方式上的差异。所以教育必须因材施教,充分发挥每个学生的潜能,有的放矢地进行教学,使每个学生都得到最大的发展。

2. 循序渐进原则。

《学记》中记载了"学不躐等""不陵节而施"的思想。宋代朱熹也指出:"读书之法在循序而渐进。"16 世纪,夸美纽斯在《大教学论》中提出"循序渐进",重点强调"要按照儿童的年龄、心理特点和理解能力,循序渐进地进行教学,教学内容的安排要由易到难,由简到繁,由近及远,从一般到特殊,务使先学的为后学的扫清道路"。

3. 启发性原则。

从教育学角度看,主要是启发诱导的原则。孔子主张"不愤不启,不悱不发。举一隅不以三隅反,则不复也"。启发式教学要求教师的教学要激发起学生强烈的求知欲,引发学生的积极思考并明确表达;教师的启发要以学生的积极思考为前提;要促使学生的思考能力得以发展,能从具体事例中概括出普遍原则,再将普遍原则类推于同类事物,从而扩大认识范围。古希腊哲学家苏格拉底提出的苏格拉底方法(又称"产婆术""问答法"),由讥讽、助产术、归纳、定义四步骤组成。该方法不是将现成结论灌输给学生,而是采取探讨、提问的方式,引导学生认识并承认自身的错误,从而自然地得出正确结论。

4. 最优化教学理论。

苏联教育家巴班斯基提出了最优化教学理论,他指出:"最优化不是什么特别的教学方法或教学手段,而是在教学规律和教学原则基础上,教师对教育过程的一种目标明确的安排,是教师有意识的、有科学根据的一种选择(而不是自发的、偶然的选择),是最好的、最适于具体条件的课堂教学和整个教学过程的安排方案。"他强调的是在教学过程中用最适当的教学时间,通过科学的教学方法和教学策略，达到最理想的教育效果。

（二）师生观

教学相长最早出自《学记》。《学记》中，“教学相长”的教学思想是这样表述的：“是故学然后知不足，教然后知困。知不足然后能自反也，知困然后能自强也。故曰：教学相长也。《兑命》曰：学学半。”通俗地讲，就是说，通过学习才能知道自己的不足，通过教人才能感到困惑。知道自己学业的不足，才能反过来严格要求自己；感到困惑然后才能不倦地钻研。所以说，教与学是互相促进的。

四、社会学基础

布迪厄在《实践与反思》中说：“一个场域可以定义为在各种位置之间存在的客观关系的一个网络或一个构型。”布迪厄指出，“资本是指行动者（个人或者团体）通过积累的劳动而占有的社会资源，体现出一种生成性，具有获取生产利润的潜在能力”，而“所谓惯习也就是形成知觉、评价和行动的分类图式所构成的系统。这种系统具有一定的稳定性，又具有一定的开放性，并寄居于身体之中”。课堂场域下，作为课堂主体的教师和学生构成了最主要的惯习互动关系。教师要优化场域环境，关注学生需要，提升场域资本，改善教学惯习，激活课堂教学。

哈贝马斯将社会行为分为目的行为、规范行为、戏剧性行为、交往行为，其中交往行为是哈贝马斯交往理论的核心范畴。普遍语言是交往的前提假设。语言交往是十分重要的交往载体和环节，没有普遍语言的介入，所有的社会交往行为都将难以进行。语言交往要遵循“真实性”“正确性”和“真诚性”三大有效性原则。沟通情境是交往的外在条件。沟通者具有沟通资质这一点还不够，还要提供一个彻底真诚的、没有任何强迫的“理想沟通情境”，才能使参与交往的各方享受着平等的言说权利和机会，真正形成“无强迫的共识”，也就是说，需要为交往各方提供一个自由、平等、民主、公平、公正的沟通平台。从社会学角度看，哈贝马斯强调语言与沟通情境对于交往行为的重要性，提倡建立良好的沟通环境。

五、政治经济学基础

（一）政治学

美国哲学家罗尔斯在《正义论》中提出了两个正义原则：第一个原则为平等自由原则，是指每个人具有平等的自由权；第二个原则可分为机会公正平等和差异对待，一方面使人们对参与社会事务拥有平等的权利，另一方面在此基础上改善社会弱势群体的生活状态。他认为，第一个原则优先于第二个原则，即基本权利平等优先于机会公正平等与差异对待，而第二个原则的第一个方面又优于第二个方面，即机会公正平等优先于补偿弱势者。

（二）教育经济学

教育经济效率，也称教育投资内部效益、教育资源利用效率等。它是指在一定社会条件下，为取得同样教育成果，教育资源占用或消耗的程度。取得同样质量的教育成果，教育资源占用和消耗得越少，其效率就越高。反之，教育资源占用和消耗得越多，其效率就越低。总之，教育经济效率是教育投入与教育直接成果产出之比。因此，要提高课堂教学的效率，我们需要考虑的是如何在学校资源、时间等成本投入较少的情况下取得最佳效果。

第二章 >>>

五度课堂内涵

第一节 课堂有温度

一、概念界定

课堂教学中的温度，是一种具有人文气息的主观温度。有温度的课堂是指，在教师价值导引和学生自主建构的辩证统一过程中，形成的民主、平等、尊重、共享的师生成长共同体的课堂。总而言之，有温度的课堂关键要素为关系、情感、环境（见表 2.1.1）。关系是指在教育教学过程中，所形成的师生关系和生生关系；情感指向于情感智力，即能够觉知、调试、表达和运用情感的能力；环境为教育教学过程中的物理环境和心理环境（见图 2.1.1）。

表 2.1.1 课堂有温度

维度	项目	含义解读
关系	师生关系	教师和学生在教育、教学过程中结成的相互关系，包括彼此所处的地位、作用和相互对待的态度等
	生生关系	在教育教学过程中，学生之间通过交往而建立发展的一种人际关系
情感	情感觉知	对自己或他人的情感状态和情感变化的认识与理解
	情感调试	调节自己的情感，包括控制恼怒和冲动、处事灵活、保持乐观稳定的心态等
	情感表达	表达积极的情感和消极的情感以及运用言语和非言语的形式表达自己的情感
	情感运用	运用情绪解决问题，包括处理人际问题、保持良好人际关系、运用情感发挥潜能等

续 表

维度	项目	含义解读
环境	物理环境	是课堂教学活动得以展开的物质基础,是学校开展教育教学活动的场所,包括教室内的空间布置、资源设备、座位编排等一切可利用的学习活动空间
	心理环境	课堂心理环境作为班集体中的气氛,对学生所学的东西产生潜在的影响

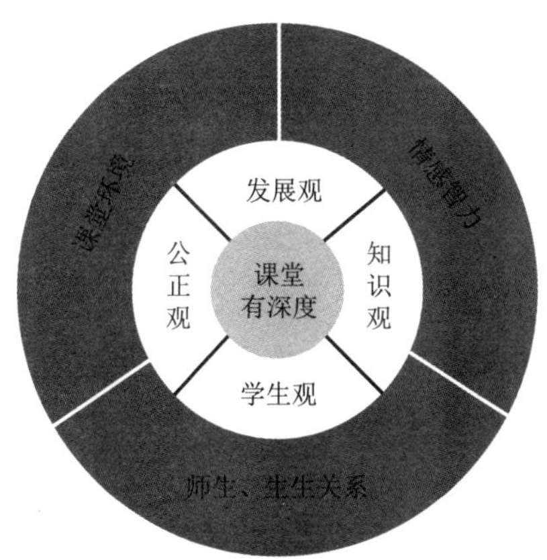

图 2.1.1　课堂有温度

二、教学建议

(一)形成有温度的教育观念

教育观念是教师在哲学层次的教育理念影响下形成的一系列对教育问题的看法,对教师的教育行为起具体的指导和影响作用。有温度的教育观念主要包含教师个人所持有的发展观、学生观、知识观、公正观等,这些教育观念影响着教师对教育行为的选择。

1. 发展观。

发展观是指教师对学生身心和谐发展的认识。学生的发展不局限于对知识的记忆和掌握,更重要的是在学习知识的过程中发展智力、能力、情感和个性,是一种全面的身心发展观。根据霍华德•加德纳提出的多元智能理论,学生从出生之时就各不相同,教师应相信每个学生的潜能,并帮助他们发现自身优势。

2. 学生观。

学生观是教师对学生在教育教学过程中的地位与作用的认识。有温度的课堂所持的学生观是,学生是积极主动、有创造性且有自制力的人。马丁•布伯对话哲学的核心即“我—你”关系。“我—你”指的是“‘你’与‘我’相遇，‘我’步入与‘你’的直接关系里”“关系既是被择者又是选择者，既是施动者又是受动者”。我们所追求的学生观为，教师和学生均以完整人格进行对话，教师和学生均敞开自己的精神世界，以信任、宽容、直接、平等的方式进行精神交往，共享彼此精神世界中所蕴含的知识、经验、智慧等。

3. 知识观。

知识观是教师对人类积累起来的知识体系的再认识过程，同时也决定了教师以什么样的方式去传授知识。有温度的课堂所持的知识观为，知识不再是确定的、唯一的权威，而是与混沌、不确定、困惑和错误联系在一起，师生以自组织的方式不断转化形成新的知识。

4. 公正观。

公正观是教师在教学态度、教学参与机会、教学资源配置、教学方法选用、教学评价等方面所形成的认识。公正观主要具备三种属性，即平等性、差异性、补偿性。平等性体现为，人人享有平等的课堂权利，如课堂资源、课堂学习者身份、学习机会。差异性体现为，真正基于差异发展的公正，因为在教学活动过程中，个体在已有发展水平、发展的潜能、发展的优势领域、追求的发展方向等方面都存在差异。补偿性体现为，为了平等地对待所有人，提供真正同等的机会，教师必须更多地关注那些天赋较低和家庭条件较差的学生。

（二）展开有温度的教与学实践

1. 创设有温度的课堂环境。

环境在教育中发挥着潜移默化的作用。课堂教学环境既是课堂教学空间的转化，又是师生共同营造出的民主、平等、尊重、共享的成长环境。它是手段，也是目的，最终的目标指向在于让每一个学生有平等的参与课堂学习的机会，使每个学生的积极性、主体性得到充分发展。

一方面，优化课堂物理环境。教师根据学科特点创设基于学科的教学环境，如教学资源设施的陈设、学生座位的编排、教学区域的划分。课堂物理环境的创设需考虑教学公正，如教学资源分配和利用要公平，基于学生意愿和发展进行分组和座位编排。学生座位的编排应考虑多样性，根据教学目标和教学活动进行合理编排，如讨论交流活动可以运用矩形、圆形和马蹄形，独立研究活动可以在个人学习空间里完成，集体讲授可以选择“秧田式”座位编排。教学区域的划分应体现灵活性，不同的学科教室可以根据学科特点划分为多个活动区域，如语言活动区、科学活动区、创造活动区和黑板前主要用于集体讲授的教室中心区域。学生可以有选择地从一个区域到另一个区域进行不同的学习活动，教室内教学设施也会因学习情况而随时调整。

另一方面，营造课堂心理环境。教师根据教学目标和教学内容，选择学生身边的生活或社会问题，设计基于真实问题解决的教学活动，注重问题的交流，增加讨论与互助，增强学生学习的积极性；教学内容的选择应考虑学生的特点，如学生的家庭背景、思维特点、兴趣和经验；充分运用现代教育技术，通过声音、图像、文字等多种刺激，使师生闻其声、观其形、临其境，给课堂教学注入新的生机和活力，营造一个互相关爱、相互理解、民主平等、自由愉悦的课堂心理环境。

2. 发展有温度的情感智力。

情感智力是对情绪信息加工的一种重要能力。发展有温度的情感智力，有助于学生更深刻地意识到自己和他人的情绪和情感，对自我内部体验的积极方面和消极方面更开放。这种意识使他们对自己和他人情感做出积极的调控，从而维持自己良好的身心状态，与他人保持和谐的人际关系，是实现课堂温度的重要途径。

(1)触发敏锐的情感觉知。

对教师和学生情感状态的认知是情感觉知的核心内容。教师能在自己和学生情感发生的速度、强度、稳定性以及情感的内容、性质方面有一个积极、客观的态度，既能看到优点，也能看到不足。师生在课堂活动中应发挥情感洞察力，对彼此的情感状态进行识别。知道常用的有关感受的词汇，如快乐、伤心、舒服、害怕、饥饿、困倦、愤怒、难过、无助、绝望、恼怒、尴尬、羞愧、高兴，能觉知自己的和他人的感受，这是发展有温度的情感智力的第一步。

(2)调动积极的情感调试。

教师和学生要善于运用理智的力量控制自己的情感强度，并用适当的方法转移和调控自己的情绪。在课堂教学中，师生会因为学习内容、合作对象、教学情境等因素的不同而产生不同的情感。教师要特别重视对学生进行情感调试能力的培养，包括对愤怒的处理、冲突的解决、冲动的控制等，使学生学会运用克制、转移注意力、合理宣泄、移情、升华等方式来控制和疏导自己的情绪。

(3)选择恰当的情感表达。

表达的前提是倾听。因此,师生应该以慎重的、礼貌的、倾听的姿态面对课堂中的每一个人,倾听他们有声的和无声的语言,让相互倾听成为课堂中的常态。我们需要明确,无声的语言如师生的表情、姿态等非语言信号也起着重要的沟通作用。在倾听基础上的情感表达,会体现课堂中的爱与温度,避免给学生贴标签和运用幽默感都是恰当的情感表达方式。

(4)进行合理的情感运用。

课堂教学中教师应充分发挥皮格马利翁效应,要善于发现每个学生身上的闪光点,适时调整教育态度和教学方式,使教书育人的过程成为培养和提高学生情感运用的有效途径。具体的实践过程中,应注意设立界限,即规则,可以师生共同设立;应了解并相信自己的学生;不抵制错误,知道错误是学习的好机会;应专注于问题的解决方案,可以师生头脑风暴找寻方法;最重要的一点是,确保在整个过程中把爱的信息传递给彼此。

3. 建立有温度的师生关系、生生关系。

有温度的师生关系、生生关系是教师和学生在教育、教学过程中结成的相互关系,包括彼此所处的地位、作用和相互对待的态度等。有温度的师生关系、生生关系的基本特征是民主、平等、尊重、共享。建立有温度的师生关系、生生关系有利于课堂教学目标的实现,有利于师生身心健康发展。

(1)构建和谐的师生关系。

第一,在教学设计中,考虑不同学生的差异,关注不同层面的学生,进行有针对性的教学设计;给予学生课堂自主权,让学生明确成长是第一要务。

第二,师生关系体现在主要教学行为中,如教学呈视、对话行为、指导行为。另外,教师在教学过程中可以将教学方法、策略升华,形成教学艺术,如倾听艺术、布白艺术、“糊涂”艺术、故错艺术、理答艺术。

第三,有温度的师生关系应体现教学公平,学生在学习过程中体验到的公平与公正,不仅有助于现阶段的学习,而且为以后正确对待他人奠定良好基础。教师评价要公平,应正向评价为主,以鼓励引导学生;应根据学生差异和学习实际,用发展的眼光开展公正的评价;应当把学生自评与他评结合起来,以形成良好的人际关系;学生参与机会应公平,小班化教学是实现学生参与机会公平的重要策略。

(2)发展合作的生生关系。

这是一种学生与学生之间相互合作、相互学习、平等交流和团结友爱的关系。为建构合作型的生生关系,教师需引导学生正确处理合作和竞争的关系,竞争是合作、发展性的竞争;教师应创设多样化的合作机会,包括线上线下、校内校外、研究性学习活动等,使学生理解和体会到相互合作、相互学习、平等交流和团结友爱的意义与价值,促使优等生和后进生共同发展。

第二节　课堂有深度

一、课堂有深度内涵

深度往往指的是深层次的挖掘与加工,课堂有深度的前提是学习有深度。目前,深度学习是国内外研究的热点话题,既被认为是有目的、有依据、有计划,必须和教学目标相联系的高水平认知加工过程,也被认为是高学习投入、运用高阶思维和注重知识迁移与问题解决的学习状态。尽管学界对深度学习的概念界定并不统一,但是普遍关注高层次认知、高阶思维、知识迁移与问题解决等几个关键点,并认为深度学习是有意义的学习。深度学习就是一种主动理解的学习状态,要求学习者进行深层次的信息加工、批判性的高阶思维、主动的知识建构和知识转化、有效的知识迁移及真实问题的解决,而课堂有深度则指的是教师引导学生对知识进行深层次加工,运用高阶思维解决问题的课堂教学状态(见表 2.2.1 和图 2.2.1)。

表 2.2.1　课堂有深度

维度	项目	含义解读
认知层次	高认知	对信息进行高水平加工、理解、应用并迁移知识的学习过程
	高投入	学生对任务表现出较强的学习兴趣,努力克服困难,保持积极的状态
	高产出	掌握知识要点,建立学科核心知识结构,获得更高学习质量结果
高阶思维	批判性思维	深度学习是一种基于理解的学习,强调学习者对知识学习的批判理解,批判性地学习新知识和思想,要求学习者对任何学习材料保持一种批判或怀疑的态度,批判性地看待新知识并深入思考
高阶思维	创造性思维	创造性思维是人类的最高级认知活动,它是以感知、记忆、思考、联想、理解等能力为基础,以探索性、求新性、综合性为特征的心智活动
	抽象思维	学生在复杂的环境下不仅能够发现隐含的信息,并能够运用自己已有的知识将这些信息进行全面的联系

续　表

维度	项目	含义解读
问题解决	真实情境解决问题	深度学习是基于情境的实践活动，在真实情境下解决问题是深度学习的重要组成部分
	团队协作解决问题	团队协作能促使学习者积极地参与解决问题过程中，可引发学习者进行大规模的问题探讨、协商，并达到深入理解
	沟通解决问题	问题导向下的深度学习模式，沟通能力要求主体能够有效地传达包括感受、思想、感知、期望、命令、态度和知识在内的各种类型的信息。良好的沟通能力，能使学生通过高阶认知技能处理问题

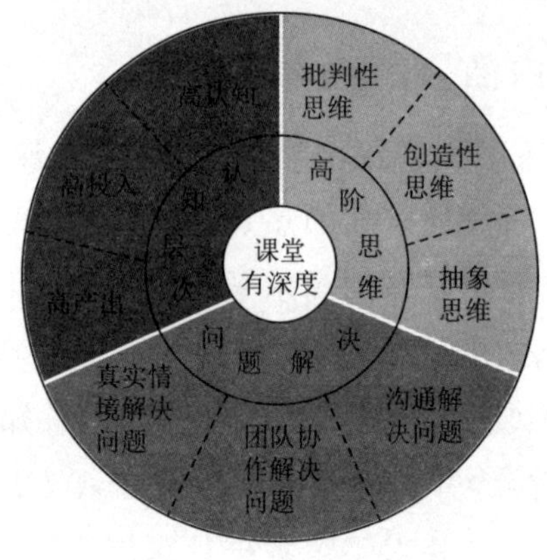

图 2.2.1　课堂有深度

二、教学建议

(一)提高学生认知层次

1. 促使学生形成高层次认知结构。

首先，依据学科知识特点与学生已有经验组织教学内容，研读课程标准，梳理清楚知识逻辑顺序，关注知识之间的系统性与联系性，将学科知识按照知识领域、知识主题、知识单元、知识点不同进行分类整理，形成知识网络。教学内容以知识类别与学业质量水平为基础，适当设计课堂教学。其次，课堂上，教师深入了解学生的先前经验、理解新知识的类型，指导学生在新旧知识、概念、经验之间建立联系，引导学生将他们的知识归纳到相关的概念系统中，并在批判反思的基础上建构属于自己的新的认知结构。

2. 引导学生进入高投入的学习状态。

首先，教师可以运用不同的教学策略，形成轻松愉悦的课堂氛围，与学生共同思考，对教学重难点进行积极讨论，促使学生全身心投入学习中，提高课堂效率。其次，教师应保护好学生的评价信息隐私并引导学生正确对待评价信息，明确方向，帮助学生树立能够学好的信心。例如，不能随意公开考试成绩及名次、课堂练习结果等。最后，给予学生持续的人文关怀，使学生能够持续地学习。

3. 帮助学生获得高产出的学习结果。

首先，教师应明确学生应达到的深度学习目标并引领学生明确自己应达到的深度学习目标，二者的理解要保持一致。一方面，可通过教案或学历案与学生沟通或直接告知学生深度学习目标；另一方面，阶段性督促学生澄清学习目标以及实现路径。其次，教师应当布置根植于学生经验世界中的、需要学生运用高阶思维才能解决的问题与任务，如表现性任务、开放性问题、探究性活动，促使学生多角度多层次地思考问题，深入理解知识。再次，在教学过程中，运用提问、课堂练习、表现性评价、课堂检测等方法收集学生的深度学习信息，并将深度学习信息转换为评价信息，呈现学生的学习成果，进行反馈。最后，启发与引导学生进行自我评价，获得深度学习的高产出。例如，引导学生运用对比（将教师反馈信息与自我感知的学习结果进行对照）、反思性行动（为缩小结果与目标的差距采取行动）的技巧。

（二）发展学生高阶思维

1. 提升学生批判性思维。

首先，教学任务设计结合学生思维结构层次设定任务难度，考虑班级整体学生的认知水平与思维结构层次。深度教学不是越难越好，而是在学生能够承受的认知负荷范围内，将教学内容难度设定在学生“跳一跳，够得着”的水平，以适当的任务难度激发学生的学习动机。其次，教师应该有意识地显化批判性思维培养，要在了解学生的基础上积极创造机会，设计一些有针对性的问题，有的放矢地将一些问题从不同侧面展现给学生，让他们从不同的角度思考问题，强化对学生批判性思维的培养。最后，无论学生批判的错与对，教师都应及时反馈对学生运用批判性思维的肯定，呵护学生“愿批判”“坚持批判”的情感。教师也需要学习一些批判性思维的专门知识，依托专业理论，提高培养效果。

2. 激发学生创造性思维。

首先，教学重难点的讲授由浅入深，由易到难，由具体到抽象，根据课标和教材抓重点，紧扣学科要素，有舍有得，在教学过程中能做到深入浅出，引导学生举一反三，既能够激发学生的学习兴趣，提高学生学习积极性，又能够帮助学生突破现有的思维层次，提高自我认知水平，从而达到深度学习层次。其次，为学生营造一个独立思考、自由发挥的空间，营造一个宽松开放的环境，鼓励学生发表个人的独到见解，从而引导和启发学生发现问题，并创造性地分析和解决问题，充分发挥自身的创造潜能。最后，在学科或跨学科课程中突显创造性思维的培养，让学生在特定的学科或跨学科相关问题的探索中发展创造性思维。学科与跨学科知识与技能是学生进行创新活动、问题解决的基础，同时课后相应的任务活动为创造性思维的“表达输出”提供了情境和载体。例如，通过数学学科的一题多解、美术学科的绘画作品、科技活动的小发明、创客教育的设计思维等，培养学生的创造力。

3. 拓展学生抽象思维。

首先，创设问题情境，激发抽象思维。在课堂教学中，教师将“知识问题化，问题情境化”，围绕一两个可分解的主问题巧妙设计“问题链”，适时对学生进行连环追问，引发学生思维共振和质疑论辩，激发其求知欲望，让积极的思维活动贯穿始终，让学生学习成为“自觉主动探索”的行动，让知识从具体的感知达到抽象的顿悟。其次，利用思维导图，拓展抽象思维。在课堂教学中，教师利用学科思维导图，引导学生对一课、一单元、一学期的内容通过“独立思考”或“思维共振”的方式来归纳，把零乱的知识予以巧妙梳理，按自己的方式进行逻辑生成、整理建构，形成学科知识网络；引导学生利用思维导图画出分析思路、解题思维步骤，构建知识体系，生成问题解决策略模型，进一步激发并拓展抽象思维。

（三）增强学生问题解决能力

1. 引导学生解决真实情景问题。

首先，教学内容的设计以教学理论为脚手架加强教学内容与学生生活以及社会科技发展的联系，从学生的日常生活中选取教学素材，设计问题，拓展教学资源。其次，课堂中问题设计要紧扣课程标准，不宜过多过碎，要遵循系统性、完整性原则，要求问题设置清晰，引发学生的深度思考，激活学生的思维。再次，在创设问题情境时，以学习者对背景信息的理解与熟悉为基础，以关键要素的判断和把握为导向，确保学习者在相似情境中能够做到举一反三，创造性地解决问题，也能在新情境中分析判断差异并将原则思路迁移运用。课后习题的数量设定在合适的范围内，既要保证学生通过练习理解当堂课的知识点，又不能借助“题海战术”让学生机械记忆知识；要合理安排中高难度与低难度的习题比例，在保证学生对知识理解应用的基础上，适当增加真实情境问题，激发学生学习积极性，让学生将课堂中的知识与生产生活联系起来，提升学生核心素养。

2. 引领学生进行团队协作，解决问题。

教师应当布置课前自主预习任务，要求学生独立完成“课前预习情况自测”，以了解学生对各个知识点的兴趣、感觉及认知等。课上通过创设问题情境，提出当堂课指向的核心问题，在介绍相关背景信息与基本概念知识后，按照学生特点编排小组，适当进行小组式探讨，充分发挥每个学生的优势，进行能力互补，对教师布置任务进行合理分工，最终实现任务目标。课后协作学习可以按照研究式或项目式形式展开，课题研究式学习与项目创作式学习在学习方式上都强调协作探究与学生的深度理解和实践创新，但课题研究式学习更强调让学生去发现结论（本质、规律、原因、思想、方法和价值等），项目创作式学习更强调让学生去创作作品（建立模型、设计方案、制作产品、创编话剧、组织活动等），两种学习形式都可以增强学生协作解决问题的能力。

3. 倡导生生、师生互动解决问题。

在课堂中，鲜有由学生主动发起的对话或学生与学生之间激烈的观点交锋。每个人都应有发表自己观点以及倾听他人见解的机会，在相互交流、讨论和切磋的思维碰撞中，取长补短，共同解决问题。课后，教师作为教学过程中的引导者，应当搭建知识与问题解决的桥梁，关注学生的学习兴趣和经验，布置与主题相关的任务活动，例如进行调查报告，参加实践活动，与学生进行及时交流，通过学生反馈的各种信息了解最新学习情况，以便于进行下一步的教学设计工作。

第三节　课堂有梯度

一、概念界定

梯度是指依照一定次序分出的层次。实现课堂有梯度的前提是梯度教学。关于梯度教学的含义，学者们对其理解主要分为三个方面。一是将梯度教学理解为与分层教学同样的含义，根据学生的能力水平、潜力倾向分层、分组并区别对待。二是将梯度教学理解为循序渐进，根据学生的身心发展规律与知识的逻辑性进行教学。三是结合差异教学与分层教学的优势，认为梯度教学不仅包括学生个体之间的梯度差异，也包含教学内容的梯度创设。

笔者认为，课堂有梯度包含两层含义：一是指学生个体之间的梯度差异（因材施教），二是指课堂教学与学生学习的梯度渐进（循序渐进）。主要内容如表 2.3.1 与图 2.3.1 所示。

表 2.3.1　课堂有梯度

维度	项目	含义解读
差异性（学生）	学习态度	学生对学习对象所持的较为持久的、有组织的内在反应倾向，如积极或消极、主动或被动
	知识技能	学生对原有知识和技能掌握的情况，达到终点目标所具备的支持性前提条件
	学习风格	学生持续一贯的、带有个性特征的学习方式
有序性（学生、知识）	认知序	学习者认知的发展有内在的程序性与连贯性，如从已知到未知，从感知到理解，从巩固到应用，从具体到抽象，由易到难，由简到繁
	知识序	每门学科的知识都是有机的整体，各个概念和各条原理之间具有内在的逻辑性、系统性、连贯性与关联性，这种内在联系为知识本身的顺序

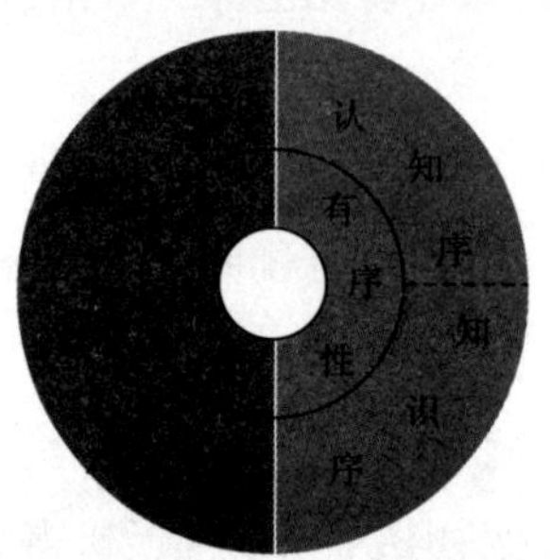

图 2.3.1　课堂有梯度

二、教学建议

（一）课堂教学需正视学生差异

课堂教学中学生之间的差异是客观存在的现象，表现在教学的各个环节和各个方面。学生的梯度式差异不仅包括学生的背景知识，也包括学习态度、起始能力、学习风格。这些特征直接或间接地影响着学生的学习效果，教学对象不同，课堂教学的起点与终点也会有所不同。因此，课堂教学的各个环节需正视学生差异。

1. 分析并调控学生的学习态度，促进学生形成积极的行为反应。

学习态度是学生先前学习活动的结果，也是后续学习活动的条件和原因。当学生持积极主动的学习态度时，会迸发出强烈的求知欲，促进教学目标的实现，反之则会阻碍教学目标的实现。因此，深入分析和了解不同学生的学习态度，是课堂教学必不可少的环节。

首先，教师需深入了解学生的学习态度。一是可凭借长期积累的教育教学经验和专业知识对学生的一般特点和具有的学习态度做出基本的概括和估计；二是可通过对课内外活动的观察、对学生作业或作品的分析、与任课教师的沟通交流等方式对学生的学习态度做出分析和了解；三是可以采用专门的测验、问卷调查等方式了解学生对学习目标、内容材料、组织方式、教学方法、媒体使用等方面的喜好和选择。

其次，教师要根据学生的学习态度组织课堂活动。有些学生可能受到先前学习经历的影响，导致在后期的学习过程中表现出积极向上的态度或缺乏积极性与主动性。组织课堂活动时应考虑到这种现象，一方面要具有挑战性，使学有余力的学生感到学有所获；另一方面也要关注缺乏主动性的学生，安排适当的学习活动，增强自信，逐步改善学习成效。

2. 诊断并利用学生的知识技能，促使学生取得学习效果。

从学生的起点能力到应达到的终点能力之间，存在许多尚未掌握的知识与技能，这些知识与技能是形成终点能力的前提条件。正确诊断并有效利用具有“催化剂”功效的支持性前提条件，利于促使学生取得学习效果。

首先，深入分析判断学生原有的知识技能水平，进而开展相应的课堂教学活动，运用任务分析法逆向推导学生所应获得的每一级知识与技能，即从终点能力出发，分析具备终点能力所需具备的次级知识与技能，再分析具备次级知识与技能所应具备的再次一级的知识与技能，以此类推，直到分析完起点能力为止；再通过课堂观察、作业表现、测验等方法判断学生所处的知识技能水平级别，根据学生的知识技能水平级别设定相应的学习目标，提供可选择的多种水平材料使其适合学生各自的最近发展区，如针对知识技能水平相对低的学生，教师可为其准备基础的学习内容和任务，促使其首先掌握基础性的学科知识，再进入下一环节的学习；对知识技能水平较高的学生，教师可为其准备较高要求的学习任务，注重知识的应用和拓展。要设计异质合作可选择性的教学组织形式，施行发展性的多维评价。

其次，教师要了解并正确分析造成学生知识技能水平差异的原因：是学生个人内在的原因，外在环境的原因，还是个人与环境相互作用的原因？哪些是可以改善的，哪些是不能控制的？要准确把握，根据不同的情况采取相应的补救策略。

3. 了解并评定学生的学习风格，促进学生展现独特的学习能力。

学生的学习风格直接参与学习过程，并直接影响学习过程与学习成效。了解并评定学生的学习风格与偏好，对教师全面分析学生特点，促进学生的学习有极大帮助。

首先，教师应定期评定学生的学习风格与偏好。学生的学习风格常表现为独立型与依存型、反省型与冲动型、结构型与随意型、整体策略型与序列策略型、外倾型与内倾型几种类型。学生各异的学习风格表现为不同的偏好：对教学风格的偏好，对学习环境的偏好，对思维风格的偏好，对表达风格的偏好。教师要通过课堂内外观察、作业表现、班会等方式定期评定学生的学习风格与偏好。

其次，教师要针对学生的学习风格与偏好，结合具体的教学目标与教学内容，做到因“风”而教。在当前的教育制度与体制下，教师对每个学生实行个别化教学是不现实的。因此，教师尽可能地根据学生的学习风格适当调整教学方式、采取不同的教学策略来适应学生学习风格的差异，如创设多元刺激的教学环境，提供可供选择的学习内容与学习活动，开展合作学习，让每个学生都能展现独特的学习能力，营造互帮互学的学习氛围。

（二）课堂教学需遵循认知序和知识序

从认知序来看，学生的认知发展是从已知到未知、从感知到理解、从巩固到应用、从具体到抽象、由易到难、由简到繁等等；从知识序来看，每门学科的知识都是具有内在逻辑性、连贯性、系统性的有机的整体。所以，课堂教学需遵循认知序和知识序。

1. 实施渐进式的教学活动以遵循认知序。

首先，关联新旧知识。第一，了解学生先前的知识储备，分析学生的起始能力，从学生的实际水平出发分析联结点。第二，要明确本节课的教学任务与目标，头脑中对本节课内容形成梯度性的认识。第三，根据教学任务与学生的知识储备，明晰用到的旧知识有哪些，如何创设教学情境建立新旧知识的联结。其次，进行梯度式设问。第一，设问要以学生的知识储备、学习水平为基础，应具有基础性与拓展性。不仅有针对学习目标的基础知识、基本技能的问题，还要结合学生的生活实际，设计更广泛的、有一定难度的、需探究解决的梯度式问题。第二，教师要遵循由易到难、由简到繁的要求，层层设问，创设教学情境，锻炼学生的逻辑思维能力与问题解决能力。再次，及时反馈。课堂教学过程中教师通过层层设问创设问题情境，针对学生的回答和问题解决的情况进行及时反馈。及时反馈也要遵循认知序，对于设问的问题给予梯度式反馈。最后，实行梯度式练习。要遵循由浅入深、由易到难的原则进行作业布置与习题设计。

2. 设计渐进式教学目标、教学内容、课堂预设、课堂评价以遵循知识序。

首先，目标设置有梯度。研读课程标准，把握学生发展的总目标，依据由易到难的原则设计一系列梯度式子目标，前一级目标要为后一级目标服务。其次，内容安排有梯度。教师要依据课程标准对教材内容进行二次开发与设计。开发与设计教材内容时要仔细厘清知识之间的联系，设计好知识前后之间的衔接，标明重点与难点，保证学生掌握知识的系统性与完整性。再次，课堂预设有梯度。课堂教学过程中的各个环节和各个方面要遵循各个概念、各条原理内在的逻辑性、系统性、连贯性与关联性。最后，课堂评价有梯度。评价考核的设计要有层次性，可分为基础题、提升题、拓展题等。

第四节　课堂参与度

一、概念界定

课堂参与度是学生参与课堂教学活动的深入程度，主要表现在行为参与、认知参与和情感参与三个方面。行为参与是学生在课堂教学中的行为表现；认知参与是学生在学习过程中使用认知策略引发不同层次的思维活动；情感参与是学生在课堂教学活动中的情感体验。基于对前人观点的归纳梳理并结合自身理解，笔者提出课堂参与度的具体表现，内容如表 2.4.1 和图 2.4.1 所示。

表 2.4.1 课堂参与度

维度	项目	含义解读
行为参与	专注	学生在课堂教学过程中的专心与努力程度
	遵守秩序	学生在课堂教学过程中对秩序的遵守情况
	交流合作	学生在教学过程中与教师、同学的言语、动作等交流、合作情况
认知参与	深层次认知	较高层次的认知水平，是一种能够独立理解、练习和反思的认知方式
	浅层次认知	较低层次的认知水平，是一种死记硬背的、机械的认知方式
情感参与	积极（乐趣感、成就感）	学生对学习过程及学习内容感到有趣不枯燥，取得良好的学习成绩或是完成学习任务之后会产生满足、愉悦等情绪
	消极（厌倦感、焦虑感）	学生对于学习过程及学习内容存在厌恶和倦怠的情感，对于考试或测验表现出担心、忧虑

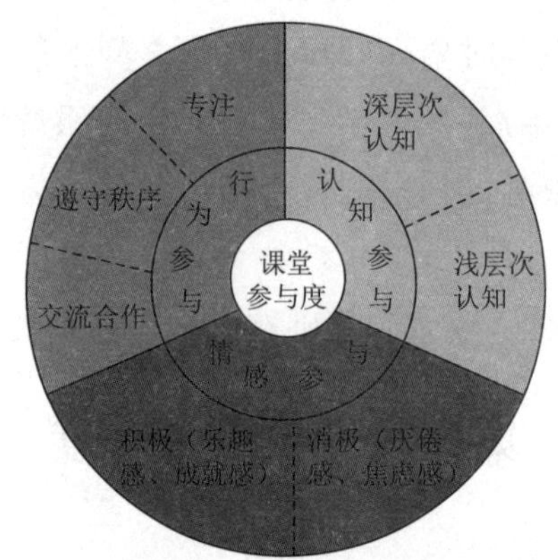

图 2.4.1 课堂参与度

二、教学建议

（一）继续保持行为参与

行为参与是学生在课堂教学中常见的行为表现，表现为学生的专注、遵守秩序、交流合作。因此，教师在课堂教学中应分别采取相应举措，提高学生的行为参与。

1. 设计适宜的教学任务、教学方法、教学环境、课堂评价以提高专注性。

首先，设计难度适中的教学任务。教学任务过易或过难，学生容易产生盲目自信、轻视或丧失信心、放弃的心理，无法专注于课堂。因此，教学任务难度应适宜。其次，采取激发学生专注性的教学方法。可采取差异化教学，因材施教，使不同水平的学生都能参与到课堂中。可开展情境化教学，对语文、英语、政史地、艺术内容来说，即使用现代教学手段，将学生带入历史的、虚拟的情境中；对数学、理化生内容来说，应与生活紧密联系，设置生活情境的同时进行实验教学。也可进行游戏化教学，这尤其适用于低年级学生，例如角色扮演、小竞赛。还可运用奖励机制，例如奖励小贴纸等奖品、授予荣誉称号。再次，提供良好的环境。教师应创设光线充足、设备齐全、空气清新、温度适宜等良好的物质环境。与此同时，应注意与学生的互动交流，除却言语互动外还应注意眼神的交流，营造利于学生课堂专注的精神环境。最后，重视当堂检测及限时训练并及时评价。通过当堂检测、限时训练培养学生专注性，及时、恰当地给予学生适当的赞美、批评，可提高专注性。

2. 科学创造、严格创造并适时打破课堂秩序以增强纪律性。

首先，预先规定科学、合理的课堂秩序。课堂秩序应具有以下特点：符合校规、校纪，与学生共同商定以符合本班学生特色，综合考虑各学科教学要求尤其是理科实验类课堂的规范。其次，严格、灵活地执行课堂秩序要求。一方面，教师应严格、公平地执行课堂秩序要求，从而保障课堂的顺利开展。针对大声喧哗、戏弄同学等严重扰乱课堂秩序的情况进行言语提示，给予批评、警告；针对个别同学走神、睡觉等不明显干扰课堂教学的情况可进行眼神及动作等非言语暗示，应在课后进一步交谈，不宜公开批评。另一方面，教师要根据具体教学情况调整相关秩序，意识到学生拥有发表自身观点的权利，为其提供相应机会，允许学生对课堂教学展开质疑、补充和评价。最后，探寻问题背后原因并加以改进。教师应在课后与破坏课堂秩序的学生进行密切交流，了解背后原因，帮助学生增强纪律性的同时，修正、完善课堂秩序。

3. 注重问题设计、合作式学习、言语行为互动以加强合作性。

首先，关注问题设计的层次性与启发性。层次性的问题能够让不同水平的学生都学有所获，启发性的问题能够激发学生的深度思考与参与。其次，开展合作式学习。可通过座椅调整与人员分工加强同桌交流、小组讨论。在座椅编排上，教师应灵活调整，除传统的秧田形，还可调换成圆形、矩形、模块形等利于合作交流的编排方式。在人员分工上，小组合作时应分工明确，定期轮换分工，促使全员参与，共同完成任务。最后，加强言语行为互动。在生生互动上，除课堂合作外，教师还可布置小组作业，增加学生互批互改作业的机会，邀请学生们互相分享经验。在师生互动中，教师与学生进行言语沟通的同时，加强动作交流，时常抬头与学生进行眼神交流，多面带微笑等。与此同时，教师课下应多与学生沟通、交流，耐心为学生答疑解惑。

（二）重点关注认知参与

认知参与是学生在学习过程中使用认知策略引发不同层次的思维活动，认知策略涉及复述策略（如重复、抄写、画线、做记录）、精细加工策略（如想象、口述、总结、类比、答疑）、组织策略（如组块、选择要点、列提纲），最终引发浅层次认知与深层次认知。

1. 协调选用不同认知策略，以合理诱发浅层次认知。

首先，引导学生学会选择、使用认知策略。面对复述策略、精细加工策略、组织策略，教师应引导学生根据所学内容及个人学习习惯选择合适的认知策略，进而提高学生的认知参与度。例如，学习地理科目中的各地地形特征内容时可选择画线、重复等复述策略，在后续学习各地不同气候时，可采取精细加工策略，与已学过的地形特征等内容相联系。其次，帮助学生科学、协调选用认知策略以合理诱发并有效控制浅层次认知的比重。面对同时适用三种认知策略的内容时，多引导学生使用精细加工策略与组织策略，稍弱化复述策略，避免学生只产生浅层次认知。当然，不可过分强求各类内容均达到深层次认知，应科学合理控制浅层次认知比重，以提高学生认识。

2. 教授认知策略，以加大深层次认知比重。

教师在课堂中可以向学生教授诱发深层次认知的策略，引导学生诱发深层次认知。首先，做好准备工作。教师应提前熟知教学内容适用的认知策略，并积累有关的案例。其次，课堂教学中细致讲解有关认知策略。教师在讲解教学内容时阐述背后可用的认知策略，并及时回顾、对比以往与之有关的正例、反例，帮助学生梳理、总结各类认知策略的适用条件。再次，布置诱发学生深层次认知的作业，例如画思维导图。最后，提供情境加以练习。教师应在后续学习过程中为学生提供相关的练习情境，学生可充分发挥前期的经验积累，经多次练习后，熟练、准确地选择有关认知策略，从而更好地参与到课堂之中。

（三）显著提高情感参与

情感参与体现为积极情感（乐趣感、成就感）与消极情感（厌倦感、焦虑感），所以教师在教学过程中应调动、保持学生的积极情感，安抚、调节学生的消极情感。

1. 选择恰当的教学内容、教学环境、评价策略以调动积极情感。

积极情感具体表现为学生感到学习过程及学习内容有趣不枯燥，取得良好的学习成绩或是完成学习任务之后会产生满足、愉悦等情绪。所以，为调动、保持学生的积极情感应注意以下几点。

首先，选择合适的教学内容。教师应选择符合学生身心发展水平且满足不同水平学生需求的内容，使不同水平学生产生积极情感体验，乐于参与课堂。其次，营造良好的物质环境。教师应提供多媒体设备、各类实验器材，多媒体设备的应用能够吸引学生注意力，引发学生课堂参与好奇心；数量充足、种类齐全的实验设备为全员参与课堂尤其是实验类课堂创造条件。再次，创造轻松、愉悦的课堂氛围。教师应根据具体教学情境选择恰当用词，注意语音语调的转换，及时鼓励学生，从言语角度带给学生轻松感；教师还需注意教学行为的恰当，例如适当增加手势、点头等交流动作，提问后留给学生思考问题的时间等。最后，科学、合理展开课堂评价。教师在课堂评价中做到及时性、差异性、鼓励性，从而调动学生课堂参与的积极情感。当学生回答问题后或完成任务时，及时做出评价；不同水平学生的评价标准有所不同，应关注学生本人的纵向比较而非学生之间的横向对比；以鼓励、肯定为主，当学生出现错误时，先肯定其可取之处再指明其不合理性，给予学生参与课堂的信心。

2. 灵活处理、及时反思、合理归因，以安抚、调节消极情感。

消极情感具体表现为学生对于学习过程及学习内容存在厌恶和倦怠的情感，对于考试或测验担心、忧虑。面对学生出现的消极情感，教师应采取如下举措。

首先，灵活处理突发状况以安抚学生。教师应随机应变、灵活处理，尽量安抚学生的消极情感以免影响正常教学。在教学内容方面，当学生反映内容难度过大时，及时安抚学生并调整该节课的内容量，不能贪图教学进程忽视教学质量。在教学方式方面，当学生反映原定教学方式沉闷无聊时，如若能够更换方式可及时更换，不能随意更换时，可通过教学机智如讲笑话、提高语音语调等帮助学生缓解沉闷课堂气氛。学生在考试测验、任务完成结果方面产生消极情感时，教师应以鼓励为主，激励学生发现存在的问题从而更好进步，而非沉浸于悲伤之中。

其次，重视教学设计反思并帮助学生正确归因调节情感。在反思教学设计方面，教师需反思教学内容、教学方式的选择是否恰当，是否存在忽视学生水平与兴趣或急于追求教学进度等问题，并加以调整。在帮助学生正确归因考试测验或任务结果并合理调节情感方面，一方面是归因。当学生将失败归因于内部因素、稳定因素、不可控因素时，容易产生羞愧、绝望感、习得性无助。此时教师应及时鼓励学生，并帮助学生自身反思自己的能力与努力程度，正确看待不可控因素。当学生将失败归因于外部因素、不稳定因素、可控因素时，容易产生侥幸心理。此时教师需反思自身问题，例如测验或任务的难度问题，并加以改进，也需要帮助学生正确看待可控因素，争取下次不再失误。另一方面是合理调节情感。教师可引导学生通过日记、绘画、书法等方式将内心的难过、痛苦、压力等疏导出来，也可采取音乐疏导、心理暗示、运动宣泄等方式。

第五节　课堂高效度

一、概念界定

课堂高效度是指课堂教学在温度、深度、梯度、参与度四个方面的达成度，是课堂有温度、课堂有深度、课堂有梯度、课堂参与度的最终目标指向。课堂高效度主要表现为以培养全面发展的人为目标，教师根据学生个体差异循序渐进地进行梯度教学，引导学生对知识进行深层次加工，学生运用高阶思维解决问题并且全方位深入参与课堂教学，形成一个民主、平等、尊重、共享的师生成长共同体课堂。课堂高效度的核心要素如图 2.5.1 所示。

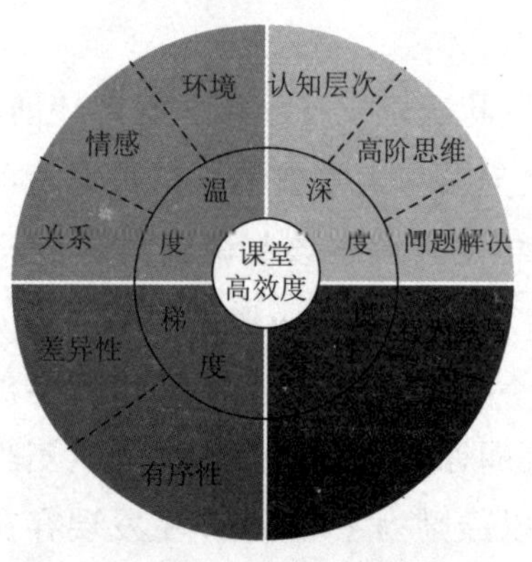

图 2.5.1　课堂高效度

二、教学建议

(一)制定高效度的教学目标

教学目标是指学生经历一定时段的具体教学活动后达到的预期结果。美国著名教育家布卢姆指出:“有效的教学始于准确地知道期望达到的目标。”教学目标是教学活动的起点和归宿,规定了教与学的进程与方向,引领着教学的全过程,因此制定一个高效度的教学目标是首要任务。

1. 教学目标要有全面性。

教学目标是面向全体学生的,因此,教师制定目标时要关注学生的差异性和身心发展的规律,认真了解学生的情况,如学习态度、起始能力、背景知识、学习风格,尊重学生的个体差异。教师可以通过观察、问卷调查、访谈等多种方法了解学生的发展需求和兴趣所在,主动征求学生的意见和建议,根据具体学情制定教学目标,促进学生在学习过程中智力、能力、情感和个性的全面发展。

2. 教学目标要有层次性。

教师制定目标时要关注学生认知水平和学科知识逻辑的层次性,依据学生现有的知识水平和潜能发展情况,确定与各层次学生相适应的具体课堂教学目标,一般可以将课堂教学目标划分为基本目标、深化目标、发展目标。目标既要符合学生实际学习水平,又要促进学生向高一层次目标发展,这就需要将远期目标与近期目标相结合,分类达标,分层提高,分类推进。

3. 教学目标要有可测性。

课堂教学目标要以学生为行为主体,陈述内容要能观察或测量,可以按“行为主体、行为动词、行为条件和目标达成度”的格式来表述,科学、准确地阐明学生通过学习学到了什么、会做什么或会说什么。要注意尽量使用能够体现目标达成度的可检测的行为动词,如“说出”“算出”“背诵出”“画出”等易于检测学生状态的行为动词。教师可以当堂测验教学成果,并及时根据测试结果调整教学手段和方式。

(二)组织高效度的教学内容

教学内容是教师进行课堂教学,学生获取知识、提升能力、培养价值观的主要载体,是实现教学目标的主要依托。在课堂教学过程中,教师通过组织高效度的教学内容来帮助实现教学目标。

首先，教学内容要有科学性，要以学科教材为依据，要深度研读教材，充分挖掘学科知识的教育价值，整合、拓展和延伸教材内容，密切结合学科发展趋势与前沿，充分发挥知识的育智、育德、育美价值，在教师的引领下，引领学生深度参与、深度体验、深度交流、深度思考，以提高学生的认知层次，培养学生的高阶思维，发展学生的问题解决能力。

其次，教学内容要有系统性，要根据学科知识结构和逻辑体系，进行大概念主题式教学内容设计，由浅入深、由简到繁、纵横联系、上下贯通，保证知识的完整性、联系性与系统性，促进学生形成系统的知识框架与知识网络。

再次，教学内容要有适切性，要适合学生的身心发展水平和规律，以学定教，课程内容的选择要符合学生最近发展区，即在适应学生现有发展水平基础上积极引导和促进学生往更高的水平发展。教师可以依据学生课堂反馈及时调整教学内容，使学生产生积极的课堂情感体验，在课堂参与中保持高度的专注性。

最后，教学内容要有综合性，要关注核心素养。核心素养要培养全面发展的人，因此选取教学内容的关注点要从学科知识转到核心素养，内容的组织必须打破学科的局限，充分利用校内外丰富的课程资源组成特色化、体系化、综合化的课程，实现知识的融会贯通，发展学生的主体性、社会性与文化性，进而提升学生的核心素养，促进学生全面发展。

（三）开展高效度的教学

教学实施是实现教学目标的关键阶段。教学实施过程既要符合教学目标、教学内容的要求和教学对象的特点，又要考虑特定的教学环境。

首先，创设良好的课堂环境。第一，教师充分利用学校物质环境、教学资源、网络资源、现代教育技术等，为学生创设一个公平、民主、和谐、温暖的物理环境和心理环境。第二，根据学生的兴趣合理安排学习内容，充分给予学生自主权，为学生营造一个轻松愉快的课堂氛围，并把教学内容与现实生活结合起来。教师要充分调动学生的多种感官，让他们全身心地投入学习活动之中，如小组合作、互动游戏、探究实验、角色扮演。第三，教师要积极与学生进行沟通交流，全面了解学生的学习情况，鼓励学生与老师和同学一起探讨、交流沟通，构建相互合作、相互学习、平等交流、和谐友爱的师生、生生关系。

其次，采用多样化的教学方法。例如，教师在课堂教学中灵活采用讲授法、小组合作法、实验探究法、情境体验法、交流展示法、角色游戏法等方法，在抛出问题同时，引发学生深度思考和积极讨论，培养学生的创造性思维、抽象思维、批判性思维。此外，教师可以在既定目标基本实现的基础上，对知识的难度进行适当的提升和拓展，为学生创设不同的任务情境，以促使学生能够将所学习的知识进行迁移应用，在培养学生高阶思维的同时锻炼学生问题解决的能力。

再次，注重学生个体之间的差异性，从学生的学习态度、起始能力、背景知识、学习风格出发，做到分层引导、因材施教；遵循学生认知发展和知识学习的有序性，从学生的认知水平和思维能力出发，做到层层深入、循序渐进。

最后，鼓励学生积极参与课堂，在课堂中保持专注、遵守秩序的同时，积极与他人进行交流合作。例如，在课堂教学过程中每个学生都有积极发言、表达观点的机会。教师应鼓励学生勇于表达自己的观点，敢于对课堂进行质疑、补充和评价，保持学生积极的课堂行为参与，进而引发学生由浅入深的课堂认知参与和积极的情感参与。

（四）采用高效度的教学评价

评价的目的不是为了给学生的学习一个终结性的评分，而是为了掌握学生的真实学习情况，以更好地组织教学，帮助学生后续的学习和发展。

首先，要采用公平的评价方式，评价是为了帮助学生正确认识自我，促进学生的全面发展。因此，要公平对待每一个学生，为每一个学生提供展现自我、提升自我的机会。

其次，要采用差异化评价方式。每个学生都是独立的个体，有其独特性。因此，应在充分了解学生个体差异和不同阶段的发展需求基础之上，灵活选择适当的评价方式帮助学生正确认知和评价自我，并提出有针对性的、促进学生个体发展的指导性建议。

最后，要采用多元化的评价方式。首先，在评价主体上，要由教师、学生、学生家长、教育行政部门、教育主管部门、社会人士等多方人员组成的评价主体共同参与评价。其次，在评价内容上，要对学生的情感、态度、能力、知识、技能等多方面的发展进行评价。最后，在评价方式上，要采用复合型评价方法，如正式与非正式评价、标准参照与常模参照评价、形成性评价与总结性评价、自我评价与他人评价，并尽量以正向评价为主，以调动学生参与课堂的积极性，使他们在评价中获得充分的肯定与发展。

（五）落实教学评一致性

教学评一致性是指教学、学习、评价的一致，即教师的教、学生的学、对学习的评价应与学习目标保持一致。其中，清晰的学习目标是教学评一致性的灵魂，教学环节是教学评一致性的过程，教学评价是验证教学评一致性的手段。

首先，明确清晰的学习目标。第一，以课程标准为依据。教师在全面研究学科课程标准的基础上，找出相对应学段的学习目标，设计本课学习目标。第二，以学科教材为依据。教师要深度研读学科教材，把握学科特点与知识逻辑。第三，以学情为依据。教师要立足学生的学习实际，充分了解学生认知水平和发展需要，尊重学生的差异性，以发展的眼光看待学生，促进学生智力、能力、情感、个性全面发展。

其次，设计科学的教学环节。第一，教学环节的设计要基于学习目标，紧紧围绕学习目标展开，教学环节的设计要内嵌教学评价，通过有序的环节帮助学生实现学习目标，通过教学评价验证学习效果。第二，遵循学生的身心发展规律，充分了解学生的背景知识、起始能力、思维层次等因素，关注课堂教学情境设计，将学生兴趣与知识学习、能力培养相关联，在引发学生的兴趣和好奇心的同时，完成对知识的思考与探讨，由浅入深，由简到繁，由具体到抽象，引导学生学会自主学习、合作学习、探究学习，培养学生的科学探究精神和课堂参与意识。第三，灵活选择教学方法。根据教材内容和特点、学生的发展规律和认知水平以及教学环境灵活地选择教学方法，激发学生积极的课堂情感体验，使学生在掌握基本知识与能力的同时，促进身心往更高的水平发展。

最后，采取有效的教学评价方式。教学评价应持续地贯穿于整个教学、学习的过程之中，要与学习目标相匹配、与教学环节相整合，要注意教学评价的公平性、差异性和多元性。教学评价不仅要关注学生所学习的课堂内容，还要关注学生在发现问题和解决问题过程中所遵循的思维逻辑，将课堂评价与教学进程相融合，实现师生良性互动，真正做到以评促教、以评促学，促进学生全面发展。

学科样例：小学

第三章

教学案例

第一节　语文部分

《棉花姑娘》教学设计

寿光现代明德学校　张凤珍

【课程标准】

1. 喜欢学习汉字，有主动识字的愿望；学习独立识字，能借助汉语拼音认读汉字。

2. 努力养成良好的写字习惯，写字姿势正确，书写规范、端正、整洁。

3. 学习用普通话正确、流利、有感情地朗读课文。

4. 结合上下文和生活实际了解课文中词句的意思，在阅读中积累词语。体会问号所表达的语气。

课标解读：

1. “喜欢学习汉字，有主动识字的愿望；学习独立识字，能借助汉语拼音认读汉字。努力养成良好的写字习惯，写字姿势正确，书写规范、端正、整洁。”课标中明确指出，低年级语文教学的重点是识字写字。本节课要求学生交流识字方法，能够读准“棉”等13个生字的读音，通过观察生字的结构以及在田字格中的占格，会写“奇”等7个生字。

2. “学习用普通话正确、流利、有感情地朗读课文。”本节课要求学生通过品味语言，体会主人公的情感态度，能读出棉花姑娘恳求、急切的语气及小动物力不从心的感觉。

3.“结合上下文和生活实际了解课文中词句的意思，在阅读中积累词语。体会问号表达的语气。”本节课要求学生通过通读全文、图文对照、句子对比来理解体会使用“碧绿碧绿、雪白雪白”等叠词的好处，达到“积累运用”的程度。

【教材分析】

1. 单元内容分析。

单元主题：问号。本单元教学重点：借助图画阅读课文。

本单元的学习重点是借助图画阅读课文。这是继部编版《语文》一年级上册《小蜗牛》这篇课文阅读以后，又一次出现的连环画课文的阅读。教学时要在一年级上册借助图画猜字、认字、读懂课文的基础上，继续发展学生独立识字和阅读的能力。

2. 课后练习。

(1)朗读课文，读好课文中的对话。（抓住问句，读好祈使句）

(2)连一连，说一说。（引导学生通过朗读，知道不同的动物分别消灭什么害虫，从而进一步了解故事内容）

(3)读一读，照样子说一说。（教师引导学生说出“碧绿、雪白”和叠词“碧绿碧绿、雪白雪白”哪个表达效果更好，能用“碧绿碧绿、雪白雪白”这样的叠词正确描述其他事物）

3. 语文园地。

语文园地中的字词句运用：借助插图，积累表示心情的词语。观察图画说心情，联系生活，情感体验，进行说话练习。

【学情分析】

1. 优势。

学生经过将近一年的学习，基本掌握了汉字的基本笔画和书写规律，但自主识字的能力有待提高。学生喜欢读童话，说童话，演童话，这为本课朗读和口语交际奠定了良好的基础。

2. 障碍。

学写合体字，初步了解合体字的构字特点，学生在间架结构和田字格占位上掌握不够。

【课程核心素养】

核心素养是学生通过课程学习逐步形成的正确价值观、必备品格的关键能力，是课程育人价值的集中体现。义务教育语文课程培养的核心素养，是学生在积极的语文实践活动中积累、建构并在真实的语言运用情景中表现出来的，是文化自信和语言运用、思维能力、审美创造的综合体现。

1. 这篇课文寓生物常识于生动形象的故事之中，语言符合儿童特点，对学生了解科学知识有较强的启发作用。

2. 在学习“碧绿碧绿、雪白雪白”等叠词时，能感受词语在句子中的表达效果，提高积累运用的能力。

3. 在学习过程中，通过对问题进行思考与探究，锻炼自己的思维能力，养成积极思考的习惯。

【教学目标】

1. 通过熟字加偏旁、形声字识记等方法，能正确认读“棉”等 8 个生字，提高自主识字的能力；观察“奇”字，认识新偏旁“大字头”，能正确书写，注意间架结构，感受汉字的形体美，提高书写水平。

2. 通过朗读课文，能找出棉花姑娘请来了哪些医生，分别消灭了什么害虫。比较朗读，能说出“碧绿碧绿、雪白雪白”在句子中的表达效果，提高积累运用的能力。

3. 通过抓关键词语和问号，能读好句子的语气，提高对课文的理解和感受能力。

【评价任务】

1. 观察生字，说说你是用什么方法认识“棉”等 8 个生字的；学写“奇”字，认识新偏旁“大字头”，注意“可”的横画写长，在结构上做到上收下放。（检测目标 1）

2. 朗读课文，用横线画出这些动物分别能捉哪里的害虫，并完成课后题。在句子中比较，说出“碧绿碧绿、雪白雪白”表达的好处，准确运用叠词描述图片中的事物。（检测目标 2）

3. 分角色朗读课文，轻读“请、吧、对不起”，重读“只会”等词语，读出棉花姑娘恳求、急切的语气及小动物力不从心的心情。（检测目标 3）

【教学资源】

部编版一年级下册《语文》课本，教师教学用书，“燕子、啄木鸟、青蛙、七星瓢虫”等卡通图片。

【教学方法与工具】

1. 教学方法。

对话法、讲授法、读书指导法。

2. 教学工具。

部编版一年级下册《语文》课本、PPT、生字字卡、动物卡通图片、学习任务单。

【教学过程】

环节一：谈话导入，做好铺垫

导入：孩子们，生活中，如果你牙疼，会去医院的哪个科室就诊？眼睛不舒服呢？如果棉花姑娘生病了，她该找哪一位医生看病呢？今天我们一起来学习《棉花姑娘》。

板书课题，齐读课题。认读“棉、娘”，强调“娘”的读音。用“粮”换偏旁识记“娘”。

设计意图：谈话导入，激发学生学习兴趣，拉近老师和学生的距离，使学生兴趣盎然地进入教学情景。

环节二：初读课文，感知内容并随文识字

（一）明确学习任务

朗读课文，出示自读要求。

1. 标出自然段序号。

2. 借助音节把课文读正确，做到不添字、不漏字、不读错别字，不认识的字借助拼音多读几遍。

3. 边读边想：棉花姑娘生了什么病？用横线画出来。

（二）执行评价任务

1. 学生自读课文，标出自然段序号，分自然段朗读课文。

2. 随文识记“治、干、瓢”。

3. 朗读体会棉花姑娘生病时着急的心情，理解“盼望”的意思。

(三)交流学习成果

1. 课文有6个自然段。请6名学生分段朗读课文，其他同学认真听，及时纠错。

2. 说一说你是用什么方法认识“治、干、瓢”这三个字的。

3. 棉花姑娘生了什么病？她心里很着急，迫切地希望医生来给她治病，理解“盼望”的意思是“希望”。

设计意图：初读课文，让学生初步了解课文的大体内容，边读边想棉花姑娘生了什么病，在读中感悟词语的意思，体会棉花姑娘生病时着急的心情。

环节三：再读课文，提取课文主要信息

(一)明确学习任务

朗读课文，找出棉花姑娘请了哪些医生，分别消灭了什么害虫。

(二)执行评价任务

朗读课文第2至第5自然段，用圆圈圈出棉花姑娘请了哪些医生；用横线画出这些动物分别能捉哪里的害虫并完成课后题“连一连　说一说”。

(三)交流学习成果

1. 孩子们，观察一下文中的图片，再读课文第2至第5自然段，用圆圈圈出棉花姑娘请了哪些医生；用横线画出这些动物分别能捉哪里的害虫，完成课后题“连一连　说一说”。

2. 棉花姑娘请了哪几位小动物医生来帮忙？（板贴图片：燕子、啄木鸟、青蛙、七星瓢虫）

3. 这是谁啊？“燕”，以前的时候这个字是这样写的，仔细观察图片，看看有什么发现。

4. 七星瓢虫救了棉花姑娘，是因为七星瓢虫专吃棉花叶子上的蚜虫(板书：棉花叶子)，燕子、啄木鸟、青蛙为什么没有治好棉花姑娘的病？指名答，板书“空中飞、树干、田里”。

设计意图：借助插图再读课文，思考不同的问题，层层深入文本。本环节的设计，培养学生开动脑筋，敢于说出自己的见解。教师及时鼓励，激发学生的信心，从而使学生学习兴趣更加浓厚。本环节的设计体现了五度课堂中的梯度、深度和温度。

环节四:学习生字“奇”

(一)明确学习任务

观察“奇”字,认识新偏旁“大字头”,能正确书写,注意间架结构,感受汉字的形体美,提高书写水平。

(二)执行评价任务

学写“奇”字,认识新偏旁“大字头”,注意“可”的横画写长,结构上做到上收下放。

(三)交流学习成果

1. 七星瓢虫的本领很大,一只瓢虫一天能吃 130 多只蚜虫呢！棉花姑娘还不知道,所以她特别惊奇。“惊奇”是什么意思啊？随文识记“奇”,认识偏旁“大字头”。

2. 教写“奇”。

先观察“奇”的字形(结构、占格、关键笔画);教师范写;学生练写;师评、互评。

评价量表如下。

评价要素	星级
姿势正确	一颗星
书写规范	一颗星
下部横画写长,结构上收下放	一颗星

设计意图:通过本环节的设计,培养学生观察字的关键笔画以及结构。出示评价标准,让所有学生根据评价标准中的要求写好每个字,体现了五度课堂的参与度。

环节五:指导朗读,读好句子的语气

(一)明确学习任务

通过抓关键词语和问号,能读好句子的语气,提高对课文的理解和感受能力。

(二)执行评价任务

分角色朗读课文,轻读“请、吧、对不起”,重读“只会”等词语,读出棉花姑娘恳求、急切的语气及小动物力不从心的心情。

(三)交流学习成果

1. 着急的棉花姑娘是如何向小动物医生发出请求的,小动物医生又是如何回答的呢?看一下燕子和棉花姑娘的对话。(指导朗读)

2. 啄木鸟和青蛙又是怎样跟棉花姑娘说的呢?请同学们选择其中一组,用上我们刚刚学习的方法跟同桌练习。

评价量表如下。

评价要素	星级
读出棉花姑娘急切但有礼貌的语气	一颗星
读出小动物们的礼貌但无能为力的语气	一颗星

3. 师生合作分角色读,加动作读。

设计意图:本环节的设计,教师教给学生读书方法,引导学生理解动物的心情,指导有感情地朗读课文:师生合作读、加动作表演读,本环节的设计体现了五度课堂中的参与度。

环节六:学习叠词,积累运用

(一)明确学习任务

比较朗读句子,能说出"碧绿碧绿、雪白雪白"在句子中的表达效果,并能积累运用。

(二)执行评价任务

1. 在句子中比较,说出"碧绿碧绿、雪白雪白"表达的好处。

2. 观察图片,准确运用叠词描述图片中的事物。

(三)交流学习成果

1. 有了七星瓢虫的医治,棉花姑娘的病怎么样了呢?指名读最后一段,识记"碧"。

2. 病好了,棉花姑娘的心情怎么样?谁来高兴地读读这段话?

3. 认识叠词。病好了的棉花姑娘发生了什么变化呢?对比读一读,哪个更好?

4. 像这样由两个"碧绿"相叠加构成的词语,我们称它为叠词。那你还能说"碧绿碧绿的"什么、"雪白雪白的"什么吗?

5. 其实这样用叠词表示颜色的地方还有很多，请同学们试着说一说图片中的事物。

设计意图：本环节的设计，通过学习叠词，让学生体会到叠词的好处，并在生活中拓展、积累、运用，体现了五度课堂中的深度。

环节七：课堂小结

1. 用开小火车的方式随机检查本节课所有随文识记的生字。

2. 这节课我们学习了《棉花姑娘》。大家依靠集体的智慧，用各种方法认识了这一课的生字，知道了不同的动物能消灭不同害虫的科学常识。我们还学会了用ABAB型叠词来描述事物，并且我们在说话的时候也能用到叠词，这就是收获。

设计意图：回顾整堂课，帮助学生梳理本课内容。

部编版二年级上册第七单元《雪孩子》第一课时教学设计

寿光现代明德学校　慈　秀

【课程标准】

本课对应的课程标准是第一学段，具体对应的内容如下。

1. 能用组词、形声字、汉语拼音等方式独立识字，喜欢学习汉字，有主动识字的愿望。

2. 学习用普通话正确、流利、有感情地朗读课文，学习默读。

3. 阅读浅近的童话故事，对故事中的人物和事件有自己的感受和想法，并乐于与人交流。

4. 在朗读对话中能体会句号、问号、感叹号所表达的不同语气。

课标解读：

1. 学生学什么？

能用组词、形声字、汉语拼音等方式独立识字，这是本节课中的识字要求，即力求用运多种方法让学生喜欢学习汉字，有主动识字的愿望。学习默读，阅读浅近的童话故事，对故事中的人物和事件有自己的感受和想法，并乐于与人交流，在朗读对话中能体会句号、问号、感叹号所表达的不同语气，这是阅读方面的要求。在本节课中进行初步的学习默读，明确默读的要求，在朗读过程中增加自己的阅读感受。

2. 学生学到什么程度?

能用组词、形声字、汉语拼音等方式独立识字,大部分学生能在本节课中将课本中的二类字记住,喜欢学习汉字,有主动识字的愿望。阅读方面,在本节课中初步学习默读,明确默读的要求。在多种形式的朗读过程中,感受不同标点符号代表的不同语气。

3. 学生怎么学?

在识字教学方面,利用随文识字、加一加、换偏旁等方法,全班交流进行识字。在阅读方面利用儿歌的形式,教授给学生默读技巧,再利用三次评价,增加学生对默读的认知,在一次次进步中增加学生的自信心,并利用分角色朗读等形式,感受人物品质,升华人文主题。

【教材分析】

1. 本单元。

单元主题为"想象"。

本单元教学重点为"展开想象,获得初步的情感体验"。

2. 本课。

部编版二年级《语文》上册第七单元第三课。

利用学习伙伴的提示,在想象中续编故事,感受美好的心灵。

3. 课后练习题。

(1)朗读课文,学习默读。(学习默读课文,试着做到不出声)

(2)抄写下面句子,并读一读。(引导学生比较两个句子,感受一下哪个句子更好)

【学情分析】

1. 优势。

二年级下学期学生已有丰富的识字经验,熟练掌握加一加、形旁表义、熟字换偏旁等识字方法并能加以运用。学生已经具备基本的阅读能力,能够独立阅读,并认识文章中出现的常用标点符号,大致了解句号、问号、感叹号所表达的不同语气。

2. 障碍。

学生的个体阅读能力存在较大差异,部分学生仍会频繁出现添字、漏字、错字等情况。

3. 应知。

在本节课应该初步学会默读，明确默读的要求，学会本节课中出现的二类字。

4. 方法。

利用儿歌，三次评价强化默读要求；利用随文识字、加一加、熟字换偏旁的方式认识本节课二类字。

【课程核心素养】

小学语文重点培养的核心素养包括语言建构与运用、思维发展与提升、审美鉴赏与创造、文化传承与理解。本节课重点训练学生学习默读，提高学生的阅读速度，培养学生的语感。

通过积累优美词句，增加学生的语言积累运用能力。

【教学目标】

1. 通过加一加、熟字换偏旁、形声字组词等方式，正确认读“添、渐”等生字，提升自主识字的能力。

2. 通过教师指导、儿歌提醒等形式，学会默读，提高阅读速度。

3. 通过找出对话、分角色朗读等形式，能读出小白兔在不同时期开心、悲伤和雪孩子勇敢的语气，感受雪孩子的勇敢、善良，并积累优美语句，感受文学语言的独特魅力，提升阅读共情能力。

【评价任务】

1. 随文识字，观察生字，说一说你是用什么方法来记住“旺、柴、添”这些生字的，并利用字卡识记。（检测目标 1）

2. 朗读、默读儿歌，学习默读技巧，做到不出声、不指读、不唇读。（检测目标 2）

3. 朗读课文，边读边画出小白兔和妈妈的对话、小白兔和雪孩子的对话，分角色朗读，读出小白兔的高兴、伤心与雪孩子救小白兔时的勇敢。（检测目标 3）

4. 对比朗读句子，说一说哪一句更好，原因是什么，积累文中优美语句。（检测目标 3）。

【课程资源】

1. 视频类。

《雪孩子》动画片。

2. 书籍类。

教师教学参考书、部编版二年级《语文》上册课本、课本插图。

【教学方法与工具】

1. 教学方法。

讲授法、演示法、发现法。

2. 教学工具。

生字卡片、PPT 课件。

【教学过程】

环节一:谈话导入,激发兴趣

导入:同学们,美丽的冬天就要到了! 冬天到,雪花飘,下雪了,你们最想做的事情是什么? (指名回答)

今天我们就来学习一篇发生在大雪纷飞的冬天的童话故事,故事的名字叫作《雪孩子》。请同学们伸出小手,和老师一起板书课题。

齐读课题。

设计意图:以谈话的形式引发学生的积极性,从而调动起学生的学习兴趣,为学生开启有温度的课堂。

环节二:初读课文,整体感知

(一)明确学习任务

1. 出示默读要求,板书:不出声读,不用手指读,不动嘴唇读。

2. 出示自读要求。

(1)借助拼音读准字音,读通句子。

(2)按照故事情节的发展给图片排顺序。

(二)执行评价任务

1. 儿歌教授默读技巧,教师领读,学生齐读。

2. 默读课文：边读边按故事发展给图片排排序。

(三)交流学习成果

1. 指名回答：按故事发展给图片排序。

(　　)和(　　)玩

雪孩子(　　)小白兔

雪孩子(　　)

2. 根据教师的提示来说一说这三幅图片的意思。（指名回答）

设计意图：

(1)以儿歌的形式教授给学生默读的技巧，提升课堂效度。

(2)给图片排顺序更加符合这个年龄阶段的学生的认知特点，也能很好地检查学生的默读效果。

环节三：精读课文，品读感悟

学习第一部分(1～4自然段)

(一)明确学习任务

默读课文1～4自然段，用横线画出小白兔和妈妈的对话，注意默读要求。（出示如下评价标准）

评价要素	星级
不出声	一颗星
不指读	一颗星
不唇读	一颗星

(二)执行评价任务

学生默读课文1～4自然段，用横线画出小白兔和妈妈的对话。

(三)交流学习成果

1. 反馈默读评价。

2. 学生分享，指导朗读。（学生读对话，教师顺势指导）温柔的兔妈妈是怎样安慰小白兔的呢？

3. 播放视频，看一看有了雪孩子的陪伴，小白兔感觉怎么样。（指名回答，顺势板书）

4. 从课文中的哪句话可以体会到小白兔很快乐？大声朗读课文第4自然段。（指名回答）

5. 指导朗读小兔子的话。

设计意图：以视频的形式和课文相结合，能够更好地让学生感受有了雪孩子的陪伴，小白兔是多么快乐，为后来雪孩子勇救小白兔做铺垫。另外，视频的形式更加直观明了地体现人物性格，促进学生对人物形象的把握，提升课堂参与度，从而达到高效度。

学习第二部分（5～8自然段）

（一）明确学习任务

1. 默读课文5～8自然段，思考这个问题：雪孩子为什么会变成白云？（出示如下默读评价标准）

评价要素	星级
不出声	一颗星
不指读	一颗星
不唇读	一颗星

2. 边读边想：小白兔看着雪孩子变成白云，心里会想些什么呢？

（二）执行评价任务

1. 默读课文5～8自然段，用自己的话来说一说雪孩子为什么会变成白云，发生了什么。

2. 大声朗读课文第8自然段，圈出表示雪孩子动作的字。（指导朗读）

3. 观看动画视频，看完视频再朗读课文第8自然段感受雪孩子的勇敢。

（三）交流学习成果

1. 随文认识“烫”等生字。

2. （指名分享，顺势板书）从视频中你能感受到这是一个怎样的雪孩子。

3. 展示课件演示“雪化成水、水蒸发到空中形成云的过程”，使学生加深了对重难点的理解：知道了在一定温度下雪遇热会化成水，水蒸发到空中就成了云。

4. 展开想象：请同学们展开想象的翅膀，小白兔看着雪孩子变成白云，小白兔心里会想些什么呢？（指名分享，顺势板书）

设计意图：

（1）分三次出示评价标准，既是对学生默读要求的提醒，又能检测学生的默读效果，让学生在每个环节看到自己的进步，激发学生的自信心，体现课堂的梯度。

（2）在朗读课文的同时进行随文识字、拓展识字，增加课堂学习梯度与深度，能够使学生更加深入地了解字义。

（3）演示水蒸发的过程，既是科学知识的普及，又能用这种形式让学生知道雪孩子还一直陪伴在我们身边。这样的做法既增加了课堂的深度，又增添了课堂的温度。

学习第三部分（9 ~ 14 自然段）

（一）明确学习任务

默读课文 9 ～ 14 自然段，找一找，雪孩子去哪里了。注意默读要求。（出示如下评价标准）

评价要素	星级
不出声	一颗星
不指读	一颗星
不唇读	一颗星

（二）执行评价任务

学生自行默读课文 9 ～ 14 自然段，用自己喜欢的方式标出雪孩子去哪里了。

（三）交流学习成果

1. 反馈默读评价。

2. 指名回答：雪孩子究竟去哪里了？

3. 出示课后题两组句子，男生女生各读一句，比较这两句话哪一句更好，说出为什么。

4. 出示拓展句子，学生补充句子。

设计意图：打破课文的顺序，从小白兔有雪孩子陪伴时的快乐，到雪孩子变成了一朵白云，激发学生的好奇心："雪孩子为什么会变成一朵白云"，从而引发学生的进一步思考。

环节四：课堂小结，总结提升

雪孩子教会了我们做人要善良，要勇敢，乐于奉献。老师希望同学们都能像雪孩子一样做一个善良勇敢的人。但我们在遇到火灾的时候，要先拨打119或者是寻求大人的帮助，千万不要自己一人冲进大火当中，尽量避免造成不必要的伤害。

设计意图：在这个过程中能够渗透人文要素，并且教会学生在遇到危险时应该如何正确保护自己，体现课堂温度。

《两小儿辩日》教学设计

寿光现代明德学校　张韦韦

【课程标准】

《义务教育语文课程标准》（2022年版）有关文言文学习的总体目标和内容如下。

1. 认识中华文化的丰厚博大，汲取智慧，弘扬中华传统文化，建立文化自信。

2. 学会运用多种阅读方法，具有独立阅读能力。能借助工具书阅读浅易文言文。

3. 乐于探索，勤于思考，初步掌握比较、分析、概括、推理等思维方法，辩证地思考问题，有理有据、负责任地表达自己的观点，养成实事求是、崇尚真知的态度。

课标解读：

1. 学生学什么？

小学阶段的文言文学习，学生要做到正确、流利、有节奏地朗读课文，了解文言文的大致意思，熟读成诵，积累语言；能通过文言文学习，了解古代的灿烂文化，建立文化自信；在发展语言能力的同时，发展思维能力，能有理有据地表达自己的观点，逐步养成实事求是、崇尚真知的态度。

2. 学生学到什么程度？

（1）正确、流利、有节奏地朗读课文，能够熟读成诵。

（2）能运用借助注释、联系上下文等方法，初步理解文言文，大致说出故事内容。

(3)能找到支撑观点的依据,并体会作者是如何有理有据地表达自己的观点的。

(4)能从文章中汲取智慧,养成实事求是、崇尚真知的态度,建立文化自信。

3. 学生怎么学?

依据学习目标,依托评价任务,学生将通过质疑课题、导入新课,反复诵读、读好课文,借助方法、说出文意,情境再现、研读探究,阅读拓展、方法迁移等环节层层深入,实现一节既有温度、深度、梯度、参与度,又有高效度的语文课。

【教材分析】

本单元的人文主题是科学精神,单元语文要素是“体会文章是怎样用具体事例说明观点的;展开想象,写科幻故事”。本单元旨在引导学生初步了解论说类文章常用的表达方法,引导学生不仅要敢于表达自己的观点,还要有理有据地论证观点。围绕这个要素,教材做了有层次、有梯度的安排。《文言文二则》这一课所承担的任务是体会人物的观点和依据。

《两小儿辩日》是第二课时,选自《列子·汤问》,主要以人物对话的方式展开叙述,讲述的是孔子在路上遇到两个小孩子在争论太阳什么时候离人近,什么时候离人远。双方各抒己见,观点鲜明,有理有据,就连孔子也无法裁决,被两个小孩笑话。故事体现了两个小孩子善于观察、思考、大胆质疑的精神和孔子实事求是的学习态度。这则文言文不仅论证观点层次清晰,而且蕴含的道理引人深思。

本课的课后题要求如下。

1. 正确、流利地朗读课文,背诵课文。

2. 联系上下文,说说加点字的意思。

孔子不能决也。

3. 对照注释想想每句话的意思,再连起来说说故事的内容。

4. 在《两小儿辩日》中,两个小孩的观点分别是什么?他们是怎样说明自己观点的?

【学情分析】

螺旋上升的语文要素		
六年级下册	第五单元	体会文章是怎样用具体事例说明观点的
六年级上册	第六单元	抓住关键句，把握文章的主要观点
五年级上册	第八单元	根据要求梳理信息，把握内容要点

对于六年级下学期的学生来说，他们之前已经学习过《精卫填海》《古人谈读书》《伯牙鼓琴》等文言文，初步感受了古文的语言特点，掌握了学习文言文的基本方法，并且有了一定的诵读积累。针对本单元语文要素的要求，学生也已在六年级上学期学习了如何抓住关键句，把握文章的主要观点。

【课程核心素养】

语文课程围绕核心素养，体现课程性质，反映课程理念，确立课程目标。义务教育语文课程培养的核心素养，是学生在积极的语文实践活动中积累、建构并在真实的语言运用情境中表现出来的，是文化自信和语言能力、思维能力、审美创造的综合体现。本课是一篇文言文，应重在培养学生感受文言文的语言形式，激发阅读文言文的兴趣；引导学生能够大致说出文言文的意思，熟读成诵，进行语言积累；结合本单元的语文要素，还要引导学生在发展语言能力的同时，发展思维能力，体会如何有理有据地表达个人观点，逐步养成实事求是、崇尚真知的科学态度。本文的学习，既帮助学生建立了一种文化自信，又训练了学生的思维能力。

【教学目标】

1. 通过多种方式诵读课文，体验文言文诵读的节奏感，提升把握文言文节奏的能力。

2. 通过多种方法疏通文意，理解故事内容，发展用现代汉语讲古代故事的能力。

3. 通过寻找人物的观点及其依据，体验两小儿论证观点的过程，发展有理有据论证观点的思维能力，并能迁移运用。

【评价任务】

1. 自读课文，借助注释，读准字音，读好节奏；跟教师读，划分停顿线；同

桌互读，读好节奏，读出韵味。（达成目标 1）

2. 朗读课文，借助注释，联系上下文，说出每句话的意思，再连句成段说出故事的内容。（达成目标 2）

3. 朗读课文，边读边画出两个小孩的观点以及古人是怎样说明自己的观点的；说出文章所揭示的道理，并背诵课文。（达成目标 3）

4. 借助注释和译文自读拓展短文《日近长安远》，读好停顿，并找出晋明帝说“日远”“日近”的依据。（达成目标 3）

【课程资源】

教材、教参、图片、语文主题丛书。

【教学方法与工具】

1. 教学方法。

讲授法、读书指导法、小组合作探究法。

2. 教学工具。

课件、学习任务单。

【教学过程】

环节一：质疑课题，导入新课

导入：教师引导学生书空课题，齐读课题，通过质疑课题引发对本文的思考：看到这个题目你想到了什么？你的心中有没有疑问？

学生分享，教师点评总结，引起学生共鸣，引发思考。

设计意图：本环节通过质疑课题导入新课，激发了学生的学习探究兴趣。

环节二：反复诵读，读好课文

（一）明确学习任务

请同学们自由朗读这则文言文，注意借助注释读准字音，读通句子，读准节奏，遇到难读的句子多读几遍。

（二）执行评价任务

1. 学生自读，划分节奏；教师范读，订正断句、读音。

2. 同桌互读课文，互相正误。

(三)交流学习成果

赛读课文:采用指名读、男女生读、齐读等方式赛读课文,完成学习任务。

评价量表如下。

评价要素	星级
朗读流利,停顿准确	一颗星
读出文言文的韵味	一颗星

设计意图:首先让学生明确学习任务,再按照“学生自读—教师范读—同桌互读—赛读”的步骤进行,并出示评价标准,既符合教学评一致性的原则,又循序渐进地培养了学生朗读文言文的能力,体现了任务设计的梯度。

(达成目标 1:自读课文,借助注释,读准字音,读好节奏;跟教师读,划分停顿线;同桌互读,读好节奏,读出韵味)

环节三:借助方法,说出文意

(一)明确学习任务

请同学们自由朗读课文,借助注释,边读边试着说一说每句话的意思,再连起来同桌之间说说故事的内容,有不懂的地方圈画出来。

(二)执行评价任务

1. 学生自读课文,尝试自己借助注释理解课文。

2. 出示重点句,指名说重点句意思,教师相机进行指导。

句①:一儿曰:“我以日始出时去人近,而日中时远也。”

句②:一儿曰:“日初出大如车盖,及日中则如盘盂,此不为远者小而近者大乎?”

句③:孔子不能决也。

(三)交流学习成果

出示评价标准,请同桌互相说一说这则故事的内容。

评价量表如下。

评价要素	星级
能说出每句话的意思	一颗星
能连起来说出故事内容	一颗星

设计意图:借助注释理解文言文,是学习文言文的好方法。再依据评价标准同桌间互相复述故事内容,这种互助式学习,既激发了学生的学习兴趣,又提高了学生课堂的参与度。

环节四:情境再现,研读探究

(一)明确学习任务

朗读课文,边读边用"～～"画出表达两小儿观点的句子,用"——"画出他们是怎样说明自己观点的,并想一想课文告诉了我们什么道理。

(二)执行评价任务

学生自读课文,画出表达两小儿观点的句子和他们是怎样说明自己观点的句子。

(三)交流学习成果

1. 出示表格,小组讨论完成表格。

人物	观点	现象	依据(事实)
一小儿	日始出时去人近,而日中时远也	日初出大如车盖及日中则如盘盂	近者大,远者小
另一小儿			

2. 演一演,再现当时辩斗的场景。

要求:①语言正确、流利、停顿准确;②适当添加肢体动作,通过语气变换表现人物特点,演出辩斗的情形。

3. 学了这个故事,你喜欢故事中的哪个人物?为什么?

4. 借助镂空,背诵课文。

评价量表如下。

评价要素	星级
能流利背诵课文	一颗星
能准确把握古文的节奏	一颗星

设计意图:这一板块的学习是本课的重难点,教师引导学生读书、思考,再利用表格作为学习的支架,梳理两小儿的观点和依据,让不同学习程度的学生都能完成学习任务,体现课堂教学过程中的梯度和温度。用"演一演"的形式,再现当时辩论的场景,既激发了学生的学习兴趣,提高了语文素养,又渗透了本单元"用具体事例证明自己的观点"这一语文要素,更能深刻感悟

故事所揭示的道理，以实现学习目标。

环节五：阅读拓展，方法迁移

(一)明确学习任务

请同学们借助注释和译文自读拓展短文《日近长安远》，能读好停顿，并找出晋明帝说“日远”“日近”的依据。

(二)执行评价任务

1. 学生自读短文《日近长安远》，尝试自己借助注释朗读课文，划分节奏线。

2. 用“——”和“～～”分别画出晋明帝说“日远”“日近”的依据。

(三)交流学习成果

出示评价标准，以小组为单位进行学习汇报并评价。

评价要素	星级
能读好停顿	一颗星
能够找出晋明帝说“日远”“日近”的依据	一颗星

环节六：课堂总结

这则故事虽已过去了两千多年，但古人的独立思考、大胆质疑，能用具体事例说明自己观点的科学态度和孔子的实事求是、谦虚好学的科学精神将成为一种人生智慧，永远激励着我们。

《腊八粥》教学设计

寿光现代明德学校　韩嘉苗

【课程标准】

《义务教育语文课程标准》(2022年版)有关文学作品学习的总体目标如下。

1. 热爱国家通用语言文字，感受语言文字及作品的独特价值。

2. 主动积累、梳理基本的语言材料和语言经验，逐步形成良好的语感，初步领悟语言文字运用规律。

3. 积极观察、感知生活，发展联想和想象，激发创造潜能，丰富语言经验，培养语言直觉，提高语言表现力和创造力，提高形象思维能力。

4. 感受语言文字的美，感悟作品的思想内涵和艺术价值，能结合自己的经验，理解、欣赏和初步评价语言文字作品，丰富自己的情感体验和精神世界。

课标解读：

1. 学生学什么？

（1）学生在语文实践活动中，学会倾听、阅读、观察，获取、整合有价值的信息，能提取文章关键信息，梳理文章脉络。

（2）学生通过整体感知文章脉络，想象腊八粥的状态和八儿的形象，感受细腻描写腊八粥的语言，获得个性化审美体验。了解散文作品的基本特点，欣赏和评价描写腊八粥的语言，提高审美品位。

（3）学习品味作品语言、欣赏艺术形象；积累多样的情感体验，学习想象与联想，尝试富有创意地表达。结合生活体验，根据自己表达需要确定习作的重点内容，实现从阅读到表达的有序过渡，进一步落实和运用语言要素。

2. 学生学到什么程度？

（1）在学习中，能发现富有表现力的词句和段落，自觉记录、整理，乐于与他人分享积累的经验，并尝试在自己的表达交流中运用。本节课，学生能找出细腻描写腊八粥的相关语句，分析这样写的好处，并积极发言，与同学交流。

（2）独立阅读散文、小说等文学作品，在阅读过程中能获取主要内容，用朗读、复述等自己擅长的方式呈现对作品内容的理解。学生在阅读时能抓住文章的关键信息，用小标题形式概括等粥的四个场景。

（3）能品味作品中重要的语句和富有表现力的语言，注意词语的感情色彩，通过圈点、批注等多种方法记录自己的阅读感受和体验，并主动与他人分享。能借助与文本相关的材料，结合作品关键语句评价文本中的主要事件和人物，提出自己的观点和看法。学生能用不同符号画出描写八儿和腊八粥的相关语句，通过"叹气""嘟囔"等词语，体会拟人化修辞手法的好处，想象腊八粥在锅中由生到熟的状态变化；通过"迫不及待、苦苦等待、猜想、惊讶"等词语，体会八儿当时的心情变化。

（4）重视朗读，借助语气语调、重音节奏等传递汉语声韵之美，在反复朗读中加深对文本内容的理解。学生能区分省略号、感叹号、问号在朗读时的不同语气，通过多种形式的朗读，读出八儿在等待腊八粥熬制过程中的心情变化，深刻理解作者表达的情感。

（5）能与他人分享阅读作品获得的有益启示，有意识地运用积累的语言进行口头或书面表达。学生习得细腻描写腊八粥的方法，结合自己的生活经验，能写一样自己喜爱的食物，并写出它的特点及对它的喜爱之情。

3. 学生怎么学？

（1）通过反复朗读课文，圈画文章关键信息，用小标题形式概括等粥的四个场景，梳理文章内容。借助图表，根据“盼粥”“分粥”“猜粥”“看粥”所占比例，分清文章详略。

（2）在教师指导下，通过自读、默读、分角色朗读等形式，学习“盼粥”部分，借助描写八儿和粥的关键词句，理解作者如何进行详写；再依法自学“分粥”“猜粥”“看粥”部分，学会细腻描写的方法，并说出这样写的好处。

（3）通过学习第 1 自然段描写腊八粥的相关语句，分析作者从哪几个方面描写了腊八粥。再仿照第 1 自然段细腻描写的方法，结合自己的生活体验，选一种自己喜爱的食物，写出其特点及对它的喜爱之情。

【教材分析】

本单元的人文主题是“百里不同风，千里不同俗”，有着浓厚的文化内涵，一碗腊八粥写出了腊八节浓郁的节日氛围，能让学生感受到中华传统文化习俗中蕴含的人情美、文化美，激发学生对传统文化的热爱。

单元语文要素是“分清内容的主次，体会作者是如何详写主要部分的”；要求学生阅读时分清内容的主次，领会作者表达的意思，还要学习作者是如何根据要表达的主要意思把主要部分写详细的。

习作要素是“习作时注意抓住重点，写出特点”，紧密结合本单元的人文主题，引导学生走进生活，根据自己表达需要确定习作的重点内容，体现了从阅读到表达的有序过渡，也是语文要素的进一步落实和运用。

《腊八粥》是本单元的第 2 篇精读课文，承载的任务是，能分清详略并体会详略安排的效果，能找出细腻描写腊八粥的句子，与同学交流感受。

本课的课后题要求如下。

1. 朗读课文，一边读一边想象八儿的馋样。

2. 课文主要写了等粥和喝粥两件事情，说说哪部分写得详细，哪部分写得简略。想想这样写有什么好处。

3. “花生仁儿脱了他的红外套，这是不消说的事。锅巴，正是围了锅边成一圈儿。”像这样细腻描写腊八粥的句子，课文中还有一些，找出来读读，和同学交流自己的感受。

4. 小练笔。作者笔下的腊八粥让人垂涎欲滴。再读读课文第 1 自然段，照样子写一种你最喜爱的食物。

【学情分析】

1. 优势。

学生在学习《北京的春节》时，已了解和初步掌握阅读此类文章的方法，即能把握文章的详写和略写，能体会有详有略这种写法的好处，同时学生在上节课已经初步体会了腊八节习俗，这为《腊八粥》的学习提供了内容与写法上的铺垫。同时，学生具备一定的文本理解分析能力，有利于课堂教学的开展。

2. 障碍。

本文对于学生来说，难点在于能通过阅读，从细腻描写中发现详写和略写的部分，并能体会这样写的好处，尝试将这种方法运用于书面表达中。

【课程核心素养】

核心素养是学生通过课程学习逐步形成的正确价值观、必备品格的关键能力，是课程育人价值的集中体现。义务教育语文课程培养的核心素养，是学生在积极的语文实践活动中积累、建构并在真实的语言运用情景中表现出来的，是文化自信和语言运用、思维能力、审美创造的综合体现。

1. 本文有着浓厚的文化内涵，能让学生感受到中华传统文化习俗中蕴含的人情美、文化美，激发学生对传统文化的热爱。

2. 在欣赏、评价描写腊八粥和八儿的关键词句时，能感受文学语言的独特魅力，提高审美品位。

3. 在学习过程中，通过对问题的思考与探究，锻炼自己的思维能力，养成积极思考的习惯。

【教学目标】

1. 通过朗读课文，能把握文章的主要内容，分清详写和略写部分，提高文章概括能力。

2. 通过欣赏、评价关键词句，能理解作者如何把等粥部分写具体的，并说清楚这样写的好处，感受文学语言的独特魅力，提高审美品位。

3. 通过品味第1自然段细腻描写腊八粥的语句，能仿照第1自然段，写清楚自己喜爱的一种食物，提高积累运用的能力。

【评价任务】

1. 朗读课文，尝试用小标题形式概括等粥的四个场景，梳理文章内容，分清文章详略。（检测目标1）

2. 自由朗读“盼粥”部分，圈画描写八儿和粥的关键词句，理解作者如何进行详写；依法自学“分粥”“猜粥”“看粥”部分，学会细腻描写的方法，并说出这样写的好处。（检测目标2）

3. 默读课文第1自然段，圈画描写腊八粥的相关语句，分析作者从哪几个方面描写了腊八粥。再仿照第1自然段细腻描写的方法，结合自己的生活体验，写一种自己喜爱的食物，写出其特点及对它的喜爱之情。（检测目标3）

【教学资源】

教材、课件、图片、多媒体。

【教学方法与工具】

1. 教学方法。

讲授法、讨论法、读书指导法、自主学习法。

2. 教学工具。

教材、图片、多媒体、学习任务单。

【教学过程】

环节一：回顾旧知，导入新课

导入：教师通过提出问题“课文主要讲了哪两部分内容”，让学生回顾旧知，明确文章的主要内容。

设计意图：本环节是对上节预习课内容的回顾，通过设置此问题，学生再次梳理文章脉络，有助于文章的深入学习。

环节二：巧用标题，把握文脉

（一）明确学习任务

1. 默读课文2～17自然段，理清作者描绘的等粥时的几个场景，并用小标题形式概括。

2. 分清文章详略。

(二)执行评价任务

1. 学生积极回答,用小标题的形式概括等粥时的场景。其他同学认真倾听,及时提出不同意见并补充。

2. 教师根据学生发言反馈,引导学生回顾提炼小标题的方法,并再次让学生发言总结,明确等粥可分为盼粥、分粥、猜粥、看粥四个场景。

3. 默读 2 ～ 17 自然段,思考在等粥这一部分中,作者描绘了哪几个场景,尝试用小标题的形式概括。

设计意图:首先让学生明确学习任务,再让学生借助概括小标题的方法,从文本中提取关键信息,概括等粥的四个场景。然后借助图表,让学生直观感受文章大部分内容是描写等粥部分,故为详写。喝粥部分所用笔墨较少,故为略写。问题设置层层递进,体现了任务设计的梯度,培养了学生的文章概括能力。

(三)交流学习成果

1. 先交流描写八儿的相关语句,抓住人物语言、动作、神态描写的语句,分角色朗读,体会八儿的心情变化和人物形象;再交流描写腊八粥的相关语句,说一说这样描写的好处。

2. 在学生分享过程中,根据学生的回答,教师及时进行点评,总结重要部分详细的方法。

评价量表如下。

评价要素	星级
朗读正确	一颗星
朗读流利	一颗星
读出八儿的语气	一颗星

3. 学生交流在分粥、猜粥、看粥三部分中作者是如何描写八儿和腊八粥的,读出相关语句,并能说出八儿的心情、人物形象以及腊八粥的状态变化,分析这样写的好处。

设计意图:这一环节的学习是本课的重点和难点,教师问题设置由易到难,由简到繁,层层递进,螺旋上升,降低学生的学习难度。同时采用学生喜欢的分角色朗读方式，让学生在课堂学习中充满热情与自信，既体现了任务的梯度性，又凸显了课堂的温度。教师引导学生主动探究“圈画关键语句、品读人物形象、分析事物特点”的学习方法，并在小组内依法用法、交流讨论，让每一个学生都积极、乐于参与课堂学习，提高了学生的参与度，从而保证课堂的高效度。

环节四：品味语言，学以致用

（一）明确学习任务

默读课文第1自然段，分析作者从哪几个方面描写了腊八粥。仿照第1自然段，结合自己的生活体验，写一种自己喜爱的食物，写出其特点及对它的喜爱之情。

（二）执行评价任务

1. 学生快速默读课文第1自然段，圈画描写腊八粥的相关语句，分析作者从哪几个方面描写了腊八粥。

2. 运用细腻描写的方法，结合自己的生活体验，写一种自己喜爱的食物，写出其特点及对它的喜爱之情，完成任务单的小练笔。

（三）交流学习成果

1. 学生交流描写腊八粥的相关语句，说出课文分别描写了腊八粥的哪个方面，其他同学认真倾听及时补充。

2. 展示任务单，介绍自己喜欢的食物，并表达自己的感情。

3. 教师在学生分享过程中，及时点评指导，做出总结，引导学生分别从食材、做法、味道等方面描写一种食物。

评价量表如下。

评价要素	星级
从食材、做法、味道等不同角度写出这种美食的特点	一颗星
运用比喻、拟人等修辞手法，语言生动形象	一颗星
写出自己的感受以及对这种美食的喜爱之情	一颗星

设计意图：此环节为拓展延伸环节，教师引导学生描写生活中最喜欢的一种食物，并教给学生从不同角度写出美食特点的方法，鼓励学生在生活中留心观察周围事物，有意识地丰富自己的见闻，学会积累素材，将文章写得生

动有趣、感情真挚。同时,学生也将学到的方法予以实践,以检测自己的学习成果,体现了课堂教学的深度和效度。

环节五:回顾总结,内化吸收

这节课,作者通过详写等粥过程,略写喝粥,主次分明,中心突出,让八儿的人物形象和粥的状态变化跃然纸上,让我们感受到了腊八粥的甜腻和家庭生活的温情。

第二节 数学部分

《平行四边形的认识》教学设计

寿光现代明德学校 任玉莹

【课程标准】

内容要求:认识四边形,会根据图形的特征对四边形进行分类。

学业要求:能说出平行四边形的特征;能说出图形之间的共性与区别,形成空间观念和初步的几何直观。

课标解读:

1. 学生学什么?

能说出平行四边形的特征,会画平行四边形的高,知道平行四边形具有不稳定性,知道长方形、正方形是特殊的平行四边形。

2. 学生学到什么程度?

学生能够从生活实际入手,从实物中抽象出平行四边形;能通过画一画、量一量等活动,从边和角两个方面来研究,在动手操作中进一步感知平行四边形的基本特征;能做到在不同的平行四边形中熟练画出指定底上的高。

3. 学生怎么学?

一是学生从实际生活中经历从直观到抽象的过程,逐步抽象出平行四边形的特征;二是在画、量等动手操作活动中自主探究平行四边形的特征,认识平行四边形的底和高,积累图形学习的经验;最后借助思维导图,形成本节课的知识脉络。

【教材分析】

本节课的教学内容是青岛版(六三制)《数学》四年级下册第四单元信息窗3的内容,本节课是学生深入研究平行四边形的开始。教材从生活实例入手,初步感知平行四边形的特征,让学生从边和角两个方面去进行探究,通过一系列的探究实践活动研究其特征问题。学好这一部分内容,有利于提高学生的动手能力,增强创新意识,进一步发展学生对"空间与图形"的兴趣,为以后学习平行四边形的面积做了铺垫。

【学情分析】

1. 知识水平。

学生已经直观认识了平行四边形,初步掌握了长方形、正方形、三角形的特征,掌握了平行与相交的知识,对平行四边形已有了初步的认识,能够在各种图形中辨认出平行四边形。

2. 认知特点。

四年级学生思维活跃,求知欲强,已具备了一定的探究能力和小组合作意识,因此在教学中通过让学生动眼观察、动手操作、动脑分析来理解所学。

【课程核心素养】

1. 会用数学的眼光观察现实世界。

在本节课中,数学的眼光主要表现为几何直观和空间观念,学生能根据物体特征抽象出平行四边形,也能根据平行四边形想象出所描述的实际物体。学生通过本节课的学习能够感知平行四边形及其组成元素,建立形与数的联系,构建数学问题的直观模型。

2. 会用数学的思维思考现实世界。

通过数学的思维,可以揭示平行四边形的本质属性,建立图形与生活之间的逻辑联系。

3. 会用数学的语言表达现实世界。

在本节课中,数学的语言主要表现为应用意识,通过经历使用数学语言让学生认识到现实生活中蕴涵着大量与图形有关的问题。这些问题可以抽象成数学问题,用数学的方法予以解决,发展应用意识。

【教学目标】

1. 借助学具，通过量一量、画一画、平移等操作，能从边和角两方面总结出平行四边形的特征。

2. 根据平行四边形的定义，通过对比长方形和正方形，能推导出它们与平行四边形之间的关系。

3. 在平行四边形中根据指定的底画出对应的高，能说出平行四边形画高的方法。

【评价任务】

1. 任务一。

利用手中的学具（直尺、三角板、量角器等）合作探究，发现并说出平行四边形的特征。（检测目标 1）

2. 任务二。

概括总结平行四边形的定义，并能用集合图表示长方形、正方形和平行四边形的关系。（检测目标 2）

3. 任务三。

画出平行四边形底边上的高，说出画高的方法。（检测目标 3）

【教学重点与难点】

1. 重点。

认识平行四边形的特征和画高。

2. 难点。

平行四边形特征的探索过程，底与高的对应关系。

【课程资源】

教材、生活中平行四边形的图片。

【教学思想】

1. 基于教学评一致性的教学思想，本节课建立以目标为灵魂的“三位一体”的关系，通过设计适切的学习目标，在教学中呈现评价任务、实施任务、有效处理评价信息，恰当评价学生的学习，保证学习目标、教学活动和评价的一致性。

2. 依据五度课堂要求，在教学过程中建设有温度、有深度、有梯度、有参与度、高效度的高效课堂，带领学生通过情境导入、合作探究、拓展应用打造课堂梯度，引导学生深度思考，发展学生思维品质。

【教学方法与工具】

1. 教学方法。

（1）情境教学法：创设情境，让学生在真实情景中抽象出平行四边形。

（2）自主探究法：在画、量等动手操作活动中自主探究平行四边形的特征。

2. 教具。

教学课件、图形纸片（长方形、正方形、三角形、平行四边形）、平行四边形活动框架。

3. 学具。

直尺、三角板、量角器。

【教学过程】

环节一：创设情境，提出问题

1. 找生活中的平行四边形。

提问：同学们，我们已经学过了哪些平面图形？这节课我们来认识一种新的平面图形，猜猜它是谁啊。快来找一找。（出示停车位的图片）

追问：生活中你还在哪里见过平行四边形？

2. 揭示课题。

同学们都有一双善于发现的眼睛，像衣架、大门、楼梯、栅栏、升降机，都有平行四边形的身影。咱们把这些图片中的平行四边形请了下来，就成了我们要研究的平面图形。

3. 展示学习目标（生读）。

设计意图：数学源自生活，通过让学生从生活中的实物中找出平行四边形，初步感知平行四边形的特征，激发学生的学习兴趣，感受图形与生活的紧密联系，培养学生用数学的眼光看世界。通过师生交流，体现教师的温度和学生的参与度。

环节二：利用手中的学具（直尺、三角板、量角器等）合作探究，发现并说出平行四边形的特征（检测目标1）

（一）明确学习任务

提问：平行四边形有什么特征？要想研究这个问题，先请同学们回忆一下，我们是从哪几个方面去研究长方形、正方形的特征的。

追问：长方形和正方形的特征我们是从边和角两个方面研究的，那平行四边形你打算从哪几个方面去研究？

（二）执行学习任务

出示活动要求。

1. 利用手中的学具（直尺、三角板、量角器等）独立思考，看看有哪些发现。

2. 小组交流，将小组的发现整理在记录表中。

（三）交流学习任务

1. 探究平行四边形边的特征。

学生借助直尺和三角板探究平行四边形边的特征，教师根据小组展示情况点拨学生。

结合课件展示学生验证过程并板书结论：两组对边分别平行且相等。

评价量表如下。

评价要素	星级
能正确地说出自己的发现	一颗星
借助学具清晰明了地说出自己的想法	一颗星

2. 探究平行四边形角的特征。

提问：平行四边形的角有什么特征呢？

学生小组讨论，借助量角器测量验证。

得出结论：平行四边形的对角相等。

如果有的小组发现平行四边形相邻的两个角度数和为180°，或者发现四个角的度数和为360°，教师都要给予学生充分的肯定与鼓励。

评价量表如下。

评价要素	星级
能正确地说出自己的发现	一颗星
借助学具清晰明了地说出自己的想法	一颗星

设计意图:此环节的设计让学生经历量一量、平移等知识探究过程,从边和角两个方面去进行探究,给学生提供了充分的探索的空间,再放手让各个层次的学生自己去交流,交流时由浅至深,使学生在碰撞和交流中最后得出最本质的特征,体现深度。学生在此过程中体会数学图形部分学习的乐趣。

环节三:概括总结平行四边形的定义,并能用集合图表示长方形、正方形和平行四边形的关系(检测目标 2)

(一)明确学习任务

提问:谁能概括地说一下什么样的图形叫作平行四边形?

学生概括说想法。

教师总结:两组对边只要分别平行的四边形,就可以叫作平行四边形。

学生质疑:长方形也是两组对边分别平行的四边形,为什么不叫平行四边形?

(二)执行学习任务

讨论:长方形、正方形与平行四边形有怎样的关系呢?

学生交流讨论,结合教师手中的活动框架,深化理解,得出结论:长方形、正方形是特殊的平行四边形。

(三)交流学习任务

提问:怎样用集合图表示它们之间的关系呢?

教师小结:既然平行四边形可以通过拉一拉变成长方形或正方形,说明平行四边形具有不稳定性。

评价量表如下。

评价要素	星级
能说出关系	一颗星
能用集合图表示	一颗星

(四)练习

判断下列图形是不是平行四边形,深化对平行四边形特征的理解。

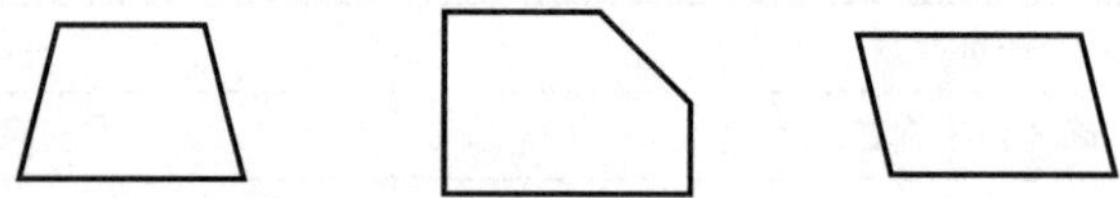

设计意图:评价任务始终指向目标,此环节学生能够初步总结出平行四边形的特征,对于学生提出的困惑,适时点拨,渗透集合思想。

环节四:画出平行四边形底边上的高,说出画高的方法(检测目标3)

(一)明确学习任务

提问:什么是平行四边形的高?怎样画呢?

出示活动要求:

1. 在探究单上画出平行四边形底边上的高。

2. 同桌相互说说自己是怎样画的。

(二)执行评价任务

学生通过观察操作,得出平行四边形高的画法。(唤起学生以前所学知识——点到直线的距离)

评价量表如下。

评价要素	星级
能正确画出平行四边形的高	一颗星
能说清自己的画法	一颗星

(三)交流学习任务

师生共同总结高与底的定义和特点。

从平行四边形一条边上的一点到它对边的垂直线段,是平行四边形的高,这条对边是平行四边形的底。(介绍高与底对应的字母表示)

小组讨论:平行四边形有多少条高?它们之间有什么关系?

学生交流,得出结论:有无数条高,同一底上的高都相等。(教师强调画高的同时要标明直角符号)

(四)练习

指出图形中的高分别垂直于哪条边。

平行四边形底 a 和底 b 上的高分别是哪一条?

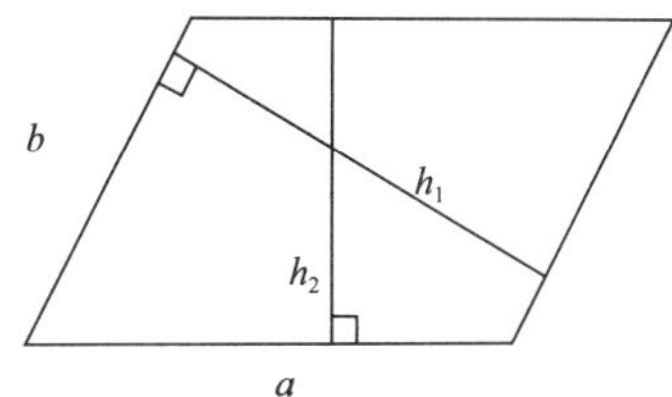

设计意图：此环节通过学生自己动手画一画，轻松总结出平行四边形底与高的概念。紧跟有层次的练习，帮助学生理解了底与高的对应关系，有效突破教学难点，体现深度与梯度。

环节五：巩固拓展，应用概念

（一）数一数

师：下图中共有几个平行四边形？

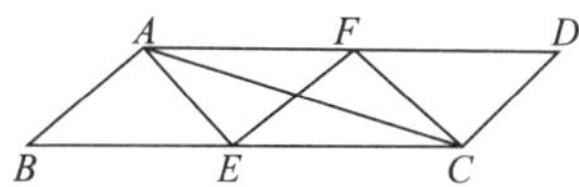

（二）画一画

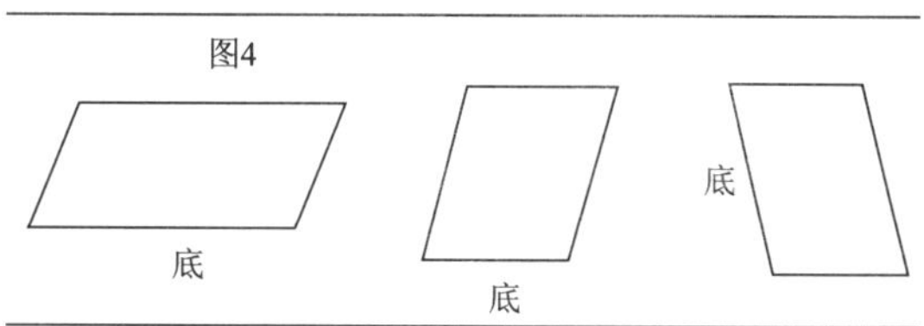

师：画出平行四边形底边上的高。

（三）拼组图形

师：下面各组纸条可以拼出哪些四边形？

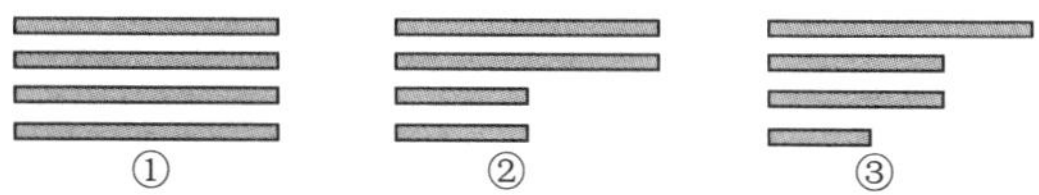

可以拼出哪些四边形？画“√”表示

四边形 纸条	正方形	长方形	平行四边形	梯形
①组				
②组				
③组				

设计意图:巩固练习中,学生手脑并用,进一步掌握平行四边形的特点,练习层次清楚,特别在练习三中注重架起长方形、正方形和平行四边形知识之间的桥梁,让学生明白知识学无止境的道理,并渗透一定的集合思想,练习题的设计有梯度,由易到难、层层递进。

环节六:课堂总结,回顾提升

今天我们重点研究了哪种平面图形?它有什么特点?

回想一下,我们是通过哪些活动进行研究的。

学生自由发言,结合学生的交流适时鼓励学生。

评价量表如下。

我学会了吗				
学习目标	A	B	C	自评等级
借助学具,通过量一量、画一画、平移等操作,能从边和角两方面总结出平行四边形的特征	能从边和角两方面说出平行四边形的特征	能从边或角一方面说出平行四边形的特征	需要借助别人的帮助才能说出来	
根据平行四边形的定义,通过对比长方形和正方形,能推导出它们与平行四边形之间的关系	能推导出长方形、正方形与平行四边形之间的关系	能说出关系,但用时较长	说得比较困难	
通过在平行四边形中根据指定的底画出对应的高,能说出平行四边形画高的方法	能画出高并能清晰有条理地说出画高的一般步骤	能画出高,但画法说得不条理	不会画高,画法说得比较困难	

设计意图:新课程标准指出,要帮助学生积累一些基本的数学活动经验,养成全面回顾的习惯,培养自我反思、全面概括的能力。

《三位数加减三位数笔算(不连续进位、不连续退位)》教学设计

寿光现代明德学校　王金鑫

【课程标准】

本节课的知识属于数学中数与代数的内容,主要核心素养表现为运算能力。

1. 学段目标。

(1)能进行简单的整数四则运算,形成初步的运算能力。

(2)能在教师的指导下,从日常生活中提出简单的数学问题,尝试运用所学知识和方法解决问题。

2. 课程内容。

数与代数领域中的数的运算,数的运算重点在于理解算理、掌握算法。经历算理和算法的探索过程,理解算理,掌握算法。感悟数的运算以及运算之间的关系,体会数的运算本质上的一致性,形成运算能力和推理意识。

(1)内容要求:在具体情境中,了解四则运算的意义,感悟运算之间的关系;探索加法和减法的算理与算法,会整数加减法;在解决生活情境问题的过程中,体会运算的意义,形成运算能力。

(2)学业要求:能计算三位数的加减法,形成初步的运算能力。

(3)教学提示:数的运算教学应让学生理解数的加减运算要在相同数位上进行,体会简单的推理过程;在教学活动中,始终关注学生运算能力和推理意识的形成与发展。

课标解读:

1. 学生学什么?

学习三位数加减三位数的竖式计算的方法和算理。

2. 学生学到什么程度?

学生能通过对题目的分析正确列出算式,并用竖式计算出结果;学生能够说清楚竖式计算的过程;学生能够说清楚竖式计算的道理。

3. 学生怎么学?

用画图的方式理解题意,学生独立列出算式,自己尝试用竖式计算结果;小组交流,探讨用竖式计算的方法,借助计数器理解算理;小组上台展示交流想法,其他同学提出质疑和补充。

【教材分析】

青岛版(六三学制)小学二年级《数学》下册的加减法分布在第四、第六两个单元。本课解析的是第四单元信息窗 3 的内容。本课是在学生已经熟练掌握两位数加减法以及三位数加减三位数笔算(不进位、不退位)的基础上进行的学习。学好本节课既有利于学生进一步加深对加减法运算的理解,提高运算能力,又能为学生继续学习多位数加减法打好基础。

教师对本单元进行了分析,从知识、技能、理解三个方面确定了本单元的单元目标。

1. 知识目标。

(1)口算和笔算的方法。

(2)验算的方法。

(3)估算的方法。

2. 技能目标。

(1)会正确口算两位数加减两位数(不进位、不退位)。

(2)会正确笔算三位数加减两位数、三位数(不进位、不退位)。

(3)会正确进行万以内加减法的估算。

(4)会对加减法进行正确验算。

3. 理解目标。

(1)相同计数单位的数才能相加减。

(2)相同计数单位累加,十位满 10 向百位进 1。

(3)相同计数单位相减,十位不够减从百位借 1,借 1 当 10。

【学情分析】

为了进一步掌握学生的情况,进行了基础经验的讨论,又对已知和新知的内容进行了学情前测,发现二年级学生对这部分知识的掌握有如下特点。

1. 少数存在竖式书写不规范的情况。

2. 进位加法计算正确率高,退位减法计算正确率较低。

3. 多数学生能讲出个位相加满 10 向十位进 1 或个位不够减向十位借 1 作 10 的道理。

4. 少数学生能讲出十位相加满 10 向百位进 1 或十位不够减向百位借 1 作 10 的道理。

【课程核心素养】

本课体现的主要核心素养是运算能力。

【教学目标】

1. 通过小组交流,能用竖式正确计算,并能完整地说出计算的过程。

2. 通过拨计数器,能说清楚个位满 10 向十位进 1、十位满 10 向百位进 1 的道理。

3. 通过拨计数器，能讲清楚个位不够减向十位借 1 作 10、十位不够减向百位借 1 作 10 的道理。

4. 在运用三位数加减三位数的运算解决生活中的实际问题的过程中，提高运算能力。

【评价任务】

1. 任务一。

解决“一队和二队一共有多少只蜜蜂”这一问题，小组交流三位数加三位数(个位满 10 向十位进 1)的算法及算理。(检测目标 1、2)

2. 任务二。

解决“果园到花园有多远”这一问题，独立列竖式计算，借助计数器说三位数加三位数(十位满 10 向百位进 1)的算理。(检测目标 1、2)

3. 任务三。

解决“从家到果园比从家到花园要多飞多少米，第二队比第一队少多少只蜜蜂”这两个问题，小组合作探究三位数减三位数的退位减法的笔算方法及算理。(检测目标 3、4)

【教学思想】

1. 基于教学评一致性的思想，本节课设计可评可测的学习目标，在教学过程中呈现评价任务、活动要求、评价标准，保证学习目标、教学活动和评价的一致性。

2. 依据五度课堂的要求，在教学过程中建设有温度、有深度、有梯度、有参与度、高效度的课堂，通过设计不同层次的任务，打造课堂的梯度，引导学生深度思考，发展学生主动思考的能力。

3. 通过设计指向核心素养发展的有梯度的学习任务，学生将知识进行迁移，用学过的方法掌握新学的内容。

【教学方法与工具】

1. 教学方法。

讲授法、讨论法、直观演示法。

2. 教学工具。

计数器。

【教学过程】

环节一：梳理信息，提出问题

PPT 出示蜜蜂王国里的小蜜蜂出发去采蜜的情境图。

（一）提问

仔细观察，你会分类整理这些数学信息，并提出数学问题吗？

教师依据学生的回答用线段图的方式整理信息，引导学生提出不同类型的问题，并在任务单上的线段图中表示出来。

（二）执行学习任务

在任务单上对应的线段图中进行列式，列完后同桌相互说一说为什么这样列算式。

设计意图：让学生自己观察信息，提出问题，充分表达，给予学生肯定，让课堂变得更有温度。不仅让学生列出算式，还要让学生讲明白为什么这样列算式，引发学生思考，学习内容有深度。

环节二：用竖式计算 518 + 227 =？（检测目标 1、2）

（一）解决问题

一队和二队一共有多少只蜜蜂？

（二）执行学习任务

自己用竖式计算，同桌相互说一说自己是怎样做的，想一想有什么想问的。

（三）交流学习任务

1. 学生在黑板上边写边说是怎样做的。

2. 学生自主进行点评可以得几颗星。

学生说一说有什么想问的，引导学生问"为什么个位满 10 要向十位进 1"。

同桌相互说一说怎样用竖式计算。

评价量表如下。

评价要素	星级
能准确用竖式计算	一颗星
能说出计算过程	一颗星
能讲明白个位满 10 向十位进 1 的道理	一颗星

设计意图:本节课的难点是个位满 10 向十位进 1,十位满 10 向百位进 1。为了承接学生已有的知识经验,对教材进行了适当的调整,充分放手,让学生独立解决第一个问题,探究用竖式计算个位满 10 要向十位进 1。

环节三:用竖式计算 592 + 384 =? (检测目标 1、2)

(一)解决问题

果园到花园有多远?

(二)执行学习任务

先估一估,说一说你是怎样估的。

引导学生求果园到花园到底有多远,需要准确计算,让学生自主解决问题。

(三)交流学习任务

1. 学生在黑板上边写边说计算过程。
2. 自主评价可以得几颗星。
3. 借助计数器讲一讲十位满 10 向百位进 1 的道理。

(四)总结

如何用竖式计算进位加法。

评价量表如下。

评价要素	星级
能准确用竖式计算	一颗星
能说出计算过程	一颗星
能讲明白十位满 10 向百位进 1 的道理	一颗星

设计意图:有了第一个任务作为铺垫,承接已有的知识个位满 10 向十位进 1,放手让学生自主探究。

环节四：用竖式计算 592−38 =？ 518−22 =？ （检测目标 1、3）

在助学单上独立解决两个问题：从家到果园比从家到花园要多飞多少米？第二队比第一队少多少只蜜蜂？

评价量表如下。

评价要素	星级
能准确用竖式计算	一颗星
能说出计算过程	一颗星
能讲明白本位不够减向前一位借 1 当 10 的道理	一颗星

设计意图：前边是加法分了两个任务，有梯度地逐步讲解。第三个设计了一个综合性的大任务，把提出来的两个问题同时呈现，依照加法学习的方法，让学生独立解决，正确计算，并能说出计算过程。

环节五：总结提升，自主练习（检测目标 4）

提问：用竖式计算进位加法和退位减法应注意什么问题？

学生总结。完成任务单上的应用题。

设计意图：通过总结，让学生清晰地知道竖式计算应注意的问题，巩固算法及算理，完成任务单上的“解决实际问题”，在解决实际问题的过程中提高计算能力。

第三节　英语部分

Module 3 单元整体教学设计

寿光现代明德学校　孔　琪　刘红秀

【课程标准】

外研版（三年级起点）四年级《英语》下册要完成课程标准一级目标，本单元对应的主题是“人与自我：做人与做事：健康、文明的行为习惯与生活方式；人与社会：科学与技术：科学技术改变生活”。

从核心素养角度提取的课程标准具体要求如下。

1. 语言能力。

能借助语音、语调、手势、表情等判断说话者的情绪和态度；能在语境中理解简单句的表意功能；在书面表达中，能根据图片或语境，仿写简单的句子。

2. 文化意识。

能在教师指导下，通过图片、配图故事、歌曲、韵文等获取简单的中外文化信息。

3. 思维品质。

能从不同角度观察周围的人与事；能就语篇信息或观点初步形成自己的想法和意见。

4. 学习能力。

能在学习中尝试与他人合作，共同完成学习任务。

课标解读：

1. 学生学什么？

从课程内容的角度，依托两篇对话语篇，理解一般将来时态所表达的语义，学习与日常活动相关的动词短语等，学习使用一般将来时态描述自己的理想机器人以及合理安排自己的假期生活，感受一般将来时态的语音、语调，学习语篇内传递的文化信息，如中西方在星期的排序问题中的异同。

2. 学生学到什么程度？

从学业质量分析，能够仿照例句，恰当地运用 will 句型，仿写简单的句子来描述自己的假期生活，通过分析语篇能够从不同角度阐述科技发展的利与弊。will 引导的一般将来时是第一次出现，本模块的重点放在以 will 引导的一般将来时态的语义上，即能够运用 will 表达将来可能发生的事情。

3. 学生怎么学？

从教学建议的角度，回顾已知，激发新知，归纳整理以前学习的动词短语与 can do 的结构，引出 will do 任务驱动法；通过设计自己的理想机器人并描述、分享自己的假期生活等任务，为语言输出提供情境，从学习理解、应用实践、迁移创新的角度设计活动，推进对知识的理解。

【教材分析】

What 文本情境：本模块 Unit 1 是大明向 Sam 介绍自己的机器人能干什么以及将会干什么。Unit 2 是姗姗分享自己假期 7 天的活动安排。

Why 模块以 robots and our daily life 为大主题设计了三个子主题，用 2 个

课时完成，分别是 Period 1：My ideal robot，Period 2：Our coming week。通过创设 robots and our daily life 的主题语境，通过任务驱动在 Period 1 中绘制并分享自己的机器人未来功能的大任务建构对 will 引导的一般将来时的认知，在分享自己机器人后引入绘本提升主题意义，思考机器人的能力，形成正确的认识；Period 2 承接 Period 1 的任务，在学习文本后联系第一课时，继续新的任务：制订你与机器人的一周生活计划，进一步运用新句型结构，强化认知的同时合理安排活动，树立正确的生活观；通过主题和大观念使两个课时形成层层递进的关系，绘本的引入拓宽了教材的宽度，助推了主题意义的提升。

How 模块以语法为线，联系了之前对将来时态的学习，重点在 will 引导词的运用上，起到了承前启后的作用。

【学情分析】

1. 知识储备。

本班学生为小学四年级学生，他们已有三年级的英语学习基础，且在四年级上册学过“Can you run fast？”的句型和一般将来时“be going to...”句型结构。经课前检查，本班 40 名学生中 90% 都能运用已经学过的“Can you...？Yes，I can. / No，I can't.”进行问答，能运用“be going to...”句型结构表达将来发生的事情。

2. 经验认知。

四年级学生经过一年半的英语学习，有感知语言——理解语篇——运用语言——重构语言的基础，对新的语言知识学习有一定的经验和认知。对于学生而言，掌握“will+ 动词原形”表示将来行为的用法难度不大，因为其用法与汉语中“将 + 动词”的结构基本一致。

3. 存在障碍。

Will 句型毕竟是新的知识点，学生在接受新知的过程中进行自主归纳、总结的能力较弱，需要教师适时引导。学生的综合型分析学习风格更为显著，自主学习能力弱于合作学习能力。

4. 特点。

四年级学生思维灵活，想象力和创造力非常丰富，对新知识尤其是与自己生活息息相关的知识的求知欲比较强烈。教学中激发学生对机器人深入了解的兴趣是关键。

【课程核心素养】

英语课程要培养的学生核心素养包括语言能力、文化意识、思维品质和学习能力四个方面。四个方面相互融合，不可分割。本单元通过学习运用 will 引导的一般将来时，发展学生的语言能力，在分析与对比中外文化、思考科技与人类生活关系的过程中培育文化意识、提升思维品质，最终提高学生的学习能力。

【单元教学目标】

1. 通过听、看、读等活动，能够理解语篇内容，梳理语篇信息，在语境中理解一般将来时的功能与意义。

2. 通过合作、分享，能够在真实情景中运用目标语言恰当描述自己机器人的功能以及与机器人的假期生活，提高语言表达与应用能力。

3. 通过分析、观察，能够思考科技发展给人类生活带来的影响，讨论如何与机器人相处，提升思维品质。

4. 通过对比，能够归纳一个有意义的假期生活应该包括哪几个方面，形成健康的生活态度。

【教学思想】

1. 基于教学评一致性的教学思想，本节课建立以目标为灵魂的“三位一体”的关系，设计适切的学习目标，在教学中通过呈现评价任务、实施任务、有效处理评价信息，恰当评价学生学习，保证学习目标、教学活动和评价的一致性。

2. 依据五度课堂要求，在教学过程中建设有温度、有深度、有梯度、有参与度、高效度的高效课堂，带领学生通过文本回顾、拓展应用、迁移创新打造课堂梯度，引导学生深度思考，发展学生思维品质。

3. 通过设计指向核心素养发展的学习理解、应用实践、迁移创新等一系列的活动，使学生基于已有知识，依托不同的文本，在分析问题与解决问题的过程中促进自身语言知识的学习、语言技能发展、文化内涵理解、多元思维发展、价值取向判断和学习策略运用，践行英语学习活动观。

● Module 3 第一课时《My Ideal Robot》教学设计 ●

寿光现代明德学校 孔 琪

【教学目标】

1. 通过学习语篇，能在语境中认读、理解、运用 will、robot 等词汇，理解课文内容，感知 will 的句型结构，并能根据导图复述课文，提高语言表达能力。

2. 通过看图练习，能够初步运用 will 描述机器人未来的功能，提高语言运用能力。

3. 通过发挥想象设计自己的机器人，能够准确运用 will 描述自己的机器人未来的功能，发展思维品质。

4. 通过绘本阅读，能就“Ben 有那么多机器人了为什么还不开心”这一问题发表自己的看法，树立正确的科技观。

【评价任务】

1. Retell the text.

2. Watch and say.

3. Draw and share your robot.

4. Read，think and share.

【课程资源】

文本视频、绘本故事书。

【教学方法与工具】

1. 教学方法。

遵循英语学习活动观，整合运用下列方法。

(1)情境教学法：创设情境，训练学生在真实的语境中运用语言的能力。

(2)任务驱动法：以任务驱动教学。

(3)信息化教学法：利用多媒体教学，实现教学内容清晰、直观。

2. 教学工具。

PPT 课件、多媒体、任务单。

【教学过程】

Step 1：Warming-up & lead-in

1. Say the chant in Activity 1，and talk about “What can you do”.

2. Show a picture of a robot and ask “What's this？ What can a robot do”.

学生回答问题，教师及时给予反馈。

3. 出示学习目标。

设计意图：回顾旧知，巩固 can do 结构与动词短语，为新知呈现做准备。抛出问题，引出课题，出示目标，明确任务，体现课堂的温度与梯度。

Step 2：Presentation

（一）呈现评价任务（Introduce the robot of the text with the mind map）

Activity 1：学习 Module 3 Unit 1 Activity 2

1.Watch the video and find out whose robot it is.

2.Watch the first part and answer：

Q：What can Daming's robot do？

Show a video about the robots，find out what else robots can do.

3.Watch the second part and answer：

Q：What will Daming's robot do one day？

4.Listen and repeat，then read the text and show.

5.Retell the text with the mind map.

Think：Why won't robots do our homework？

（检测目标 1：通过学习语篇，能在语境中认读、理解、运用 will、robot、one day 等，理解课文内容，感知 will 的句型结构，并能根据导图复述课文，提高语言表达能力）

（二）执行评价任务

1. 学生根据教师提问从文本中提取关键信息，回答问题，理解语篇。

2. 跟读、朗读、小组合作读，多种形式朗读课文。

3. 在教师的提示下，根据导图复述课文。

（三）交流学习成果

1. 积极回答，其他同学认真倾听和互评，可及时进行补充。

2. 教师根据学生回答和展示及时做出反馈总结，对出现错误的个别单词及时纠正。

评价量表如下。

<table>
<tr><th rowspan="2">评价要素</th><th colspan="3">评价等级及标准</th><th rowspan="2">评价等级</th></tr>
<tr><th>A</th><th>B</th><th>C</th></tr>
<tr><td>参与学习活动及内容要求</td><td>能独立从文本中提取关键信息，回答问题；能准确读出文中的句子；能借助导图从两个层面流畅地复述文本</td><td>在教师的提示下从文中提取关键信息；能读出文本中的句子；基本能借助导图从两个层面复述文本</td><td>在教师的指导下从文中提取关键信息；基本能读出文中的句子；基本能借助导图复述文本</td><td></td></tr>
<tr><td>语言表达</td><td>发音准确，语调正确，感情丰富，有肢体语言辅助</td><td>发音准确，语音语调准确，感情丰富</td><td>发音基本准确，语音语调基本准确</td><td></td></tr>
</table>

设计意图：通过看视频、分段学习的方式，提取 robot 现在的能力与以后将要有的功能，有利于学生从 can do 结构迁移到 will do 结构，便于学生理解新知，是五度中梯度的体现；导图的运用锻炼学生的思维能力，最后的问题激发学生思考为最后的任务做准备，指向课堂教学深度。

Step 3：Practice

（一）呈现评价任务

Activity 2：梳理 will do 结构，在练习中运用内化。

1. Think and sum up the structure and the meaning of these sentences.

主语 +will +do+ 其他

2. Let's say.

（检测目标 2：通过看图练习，能够初步运用 will 描述机器人未来的功能，提高语言运用能力）

（二）执行评价任务

1. 学生根据教师的提示总结 will 句型结构。

2. 看图，用所学句型表达图片表示的内容。

（三）交流学习成果

1. 积极思考，举手回答，教师及时反馈和补充。

2. 关注不同层次的学生，对不同学生的回答进行个性化的表扬鼓励。

3. 学生对图片中的短语输出如有困难，教师及时提供指导，并带领回顾动词短语。

评价量表如下。

评价要素	评价等级及标准			评价等级
	A	B	C	
参与学习活动及内容要求	能够独立思考，总结 will 句型结构；能用 will do 结构选择其中 2 ～ 3 幅图进行准确描述	在教师的提示下总结 will 句型结构；能用 will do 结构就任意一幅图片进行准确描述	在教师的指导下总结 will 句型结构；基本能用 will do 结构就任意一幅图片进行描述	
语言表达	思维活跃，发音清晰、准确，感情丰富	发音准确，语音语调准确	发音基本准确，语音语调基本准确	

设计意图：梳理核心句型，建构知识框架，通过拓展运用内化知识，巩固新知，提升教学效果，体现课堂的深度。

Step 4：Production & summary

（一）呈现评价任务

1. Now let's draw a robot and share.

任务说明：绘制你理想中的机器人，并用任务单上提供的语言模板进行介绍，可以参考 Words Bank 里的词汇。

2. 总结展示，引出绘本。

Are you happy if you have a robot？ A little boy has many robots but he is not happy. Let's read the story book and find out.

3. 快速浏览绘本内容，理解故事大意并回答问题。

Q1：Why Ben is not happy？

Q2：What will daddy do with Ben？

4. Summary.

Robots can help us a lot，and they will help us more in the future. You can do many things with a robot，but robot can never replace us.

5. Let's think.

你觉得机器人能够做的事情都属于什么类型？如果让你与机器人共同度过一个 7 天假期，你会和他一起干什么？下节课我们将一起制订计划！

（检测目标 3、4：通过发挥想象设计自己的机器人，能够准确运用 will 描述自己的机器人未来的功能，发展思维品质。通过绘本阅读，能就“Ben 有那么多机器人了为什么还不开心”这一问题发表自己的看法，树立正确的科技观念）

（二）执行评价任务

1. 学生根据教师的要求独立完成绘制机器人的任务。

2. 在教师的指导下，完成绘本阅读，理解主题意义。

（三）交流学习成果

1. 积极参与活动，认真思考问题并作答，教师及时给予指导和补充。

2. 部分学生绘制机器人有困难，区分机器人现在和将来的能力有困难，教师跟上绘制指导，举例说明两种能力。

3. 教师指导绘本阅读，关注阅读技巧指导，对问题及时反馈，引导学生理解绘本深层含义。

评价量表如下。

评价要素	评价等级及标准			评价等级
	A	B	C	
参与学习活动及内容要求	独立完成机器人绘制，能够用所给模板准确说出机器人 6 个功能；绘本分享时能说出自己的理解并写出 5 件 Ben 和爸爸做的事情	独立完成机器人绘制，能够用所给模板准确说出机器人 4 个功能；绘本分享时能说出自己的理解并写出 3 ～ 4 件 Ben 和爸爸做的事情	独立完成机器人绘制，能够用所给模板准确说出机器人 2 个功能；绘本分享时能说出自己的理解并写出 1 ～ 2 件 Ben 和爸爸做的事情	
语言表达	思维活跃，发音清晰、准确，感情丰富	发音准确，语音语调准确	发音基本准确，语音语调基本准确	

设计意图：创设新情境，激发学生的想象力与创造力，进一步巩固新句型的运用。引入绘本提升主题意义，绘本的目的在于引发学生思考的同时再次在新情境中运用新知识，因此对绘本的处理采取了浏览式的快读以及重点细节的处理，提升学生学习深度。最后的问题引发学生思考，为第二课时的学习打下基础，体现教学内容设计梯度。

Step 5：Homework

You must share your robot with your friends.（基础性作业）

If you can share the picture book with your friends，find more information about robots.（发展性作业）

设计意图：梯度性作业设计，关注不同层次学生学习需求，保证学生学习效度。

Module 3 第二课时《Our Coming Week》教学设计

【教学目标】

1. 通过听读课文、师生问答，能够在具体语境中准确听、说、读 Tuesday 等单词并能准确听、说、读、写单词 have、next、week、holiday，感知一周七天的表达方式及中外表达异同，初步形成跨文化意识。

2. 通过问题驱动、表格呈现，能够梳理文本内容，流利朗读课文，并根据思维导图提示运用核心句型“What will...do？ ...will...”进行语篇复述，提升语言表达能力。

3. 通过任务驱动、学习单辅助、同桌对话练习，能够合理安排机器人和自己的假期一周计划并准确运用核心句型“What will...do...will...”谈论一周计划，学会合理安排一周的生活，养成健康的生活方式，形成积极向上的生活态度。

【评价任务】

1. Introduce Shanshan's week plan.

2. Make a timetable of your activities in a week and share it with others.

【课程资源】

文本视频，科技发展拓展视频。

【教学方法与工具】

1. 教学方法。

遵循英语学习活动观，整合运用下列方法。

(1)情境教学法：创设情境，训练学生在真实的语境中运用语言的能力。

(2)任务驱动法：以任务驱动教学。

(3)信息化教学法：利用多媒体教学，实现教学内容清晰、直观。

2. 教学工具。

PPT 课件、多媒体、任务单。

【教学过程】

Step 1：Warming-up & lead-in

1. Sing a song. 教师与学生一起打拍子演唱关于一周表达的歌曲。

2. Learn the Days of the Week.

Show the school timetable and talk about the school life from Monday to Friday.

Q：What do you have on Monday/ Tuesday/ Wednesday... ?

（Learn the new words：Tuesday/ Wednesday/ Thursday/ Friday）

3. Listen and chant Activity 1.

4. Think.

Q：Can you find the difference between Chinese and Western expressions（表达）？

教师提问，学生思考并发现中西方一周表达的差异，教师进行点评总结。

教师拓展中西方一周表达顺序差异，学生初步认识中西方文化的差异。学生意识到不同国家有不同的文化。

设计意图：歌曲热身，初步感知周一到周日的表达方式；谈论学校的日常活动，建立新旧知识衔接。同时，语境中学习一周英文表达词汇，思考中西方一周表达顺序的差异，初步认识中西文化的不同，引导学生初步形成跨文化意识。指向五度课堂的温度、参与度和梯度，教师与学生共同参与歌曲热身活动，用自身热情使学生参与新课学习中，给予学生温度，提高学生参与课堂的热情；教师基于学生已有认知提出问题，引发思考，遵循学生思维发展规律，循序渐进学习新知识，是遵循课堂梯度的体现。

（检测目标 1：通过听读课文、师生问答，能够在具体语境中准确听、说、读 Tuesday 等单词并能准确听、说、读、写单词 have、next、week、holiday，感知一周的表达方式及中外表达异同，初步形成跨文化意识）

Step 2：Presentation

（一）呈现评价任务

1. Brainstorm.

Q：What will you do on holidays ？（Learn the new word：holiday）发散学生思维，唤醒学生知识储备。

2.Watch Activity 2 and choose activities in the form.

Q：Next week is holiday. What will Shanshan do ？（Learn the new words：next week）

3. Listen again and think.

Q1：Who will Shanshan do with ?

Q2：How does Shanshan arrange the activities of a week ？（珊珊如何安排她的一周生活？）

设计意图：问题设计引导学生思考珊珊一周生活的合理性和丰富性，从立德树人角度出发引导学生关注与自我、与家人、与朋友该如何相处，同时提供合理安排一周生活的路径。

4. Listen and repeat，pay attention to the intonation.

5. Read Activity 2 with your partner.

6. Act out. Introduce Shanshan's week plan according to the blackboard design.

（检测目标 2：通过问题驱动、表格呈现，能够梳理文本内容，流利朗读课文，并根据思维导图提示运用核心句型"What will...do ？ ...will..."进行语篇复述，提升语言表达能力）

（二）执行评价任务

1. 学生通过听、读课文，以问题驱动、表格呈现主动提取关键信息。

2. 听读、自读、同桌互读语篇，积极思考，参与交流。

3. 小组合作，按照要求上台展示。

（三）交流学习成果

1. 积极思考，主动举手回答，其他同学认真倾听和互评，可及时进行补充。

2. 教师根据学生回答和展示及时进行反馈。

3. 关注不同层次学生，对不同学生的回答进行个性化的表扬鼓励。

评价量表如下。

评价要素	评价等级及标准			评价等级
	A	B	C	
参与学习活动及内容要求	能根据课文情境内容准确选择或者回答问题；同桌之间能借助板书展示课文内容；发音准确，语音语调标准	能认读新单词，准确流利朗读课文；基本能借助板书同桌问答展示课文；发音基本准确，语音语调基本标准	能对教师的问题思考后作答；基本能借助板书同桌问答展示课文；发音不标准，出现错误词汇	
语言表达	思维清晰，肢体语言辅助文本理解，感情丰富	思维基本清晰，有感情，基本表达展示内容	基本展示内容，思维不够清晰，语言不丰富	

设计意图:问题引领,表格呈现,思考、分析、概括信息,理解文本主题意义。以问题链驱动对话语篇理解,问题链设计层层递进,符合梯度设计。多角度理解语篇,问题引领训练学生深度思维,渗透如何去合理安排自己的日常生活,关注制订假期生活计划的合理性和多样性,包括学习、玩耍、陪伴家人、交往朋友等有意义的活动,并引导学生从自我活动、与家人一起活动、与朋友一起活动三个角度去安排自己的日常生活,让学生逐渐意识到如何合理安排自己的生活会更丰富、更有意义;关注学生深度学习,提升课堂教学深度。

Step 3: Production

(一)呈现评价任务

1. Think and say.

Q: What will robots do with us? 承接 Period 1,思考 Period 1 自己设计机器人能干的事情,为接下来输出一周生活计划提供语料。

2. Make the week plan.

Talk about the week plan in groups and make the week plan by yourself.

小组讨论后合理计划安排机器人和自己一周的生活。思考机器人能帮助人的活动和需要自己完成的活动。

Share your plan with your partner.

A: What will you do on... ?

B: We will...

在展示中对计划的合理性进行评价,适时进行主题升华:Arrange your daily life reasonably. Keep a healthy life-style and positive attitude!

(检测目标 3:通过任务驱动、学习单辅助、同桌对话练习,能够合理安排机器人和自己的假期中一周计划并准确运用核心句型"What will...do? ...will..."谈论一周计划,学会合理安排一周的生活,养成健康的生活方式,形成积极向上的生活态度)

(二)执行评价任务

1. 学生积极思考,主动举手回答问题。

2. 小组合作交流讨论,表达自己的想法。

(教师在学生讨论交流过程中根据学生的问答情况及时反馈)

(三)交流学习成果

1. 积极思考，主动举手回答，其他同学认真倾听和互评，可及时进行补充。

2. 教师根据学生回答和展示及时进行反馈。

评价量表如下。

评价要素	评价等级及标准			评价等级
	A	B	C	
参与学习活动及内容要求	能合理安排假期中一周的生活；安排的活动体现健康、丰富、有意义的生活方式。能运用核心句型与同伴谈论自己和机器人的一周计划	能安排假期中一周的生活；活动体现健康、有意义的生活方式。基本能运用核心句型与同伴谈论自己和机器人的一周计划	能简单安排假期中一周的生活；简单与同伴谈论自己和机器人的一周计划	
语言表达	思维活跃，感情丰富，语言表达流畅，发音准确	感情较丰富，发音较准确	能表达观点，发音基本准确	

设计意图：从文本走向生活，学习珊珊如何安排暑期中一周的生活，承接Period 1自己设计的机器人将会做的事情，发挥想象，迁移生活，思考机器人给人类生活带来的便利，机器人与人类共同生活的变化，做出合理的分析和判断。主线清晰，仿照文本样例进行文本再构，将所学语言知识迁移运用到实际生活中，关注学生生成，深化主题意义，渗透合理安排生活的重要性，引导学生养成健康的生活方式，形成积极的生活态度。

Step 4：Homework

You must share the week plan with your family.（基础性作业）

If you can make the holiday plan of your family.（发展性作业）

设计意图：作业采用梯度性设计，关注学生的差异性和层次性，最大限度地让全部学生掌握本节重点，部分学生获得重难点之外的精彩，提升学生学习效度。

● Module 8 第三课时《Solving Problems》教学设计 ●

寿光现代明德学校 李韶杰

【课程标准】

义务教育英语课程分为三个学段，六年级下学期应完成二级目标。本节课对应的课程标准提取如下。

1. 语言能力。

(1)能读懂语言简单、主题相关的简短语篇,获得具体信息,理解主要内容。

(2)能围绕相关主题,运用所学语言,与他人进行简单的交流,表演小故事或短剧,语音、语调基本正确。

(3)在书面表达中,能围绕图片内容或模仿范文,写出几句意思连贯的话。

2. 文化意识。

(1)能在人际交往中,尝试理解对方的感受,知道应当规避的谈话内容,适当调整表达方式,体现出礼貌、得体与友善。

(2)有将语言学习与做人做事相结合的意识和行动。

3. 思维品质。

(1)能识别、提炼、概况语篇的关键信息、主要内容、主题意义和观点。

(2)能就作者的观点或意图发表看法,说明理由,交流感受;能对语篇内容进行简单的续编或改编等。

4. 学习能力。

(1)能积极参与课堂活动,注意倾听,大胆尝试用英语进行交流。

(2)能在学习活动中与他人合作,共同完成学习任务。

5. 课标解读。

(1)学生学什么?

依托故事性语篇,理解运用一般过去时态讲故事,挖掘文本,了解他人积极应对问题、化解尴尬的处理方式。

(2)学生学到什么程度?

能够运用一般过去时态复述故事内容,能够阅读相同主题意义下的绘本故事,通过问题驱动,能够理解绘本大意,通过小组讨论,能够写出解决问题的方法、建议。

(3)学生怎么学?

回顾已知,激发新知,运用一般过去时态归纳整理文本内容。任务驱动法:通过分析文本和绘本故事,结合学校生活真实情境,小组讨论,找到问题解决的方案,树立积极面对问题、主动解决问题的意识。

【教材分析】

What: Module 8 Unit 3 是在两个单元学习后的绘本拓展课，语篇的主题是积极应对问题。绘本内容主要是解决学生情绪问题，结合学生真实情境，讨论如何应对问题，解决方案是什么。

Why: 通过回顾文本，用一般过去时态讲故事，运用特殊疑问词 why 询问故事发生的原因，用 because 进行回答。通过阅读绘本，找到故事的起因、解决措施，举一反三，结合学校生活真实情境，小组讨论，树立积极面对问题、主动解决问题的意识。

How: 自由读文本，引导学生根据思维导图回顾文本，用归纳性的语言解决问题。语篇以讲故事的形式呈现，可运用思维导图起承转合的思路概括。

绘本内容是以朋友间的情绪处理为示例，展示了孩子们解决问题的过程。学生通过观察图片能够找到两人的矛盾点，并通过对话找到解决措施。引导学生观察图片，适时提问，启发总结。

【学情分析】

1. 优势。

通过前两个课时的学习，学生对文本内容有了了解，也学会了用一般过去时态讲故事，巩固了用 why 来提问问题、用 because 来回答问题的技能，复习了不同的表达情绪的词汇，体会了遇到问题要积极应对，可以用幽默的方式化解尴尬。

在日常生活和学校生活中，学生经常会遇到各种问题，面对这些问题的态度应该怎样？生气、暴躁，还是忍让、伤心？不同的问题应该如何解决？大家都有自己的想法。这些经验为本节课提供了非常好的情境。

2. 障碍。

学生面对问题情境，能够感同身受，但是解决措施多样化，也比较灵活，没有固定的语言模板，用英语表述比较困难，需要教师在课堂巡视中提供帮助。

3. 应知。

故事介绍用一般过去时态描述，解决方案用一般现在时态描述。

4. 方法。

情境教学法、任务教学法。

【课程核心素养】

本单元的主题语境：人与自我，生活与学习，做人与做事：生活与学习中的困难、问题和解决方式。通过任务设计，学生能够围绕相关主题，运用所学语言概括文本主要内容，发散思维，对故事结局进行改写。学生尝试理解对方感受，锻炼礼貌、得体与友善的文化意识。绘本学习可以锻炼学生提炼、概括语篇关键信息、主要内容的思维品质。小组合作可以鼓励学生积极参与课堂活动，在学习活动中学会如何与人合作。通过本节课的学习，学生感受解决问题的方式，树立积极应对问题、主动解决问题的意识。

【教学目标】

1. 通过读文本、思维导图回顾分析文本，能够正确写出故事的梗概，了解他人积极应对问题、幽默解决问题、化解尴尬的方式。

2. 通过看绘本故事、分析文本，结合学校生活真实情境，小组讨论，能够写出解决问题的方法、建议，树立积极面对问题、主动解决问题的意识。

【评价任务】

1. 读文本内容，运用课文语言或自己的语言对文本进行概况，尝试改写故事结局。

2. 读绘本，根据问题理解绘本故事，讨论总结绘本体现的解决问题的方法。

3. 看视频，根据自己学校生活中遇到的真实问题，以小组为单位选任务，提出解决方案。

【课程资源】

1. 视频类。

电子课本、录制学生视频。

2. 绘本故事。

Talk and Work It Out。

【教学思想】

1. 教学目标确定基于课标、教材、学情，立足整个单元的功能话题，以育人为导向，指向学生核心素养的发展。

2. 基于五度课堂教学理念，从单元整体教学的视角，把握教材各板块之间的联系，坚持每个课时目标之间的逻辑性、层次性和递进性，体现课堂教学的梯度和深度，关注学生参与度，以整体安排各课时的教学内容。

3. 基于教材内容进行语境设计，根据学生反馈进行有效设问、追问，引导学生理解、应用、创新。通过学生反馈，以评促教，以评促学，反思和检验课堂教学实施的参与度及高效度。

【教学方法与工具】

1. 教学方法。

情境教学法、任务教学法。

2. 教学工具。

PPT、板书贴。

【教学过程】

环节一：Warming-up and lead-in

1. Greetings.

2. Sharp eyes.（闪单词，回顾旧知，对比相似单词）

It's easy to make mistakes with English words.

3. 图片、问题导入：Do you remember the story ?

设计意图：闪单词热身，学生易读错相似单词，为学生回顾相似的情境铺垫。承接热身环节——学生在相似英语单词方面易读错。还记得我们也读过类似的故事吗？图片启发。

环节二：Task 1 Do and share

（一）呈现任务要求

Step 1: Let's write.

Step 2: Let's check.

Step 3: Let's share and think.

（检测目标 1：读文本回顾内容，用课文语言或自己的语言对故事进行概括，尝试改写故事结局）

（二）执行评价任务

1. 学生通过读文本回顾内容，对故事进行概括，写在任务单上。

要求：能熟练朗读课文，能根据自己的理解正确回答问题，能根据评价标准同桌互评。

2. 师生评价任务单内容，同伴互评。

3. 改写故事结局，小组展示。

（三）交流学习成果

1. 学生积极分享概况内容，其他同学认真倾听和互评，可及时进行补充，体现参与度。

2. 教师根据学生书写内容以及发言的反馈调整教学，表达意义相同即可。

3. 启发学生体会玲玲当时的心情是怎样的，体现课堂温度。

At that time，Lingling felt... How did they solve it？

T：Yes，they put the cups on their heads and laughed. It's a humous way，right？

Lucky boys and girls，because of the good idea，because of Sam's carefulness. A perfect ending.

4. 小组代表展示故事结局，其他组成员提出建议，教师客观评价学生反馈信息。

教师小结：Be humorous and kind to other people's mistakes.

设计意图：通过读文本，回顾语篇，补充思维导图概况文本，鼓励学生用自己的语言总结归纳。在订正环节，启发学生思考不同人物的情感，以及处理事情的方式。鼓励积极应对、幽默解决问题。续写不同故事结局环节，发散思维，不同情况可以有不同的解决方式。

环节三：Task 2 Read and talk

（一）呈现任务要求

Step 1：Let's read and answer.

A good book for you. Please read the book quickly，then find the answer.

Q1：This story is about__________.

A. helping others　B. getting along with others（与人相处）

Q2：What's the matter with the boy and the girl in this story？

A. They all want to play basketball.

B. They want to read the same book.

Step 2：Let's read again and find.

Q3：What does the boy do for the problem solving（问题解决）？ Find and underline the sentences and share.

Step 3：Let's think.

If you can't find a way everyone likes，what should you do？

（检测目标2：通过看绘本故事、分析文本，结合学校生活真实情境，小组讨论，能够写出解决问题的方法、建议。树立积极面对问题、主动解决问题的意识）

（二）执行评价任务

1. 快速浏览绘本，把握大意，限时5分钟。

2. 再次精读绘本，针对问题，圈画关键信息。

3. 学生回答问题，补充信息。师生共同总结解决问题的方式。

（三）交流学习成果

1. 回答两个问题。师生针对答案共同评价，对于答案错误的同学，引导再寻找绘本关键句子。

2. 教师在学生讨论交流过程中巡视，掌握学习进程，鼓励学生猜测生词含义。

3. 如果找不到大家都满意的方法，如何解决？鼓励学生说自己的想法。在学生分享过程中，根据学生的回答，教师及时进行点评、引导。

教师小结：Be polite and friendly and try to find a way. If you can't，show your respect.

设计意图：绘本材料提供了另一种问题处理方式，通过第一遍快速阅读，把握绘本故事整体结构，找到问题是什么。第二次阅读，采用问题驱动方式，找到解决问题的步骤。学生发散思维，说出说自己的想法，教师总结。

环节四：Task 3 Do and share

（一）呈现任务要求

Step 1：Let's watch.

In our daily life or school life，it's easy to be in trouble. Look at them. What happened？

She can't find her meal card and he made a mistake again.

What should they do？ Can you help them？

Step 2：Let's discuss and write.

Step 3：Let's share and think.

（检测目标 2：通过看绘本故事、分析文本，结合学校生活真实情境，小组讨论，能够写出解决问题的方法、建议，增强积极面对问题、主动解决问题的意识）

（二）执行评价任务

1. 看视频后，学生描述情境问题。能转换角色，联系自身经历，客观全面地看待问题。教师启发：你如何帮助他们？

2. 小组选任务，组内讨论，提出解决方案并写在任务单上。教师巡视中针对疑难问题提供帮助，掌握学习信息。

（三）交流学习成果

1. 学生描述视频内容，其他同学认真倾听并适当评价，有不同意见及时进行补充。

2. 教师在学生展示过程中根据反馈信息给予指导，引导学生积极解决问题。

3. 针对学生的解决方案，不同小组给出建议，教师纠正单词、语法错误。表扬书写美观的小组。

教师小结：Helping others by telling him how to do.

评价量表如下。

评价要素	评价等级及标准			评价等级
	A	B	C	
能写出合理的措施或建议	能写出 3～4 条合理的措施或建议，正确运用连词等，书写正确美观	能写出 3～4 条合理的措施或建议，书写正确美观	能写出 1～2 条合理的措施或建议，书写正确美观	

环节五：Summary

同学们，课文中的故事和绘本故事给了我们解决问题的不同方式，遇到其他类似情况我们也要乐观、积极、幽默地解决问题。

环节六：Homework

1. Read the picture book with your friend and share it with your family.

2. Collect different ways to solve problems in our daily life, and we will share them next class.

第四节 综合实践部分

●《衍纸书签》教学设计●

寿光现代明德学校 牟小莉

【课程标准】

学生综合运用各学科知识，认识、分析和解决现实问题，提升综合素质，着力发展核心素养，特别是社会责任感、创新精神和实践能力，以适应快速变化的社会生活、职业世界和个人自主发展的需要，迎接信息时代和知识社会的挑战。

课标解读：

1. 学生学什么？

《衍纸书签》属于设计制作课，要求学生能够综合运用各种材料和工具进行设计、制作，将自己的创意付诸实现。

2. 学生学到什么程度？

学生能够手脑并用，掌握衍纸制作的技巧和方法，创作出独一无二的作品。

3. 学生怎么学？

观看衍纸制作视频，或由教师现场示范，学生以小组为单位进行实践。

【教材分析】

本课属于劳动技术板块的第一个主题，以锻炼学生劳动实践能力为主要目标，为下一课技术要求较高的《学做小木工》做铺垫。

衍纸艺术是一种简单而实用的生活艺术。衍纸运用卷曲、捏压、拼贴组合完成，常被运用于卡片、包装装饰、装饰画、装饰品等。衍纸艺术又叫卷纸装饰工艺，就是以专用的工具将细长的纸条一圈圈卷起来，成为一个个小“零件”，然后借由组合这些样式复杂、形状不同的“零件”来创作。

衍纸艺术的魅力就在于其无限的表达能力，而多样的表达手法更凸显出纸艺的包罗万象，不但表达方式更加多元，巧妙的设计本身也将纸艺固有的艺术气息展现得淋漓尽致。

【学情分析】

1. 优势。

小学高年级学生对纸这种材料非常熟悉，在此之前已进行过折纸、贺卡的制作，也了解了衍纸的相关知识。学生的参与意识和竞争意识逐步增强，小组合作效率提高，在实践的学习和活动中有更强的自主性和独立性。

2. 障碍。

学生学习本课时可能在衍纸卷的制作中耗时过长，衍纸卷粘贴时胶水使用过多或者过少。

3. 方法。

鉴于学生可能存在的问题，大家可能会寻求小组的合作与帮助来完成作品或者尝试多种方法解决问题。

【课程核心素养】

本节课学生通过动手操作实践，初步掌握手工设计与制作的基本技能，提升了创意物化能力。

【教学目标】

1. 通过教师讲解，说出衍纸的特点及其历史，感受衍纸的魅力。

2. 通过小组合作，能够总结衍纸制作的基本方法，制作创意的衍纸作品，提高动手操作能力和团结合作意识。

3. 能够制作创意衍纸并分享，形成创新意识，提高审美情趣。

【评价任务】

1. 依据教学视频准确说出衍纸的特点、历史及制作书签所需材料，总结衍纸书签的制作步骤，并做出衍纸卷、衍纸作品。（对应目标 1、2）

2. 从作品名称、创意设计、构图、色彩、意义等角度介绍本组作品，说出制作过程中遇到的问题或观察到的问题，并提出解决办法。（对应目标 2、3）

【课程资源】

衍纸作品、衍纸材料、衍纸卷制作视频。

【教学思想】

1. 教学目标确定基于《综合实践活动课程指导纲要》和教材、学情,立足于学生发展实际,指向学生的综合素质的发展。

2. 基于五度课堂教学理念,把握课堂各环节之间的联系,坚持每个活动之间的逻辑性、层次性和递进性,关注学生的参与情况,以合理安排各环节之间的时间。

【教学方法与工具】

1. 教学方法。

示范教学法、小组讨论法、设计制作法。

2. 教学工具。

PPT 课件、多媒体。

【教学过程】

环节一:创设情境,导入新课

1. 实物展示衍纸书签作品,视频展示衍纸历史和制作过程。

2. 观察并小组讨论分享衍纸作品的特点,分享衍纸的历史由来,并说明衍纸书签与一般书签相比较有什么优势。

3. 衍纸特点:形象立体生动、表现手法多样。

4. 衍纸历史:衍纸也称卷纸,是纸艺的一种形式,发源于 18 世纪的英国,是一种流传于英国王室贵族间的手工艺术。衍纸艺术是流淌在我们指尖的艺术,它融合了雕塑与绘画技艺,以纸为载体,表现我们生活中常见的事物。

设计意图:教师以实物衍纸书签为引子,让学生观察材料并思考衍纸形象立体生动、表现手法多样的特点,激发学生的创作兴趣。

环节二:准备材料

(一)呈现学习任务

1. 观察手中的衍纸作品,说一说制作衍纸作品需要哪些材料。

2. 以小组为单位，快速清点小组的材料是否齐全。

（二）执行评价任务

1. 学生自行观察衍纸书签作品，总结制作衍纸作品所需要的材料。材料：衍纸条、衍纸尺、衍纸笔、白胶、书签纸等。

2. 学生以小组为单位，清点材料。

（三）交流学习成果

1. 学生积极回答制作衍纸作品所需要的材料，其他同学认真倾听，及时做出补充。

2. 教师根据学生的回答进行点评、总结。

评价量表如下。

评价要素	评价等级及标准			评价等级
	A	B	C	
材料准备情况	学生能准确说出衍纸书签所需材料，并选择、准备好本小组的材料	学生能准确说出衍纸书签所需材料	学生准备衍纸书签所需材料时有遗漏	

设计意图：通过清点材料的环节，培养学生处理问题的能力和小组合作的精神，提高学生课堂参与度。

环节三：观看视频，总结制作步骤

（一）呈现学习任务

1. 观察衍纸作品，猜想一下衍纸的制作步骤是什么。

2. 观看衍纸作品制作视频，说一说猜想是否正确，并小组内交流。

（二）执行评价任务

1. 学生观察衍纸作品，对制作步骤进行合理猜想。

2. 观看衍纸作品制作视频，对猜想进行验证与反思交流。

（三）交流学习成果

1. 学生积极回答衍纸制作步骤的猜想。

2. 根据视频演示，小组内反思交流。

3. 教师板书制作步骤：构思并设计图稿→制作衍纸卷→粘贴→整理造型。

评价量表如下。

评价要素	评价等级及标准			评价等级
	A	B	C	
总结制作步骤	能对衍纸制作步骤做出合理猜想，并进行验证	能对制作步骤做出初步猜想	不能说出制作步骤	

设计意图：学生通过观察衍纸作品，根据既往生活经验和制作经验来猜测衍纸书签的制作步骤，并在观看视频后反思交流。任务设置层层递进，体现了任务设计的梯度，培养学生独立思考的能力和创新精神。

环节四：学习制作创意衍纸卷

（一）呈现学习任务

1. 观看衍纸卷制作视频，思考、总结衍纸卷的类型。
2. 总结衍纸卷的制作方法。
3. 独立制作不同类型的衍纸卷，并在组内相互欣赏、评价。

（二）执行评价任务

1. 制作衍纸书签的重点在于衍纸卷的制作和组合。学生通过观看衍纸卷制作视频，学习制作不同类型的衍纸卷（紧卷、松卷、开卷、泪滴卷、眼型卷、鸭掌卷、爱心卷等）。

2. 学生自行总结衍纸卷的制作方法（衍纸条卷成紧卷，再制作成松卷备用，在制作时根据需要，捏成任意想要的形状）。

3. 衍纸卷制作完成后，小组内交流。

（三）交流学习成果

1. 学生先说一说衍纸卷有哪些常见类型，再总结衍纸卷的制作方法。
2. 组内从类型、美观程度、方法等角度相互评价制作的衍纸卷。
3. 在学生交流过程中，教师巡视并及时补充。

评价量表如下。

评价要素	评价等级及标准			评价等级
	A	B	C	
制作衍纸卷	能制作出10种常见的衍纸卷	能制作出6～8种常见的衍纸卷	能制作出5种以下常见的衍纸卷	

设计意图：学生通过观看视频演示，了解基础的衍纸卷的制作过程，学习

不同衍纸卷的做法。在学生交流过程中，教师巡视并及时补充，体现了课堂的温度。

环节五：动手制作

（一）呈现学习任务

出示制作要求。

1. 以小组为单位制作，分工合作。
2. 制作时间 20 分钟。
3. 制作过程中保持桌面整洁，注意安全。

（二）执行评价任务

学生以小组为单位进行制作。

（三）交流学习成果

1. 学生在制作过程中及时交流作品设计分工和制作技巧。
2. 制作过程中及完成后随时交流遇到的问题和解决办法等。
3. 学生制作、交流过程中，教师巡视，与学生一起讨论。

评价量表如下。

评价要素	评价等级及标准			评价等级
	A	B	C	
衍纸作品制作	合理分工，组内所有学生均有合适的任务；桌面物品整齐，不杂乱	合理分工，组内所有学生各司其职，但桌面不够整洁	没有合理分工，合作效率低	

设计意图：提醒学生在活动中注意团队协作，体现了学生的高参与度，从而保证课堂的高效度，培养学生良好的生活和学习习惯。

环节六：作品展示

（一）呈现学习任务

1. 将衍纸作品张贴在黑板上，各小组从作品名称、创意设计、构图、色彩、意义等角度介绍作品。

2. 投票选出最佳创意作品和精美作品，投票规则：每组每个奖项 2 票的投票权，只能投给非本小组的作品。

（二）执行评价任务

1. 学生以小组为单位进行展示。

2. 学生投票给喜欢的作品。

奖项	1组	2组	3组	4组	5组
精美作品奖					
最佳创意奖					

(三)交流学习成果

1. 学生相互分享自己在制作过程中遇到的问题及解决办法。

2. 教师根据学生的分享,及时点评、总结。

3. 教师为获奖小组颁发奖状。

评价量表如下。

评价要素	评价等级及标准			评价等级
	A	B	C	
衍纸作品展示	学生多角度介绍作品,姿态落落大方,分享至少1个自己在制作过程中遇到的问题及解决办法	学生多角度介绍作品,姿态落落大方	介绍作品不够条理、清晰	

设计意图:作品展示环节锻炼了学生的口语表达能力。通过投票,锻炼了学生欣赏美、鉴赏美的能力,多个奖项的设置对学生进行了多元评价。学生回顾反思自己在制作过程中存在的问题,再次获得成长和提高。任务层层递进,体现了课堂的深度和梯度,进而保证了课堂的高效度。

环节七:拓展与创新

1. 总结本节课的制作感悟。

2. 课后思考一下:我们还可以用生活中的哪些环保材料,制作什么样式的书签呢?

《躲开炸弹》教学设计

寿光现代明德学校 于敏敏

【课程标准】

本课对应的课程标准是第三学段“身边的算法”。具体对应的内容标准如下。

1. 借助学习与生活中的实例，体验身边的算法，理解算法是通过明确的、可执行的操作步骤描述的问题求解方案，能用自然语言、流程图等方式描述算法。

2. 结合生活中的实例，了解算法的顺序、分支和循环三种基本控制结构，能分析简单算法的执行过程与结果。

3. 通过真实案例，知道算法步骤的执行次数与问题的规模有关，观察并体验采用不同算法解决同一问题时在时间效率上的差别。

4. 针对简单问题，尝试设计求解算法，并通过程序进行验证。

课标解读：

1. 学生学什么？

通过分析作品《躲开炸弹》的环节，能将其分解为一系列的实施步骤，理清程序设计思路，形成思维导图；对于给定的任务，使用顺序、分支、循环三种基本控制结构简单描述实施过程，通过编程验证该过程，理解并掌握所运用的各种积木与积木的嵌套组合；在完成作品的过程中能将问题分解为可处理的子问题，知道解决同一问题可能会有多种方法，认识到采用不同方法解决同一问题时可能存在时间效率上的差别；通过对脚本进行检查、调整，掌握程序调试与运行的方法。

2. 学生学到什么程度？

采用自然语言和思维导图这两种方式，运用三种基本结构及其组合，正确进行问题求解的算法描述，完成本节课的作品；掌握完成本作品所需要的积木的作用，能够用自己的语言说出来；对于新学习到的“积木组合”能够进行应用，解决实际问题；能基于对算法的理解，设置和调整参数，观察相应程序的执行，进一步判断解决同一问题的不同算法在时间效率上的高低。

3. 学生怎么学？

通过实现游戏效果“随机出现掉落物不同造型”和“游戏结束”理解并掌握新学积木的作用，通过完成任务“随机不断掉落不同掉落物”和“让编程猫说好吃、好疼”理解并准确运用各种不同的积木组合；在反思与交流过程中，对学习作品进行完善和迭代，养成良好的定时运行程序检查有无错漏、对重点积木或积木块进行注释的习惯。

【教材分析】

《躲开炸弹》是编程猫中小学标准教材《图形化编程》(进阶版)第一课。本节课主要学习“随机数”积木和“停止其他角色脚本”积木。本节课教授学生通过切换造型实现掉落不同掉落物、通过判断炸弹实现选择功能。通过本节课的学习,学生理解了切换造型的其他积木的用法,掌握了“自己的X坐标”积木与“基本运算”积木的联合使用,提高了逻辑思维能力,激发了学习兴趣。

在编程猫中小学标准教材《图形化编程入门》中,学生对“外观盒子”“运算盒子”已有深入了解,能够熟练拼接积木,并创作完整的作品,为本课奠定了基础。在编程猫中小学标准教材《图形化编程》(进阶版)中,本课为第一课,具有承上启下的作用,既复习学过的知识,又学习更有难度的程序。同时本游戏可由不同的积木脚本来实现,可让学生进一步接触算法,知道算法步骤的执行次数与问题的规模有关,知道解决同一问题可能会有多种方法,认识到采用不同算法解决同一问题时在时间效率上的差别。

【学情分析】

1. 优势。

教学对象为六年级学生。该学段学生对一切事物充满着好奇心与探究欲望,学习热情比较高。同时,该学段学生经过两年的学习已有一定的编程基础,逻辑思维也有一定的提高,为学习本节课内容奠定了知识基础。

2. 障碍。

六年级学生对积木的基本作用、用法掌握不够,对用积木创作有创意的作品缺乏经验,对算法的认知不够深刻,缺乏创新意识,尝试设计求解算法的意识较弱。

3. 应知。

学生需熟练掌握各个积木,了解利用算法求解简单问题的基本方法,培养初步运用算法的习惯,并通过实践提升设计与分析简单算法的能力。

4. 方法。

学习与学生的思维水平相适应、可再次创新、具有创造性的小游戏,丰富学生的创作经验,让学生在探究、体验、完善、调整中培养自己的编程思维,培养学生的计算思维,培养学生针对简单问题尝试设计求解算法并通过程序进行验证的意识。

【课程核心素养】

信息技术学科核心素养包括“信息意识”“计算思维”“数字化学习与创新”及“信息社会责任”四个核心内容。本节课主要培养的学科素养为“计算思维”。

学生对问题进行抽象、分解、建模，并通过设计算法形成解决方案；尝试模拟、仿真、验证解决问题的过程，反思、优化解决问题的方案，并将其迁移运用于解决其他问题。本节课通过阅读程序及学习《躲开炸弹》游戏，提高学生的计算思维能力；学生选择积木并拼接积木，通过评估并选用常见的工具，有效地管理学习过程与学习资源，创造性地解决问题，从而完成学习任务，培养创新意识。

【学习目标】

1. 通过观看视频并完成指定的游戏，准确理解并运用“随机数”积木和“停止其他角色脚本”积木，提升主动获取、分析数据、解决问题的能力。

2. 通过完成游戏任务，理解并准确运用不同的积木组合，提升逻辑思维能力。

3. 通过对脚本进行注释、检查、调整，掌握程序调试与运行的方法，形成良好的定时运行程序检查有无错漏、对重点积木或积木块进行注释的习惯。

【评价任务】

1. 独立完成随机出现一种造型，让角色不断掉落。

2. 识别“炸弹造型编号”，让编程猫说“好吃”“好疼”。

3. 设置游戏得分和游戏结束，完成“结束功能”和“得分功能”两个脚本。

【教学重点与难点】

1. 重点。

让学生学会使用“随机数”积木让掉落物变换造型，使用“停止其他角色脚本”积木结束游戏。

2. 难点。

让学生了解“如果……否则”积木是用于判断的脚本，并理解“自己的X坐标”积木与“基本运算”积木的联合使用。

【课程资源】

1. 视频类:编程猫中小学标准教材《图形化编程》(进阶版)。

2. 图片类:源码编辑器(Kitten)自带图片。

【教学思想】

1. 基于教学评一致性的教学思想,通过设计适切的学习目标,在教学中通过呈现评价任务、有效处理信息,恰当评价学生学习,保证学习目标、教学活动和评价的一致性,确保代表国家意志的课程标准落实到课堂层面。

2. 依据五度课堂要求,在教学过程中建设有温度、有深度、有梯度、有参与度、高效度的高效课堂,带领学生通过作品分析、小组合作探究,引导学生总结积木的用法及实现效果,理解积木的嵌套使用,完成作品,体验算法的魅力。

【教学方法与工具】

1. 教学方法。

(1)任务型教学法:利用任务,引导学生自主探究,在体验、讨论与分析中提升能力。

(2)探究讨论法:小组合作讨论进行创作,成员互助解决难题。

(3)信息化教学法:利用多媒体教学,实现教学内容清晰、直观。

2. 教学工具。

PPT、源码编辑器、纸质学案、多媒体、粉笔、黑板。

【教学过程】

环节一:创设情境,导入新课

导入:开展《躲开炸弹》游戏竞赛,观看视频了解它的游戏规则。

通过随机抽签抽取选手,分为3组,其中每组3号选手抽签选择接球工具。教师提醒学生在游戏过程中注意安全。

学生进行比赛,给予优胜学生奖励。

教师总结:其实很多像这样的在日常生活中常见的游戏,我们都可以用编程猫创作出来。今天我们就一起来学习如何创作《躲开炸弹》小游戏。

同时,教师阐述本节课的学习目标,引导学生围绕课时总任务展开学习,掌握本节课重难点积木。

设计意图:将作品作为比赛项目提前下发,利用比赛激发学生兴趣,让学生更好地掌握游戏规则,为分析作品打下基础;让学生以制作人的身份进行学习,预防学生沉迷游戏(温度、参与度)。

环节二:分析作品,创作思维导图,生成知识框架

学生带着"游戏规则是怎样的"这样的思考,再次体验《躲开炸弹》小游戏,分析游戏玩法,讲解游戏玩法。

学生分析背景、角色各有哪些,教师引导学生了解通过"一个角色多个造型"实现角色"掉落物"。

学生分析角色各自干了什么,有什么动作,建立思维导图,掌握整体结构并展示思维导图。

设计意图:分析游戏结构,创建思维导图,让学生对作品能够全面掌握,方便学生后面创作更好地建立逻辑。建立思维导图体现了参与度和梯度,进而实现效度。

环节三:编程创作

目标导学一:掉落物随机不断下落

(一)呈现评价任务

1. 读程序。

哪一组积木可以实现掉落物不断下落?

2. 看一看。

观看视频,理解"随机数"积木及其作用。

3. 独立思考。

利用"随机数"积木怎样实现掉落物随机切换造型?

设计意图:

(1)读程序:旨在引导学生分析积木,锻炼学生读程序的能力,属于回顾旧知。

(2)看一看:旨在通过分析寻找到正确积木并了解其作用。

(3)独立思考:旨在引导学生掌握"运算"盒子里的"随机数"积木和"外观"盒子里的"切换到造型编号"的嵌套使用,提升学生分析问题、解决问题的能力。

（检测目标1：通过观看视频并完成指定的游戏，准确理解并运用“随机数”积木和“停止其他角色脚本”积木，提升学生主动获取、分析数据及解决问题的能力）

（二）执行评价任务

学生独立思考、观看视频并实现“掉落物以随机造型出现并不断下落”的效果。

（三）交流学习成果

1. 积极举手展示脚本，其他同学认真观看倾听和互评，可及时进行补充。
2. 教师根据巡视以及展示发言的反馈调整教学，最后进行总结。

评价量表如下。

评价要素	星级
找到所有需要的积木，说出积木名字	一颗星
正确拼接积木，且运行成功	一颗星
清晰地讲解自己的思路	一颗星

设计意图：学生复习“不断下降”积木组，让知识更加扎实。通过做题提升学生阅读程序的能力，实现深度。让学生掌握“随机数”积木的作用，理解“随机数”积木与“切换到编号为1的造型”积木的联合应用。学生观看视频过程中，不断递进式的问题体现参与度及深度。

目标导学二：判断炸弹

（一）呈现评价任务

1. 辨一辨。

以下两组积木是否都可以实现“接到掉落物”的效果？

2. 合作探究。

（1）以小组为单位，讨论分析实现让编程猫说“好疼”“好吃”的条件是什么。

（2）组内推选出一个方案，编写程序进行验证。

3. 看一看。

观看视频，编写程序，修改自己的脚本。

设计意图：

（1）辨一辨：旨在引导学生分析积木，锻炼学生读程序的能力，引导学生掌握多种方法解决同一问题的能力。

(2)合作探究:旨在培养学生的自学能力,提升学生的计算思维。

(3)看一看:旨在培养学生形成良好的定时运行程序检查有无错漏的习惯。

(检测目标 2:通过完成游戏任务,理解并准确运用不同的"积木组合",提升逻辑思维能力;检测目标 3:通过对脚本进行注释、检查、调整,掌握程序调试与运行的方法,形成良好的定时运行程序检查有无错漏、对重点积木或积木块进行注释的习惯)

(二)执行评价任务

1. 学生以小组为单位进行合作探究。

2. 观看视频学习如何判断炸弹并完成程序。

3. 教师在学生观看视频、编程过程中巡视,掌握学习进程。

(三)交流学习成果

1. 每小组 1 名代表展示本小组的脚本,其他小组同学认真倾听,同组成员可及时进行补充。

2. 学生进行适当评价,有不同意见的及时进行补充。(引导学生迁移应用所学,从情境出发解决实际问题,发现别人回答中的亮点且能进行评价)

3. 教师根据巡视信息以及小组发言的反馈信息调整教学,并进行总结。

评价量表如下。

评价要素	星级
找到所有需要的积木,说出积木名字	一颗星
正确拼接积木,且运行成功	一颗星
清晰地讲解出自己的思路	一颗星

设计意图:锻炼学生读程序的能力,让学生根据情况选择不同的方法实现相同的效果,体现温度;让学生理解并掌握"自己的造型编号"积木与"基本运算"积木的联合使用,通过学生判断炸弹体现梯度。

目标导学三:游戏结束

(一)呈现评价任务

1. 说一说。

游戏结束的效果是什么样的?

2. 想一想。

怎么可以让掉落物停止掉落呢？需要用到哪些积木？

3. 改一改。

观看视频，找到正确的积木完成程序脚本。

4. 总结完善。

所有游戏都是先停止再出现“结束”，要注意“停止其他角色脚本”积木和“游戏结束”出现的顺序。

设计意图：

（1）说一说：旨在引导学生观察作品，筛选数据，锻炼学生分析数据的能力。

（2）想一想：旨在培养学生将问题分解为可处理的子问题的意识，提升学生的计算思维能力。

（3）改一改：旨在培养学生形成良好的定时运行程序检查有无错漏的习惯。

（检测目标 1：通过观看视频并完成指定的游戏，准确理解并运用“随机数”积木和“停止其他角色脚本”积木，提升学生主动获取、分析数据及解决问题的能力；检测目标 3：通过对脚本进行注释、检查、调整，掌握程序调试与运行的方法，形成良好的定时运行程序检查有无错漏、对重点积木或积木块进行注释的习惯）

（二）执行评价任务

学生达到游戏结束后掉落物停止掉落的游戏效果。

（教师讲解中巡视，进行个别指导，获取学习信息）

（三）交流学习成果

1. 学生举手分享展示脚本，其他同学认真倾听并进行适当评价，有不同意见的及时进行补充。

2. 教师在学生分享过程中根据反馈信息给予指导，引导学生将问题进行拆解，化大为小并答疑解惑。

3. 教师根据巡视信息以及小组发言的反馈信息调整教学。

评价量表如下。

评价要素	星级
找到并说出所有需要的积木,正确拼接积木,且运行成功	一颗星
明确地表述出“停止其他角色”脚本积木与其他停止积木的不同	一颗星
理解游戏结束功能如何实现并清晰地讲解出自己的思路	一颗星

设计意图:让学生认识“停止其他角色”积木,并能够掌握其与“停止全部积木”的区别,体现了梯度与深度。

目标导学四:设置得分

(一)呈现评价任务

1. 比一比。

观察当前程序和开始程序的不同。

2. 做一做。

完成设置得分。

设计意图:旨在复习变量的设置与使用,并提高学生的逻辑思维能力。

(检测目标 3:通过对脚本进行注释、检查、调整,掌握程序调试与运行的方法,形成良好的定时运行程序检查有无错漏、对重点积木或积木块进行注释的习惯)

(二)执行评价任务

学生两人一组,思考如何完成设置得分。

(教师在学生讨论交流过程中巡视,掌握学习进程)

(三)交流学习成果

1. 积极举手展示程序脚本,其他同学认真倾听并发表感想。

2. 教师根据巡视信息以及学生发言的反馈信息进行总结。

评价量表如下。

评价要素	星级
成功增加变量得分	一颗星
添加正确的积木,且运行成功	一颗星
理解游戏得分功能如何实现并清晰地讲解自己的思路	一颗星

设计意图:复习变量,查看学生对变量的掌握情况。通过设置难度更高的环节增加深度,实现梯度。

环节四：课堂小结，强化认知

1. 归纳整理，展示本节课的知识结构思维导图，引导学生总体把握知识板块。

学生对照教师构建的知识网络和所思所学，完善课时总任务，修改作品名后保存自己的作品。

2. 请说一说通过本节课的学习你有哪些收获。

3.《躲开炸弹》小游戏的环节可以变得更加丰富，比如，加上“接掉落物工具大小不同”来增加难度。请同学们在课下思考如何让《躲开炸弹》小游戏变得更有趣，期待同学们下节课的金点子。

设计意图：用思维导图展示本节课知识框架，凸显知识点的关键词部分，总体把握本节所学内容。同时，通过学生谈感受与收获，教师引导升华，情感态度价值观得到进一步发展。在任务的完成和展示过程中强化认知，实现知识的闭环，体现了参与度与效度。

第四章 >>>

评价任务单

• Traveling 学习任务单 •

寿光现代明德学校 刘红秀

【学习目标】

1. 借助思维导图，能够运用一般过去时句型复述他人旅行经历。

2. 通过创设情境、师生问答、提取关键信息，学生能够理解并会准确运用一般过去时句型介绍旅行经历并总结 4W1H 的写作思路。

3. 通过情境设置、小组讨论、示范指导，学生能够运用所学句型书写并分享自己的旅行经历，体会旅行的意义，体验分享的乐趣。

【学习过程】

任务一：Review.

I can retell. Share Lingling's travel.

1. Read the text of Module 6 Unit 1 Activity 2 and Unit 2 Activity 2.

2. Retell and act out according to the mind map.

任务二：Presentation.

I can write. Share Xiaoyu's travel.

1. Listen and circle，then fill in the blanks.

2. I can write. Share Lily's travel.

（1）Look and find.（看图片及提示信息，找出关键信息）

（2）Write the letter.（帮助 Lily 给她的朋友 Mary 写信，分享旅行经历）

评价标准：

A. 完整书写五个符合主题的正确句子，一颗星。

B. 书写工整，格式正确，二颗星。

C. 语言流畅，适当拓展，三颗星。

Dear Mary,

Love,

Lily

任务三：Practise.

I can share and write. Share your travel.

去年暑假，你去哪里旅行了？先在小组内用思维导图分享，然后以书信形式把自己的旅行经历及旅行中的感受分享给你的笔友 Simon。

总结建构：Summary.

Brainstorming:

1. How did you feel in the travel?

2. What did you learn from your travel? Why?

第五章

教学反思单

学习即生活——观陈晓玲老师执教的立定跳远有感

寿光现代明德学校　王军凤

2021 年 5 月 19 日至 20 日，寿光市小学体育与健康学科优质课在我校举行。14 位老师参加了评选，现就寿光市东城新区实验小学陈晓玲老师执教的水平二四年级《立定跳远》一课，借助“寿光现代明德学校基于教学评一致性的五度高效课堂建设”课堂观察量表，从课堂师生情感温度、学生参与度、课堂任务设计的梯度、课堂效度四方面进行点评反思。

一、课堂师生情感温度观察与分析

情感温度在课堂中具体表现为“以学生的健康成长为本，把学生放在课堂中央。先把学生当孩子，再把学生当学生”。

1. 语言亲切。

陈老师在本课设计中从课堂导入部分的小青蛙抢荷叶到练习过程中的积极鼓励，再到攻营大战中的爱国情感培养，从语言设计上，让学生如沐春风，兴趣大增。

2. 多元教学策略。

充分运用挂图、示范、模仿等形象直观的形式，通过辅助练习、模仿练习、合作练习和选择连词等多种练习方法，充分提高学生的学习兴趣和积极性，既有温度，又有课堂内容的深度。

3. 小组自主合作。

陈老师充分发挥小组长的示范带头作用，让学生们互相帮助、互相鼓励、共同提高。

4. 教师多元化激励与评价。

陈老师运用语言激励、小贴画激励、击掌激励等多种激励评价形式，鼓励学生动作正确的同时进行不断挑战。

二、学生参与度观察与分析

本课在场地布置上采用圆形队形设计，教师在中间，确保能够在技能学习上关注到每一个学生，又能随时关注学生安全。在体育课堂上，学生的参与不仅仅是指身体上的参与，还有情感和认知上的参与。因为本课的设计是以学生自主探究合作学习为主，在探究结束后，所有学生主动体验探究结果，但并没有让学生主动说出立定跳远的基本动作要领，因此无法达到观察认知目标完成情况的目的。在学练阶段，100%的学生积极进行技能练习。在此，应该设计让学生不仅能够做出而且能够说出的问题，才能达到了解学生认知目标完成情况的目的；或者设计组内评价，让小组长评价组员在组内的合作程度。

三、课堂任务设计的梯度

在本课中教师关注差异，实施分层教学。陈老师根据学生的不同特点和需要，关注差异，循序渐进，使学生充分发挥自己的潜能，努力探索，不断进取，充分展现了课堂教学中的梯度，使所有学生都能参与课堂的练习。在练习任务的设计中，实施分层练习，完成基本动作练习的同学，进行跳刻度的远度跳练习，并能基本了解自己所跳的远度；完成基本动作和远度跳练习的同学，进行高度练习跳，循环往复，解决高度、障碍物问题，体验收腹展体，最终回到刻度跳，明确自己在本课中最终达到的远度。但在此设计中，缺少了学生的思考，即为什么要跳远度和高度。可以在此设计中让学生对比在不同高度上起跳的远度差，让学生进行思维上梯度的层层深入，最终达到不仅“知其然”，更能“知其所以然”。

四、课堂效度分析评价

陈老师的这节立定跳远课中，学生们能在老师的引导和小组长的带领下认真参与各种练习，课堂气氛活跃，师生感情融洽。通过分层教学，立定跳远运动参与完成率约100%，所有学生都能基本掌握正确的发展跳跃能力的锻炼方法;通过跳刻度测评,85%的学生掌握跳远动作,发展了弹跳力、爆发力、协调性等身体素质,完成远度目标;100%的学生勇敢、坚持,不断练习,提高身体素质,在集体中互相讨论、学习,完成情感和社会适应领域目标。

学习即生活,学生在学习技术时既能“知其然”,又能“知其所以然”,在学习过程中有较强的学习目的性,能够开动脑筋,勤于思考,对以后在生活和学习中解决实际问题,具有良好的指导作用。

第三篇

学科样例：初中

第六章 >>>

教学案例

第一节　语文部分

●《说和做——记闻一多先生言行片段》教学设计●

寿光现代明德学校 王莎莎

【课程标准】

本课对应的课程标准是第四学段“语言文字积累与梳理”“实用性阅读与表达”“文学阅读与创意表达”和“思辨性阅读与表达”。具体对应的内容标准如下。

1. 语言文字积累与梳理。

加深对语言文字及其文化内涵的认识和理解；分类整理、欣赏、交流所积累的词语、名句、诗文等，并在日常读写活动中积极运用，提升自身的中华文化修养。

2. 实用性阅读与表达。

学习为创造人类美好生活做出重要贡献的杰出人物的事迹，激发创造精神。

3. 文学阅读与创意表达。

阅读反映中国革命各个时期的重大事件、伟大成就、代表性人物及其感人事迹的优秀文学作品，感悟革命领袖、革命英雄、模范人物的理想信念和奋斗精神，运用多种方式交流自己的阅读感受。

4. 思辨性阅读与表达。

阅读关于生活感悟、生活哲理方面的优秀作品，学习思考与表达的方法，结合生活经验和阅读材料，阐述自己的感悟和观点。

课标解读：

1. 学生学什么？

关键语句或段落的含义和表达的妙处；人物特征和高尚品格。

2. 学生学到什么程度？

能在通览全篇、了解文章大意的基础上，准确阐明课文的结构和内容；能在精读课文的基础上，正确勾画出精彩语句，品味课文诗意的语言，体会其表达效果；在品析鉴赏课文中人物细节描写语段的基础上，准确说出人物特征，正确概括人物高尚品格。

3. 学生怎么学？

学生能够在通览全篇、了解大意的基础上，通过小组合作、自主探究的方式，理解、分析闻一多先生的“说”和“做”，体味课文诗意的语言，理解其含义和表达效果，把握人物特征，感受人物的高尚品格。

【教材解读】

本文是部编版七年级《语文》下册第一单元的一篇散文。本单元课文主要记述名人的故事，引导学生感受名人的风采。《说和做》一千余字，短小精悍，选材精当，通过记叙闻一多先生的主要事迹，表现了他的崇高品格，高度赞扬了他的革命精神。课文精当的选材、严谨的结构、诗意的语言、典型的细节描写都是课文的亮点。

根据课标及本单元的学习目标，我们把精读训练、品味诗意的语言和细节描写、感知人物形象作为本课的核心目标。

【学情分析】

1. 优势。

学生经过七年级上学期的学习，已经掌握了默读和做批注的阅读方法，能够在规定的时间内速读课文，把握信息，概括文意，初步感知人物形象。

2. 障碍。

精读的方法及揣摩品味课文中的关键语句、语段的含义和表达效果的能力还有待于进一步提高。

3. 应知。

学生需要学习精读，要在通览全篇、了解大意的基础上，把握关键语句或段落，揣摩品味其含义和表达的妙处；结合人物生平及其所处时代，透过细节描写，把握人物特征，感受他们的非凡气质。

4. 方法。

与学生的思维水平相适应，设计品析文字意蕴、欣赏细节描写等活动，鼓励学生参与其中；带领学生品读诗意的语言，既能引导学生准确地理解语句的含义，又能让学生理解文中细节描写的作用，最大限度地促进思维的活跃，提高学生的自学能力、合作能力、探究能力，进而感悟闻一多先生的人格魅力。

【课程核心素养】

学生培养了正确规范运用语言文字的意识和能力，能在具体语言情境中有效交流沟通；感受语言文字的丰富内涵，对国家通用语言文字具有深厚感情；学生通过本节课的学习能感受、理解、欣赏、评价格言及作品，获得较为丰富的审美经验；增强文化自信，对中华文化的生命力有坚定信心。在本节课中，学生的思维能力、审美创造、文化自信都以语言运用为基础，并在学生个体语言经验发展过程中得以实现。

【教学目标】

1. 通过默读、速读课文，在通览全篇、了解大意的基础上，准确阐明课文的结构和内容，形成对课文的整体认知。

2. 通过精读课文，正确勾画出精彩语句，品味课文诗意的语言，体会其表达效果，丰富审美经验，提高审美能力。

3. 通过品析鉴赏课文中对人物细节描写的语段，准确说出人物特征，学习人物言行一致的高尚品格。

【评价任务】

1. 自主分析，说出闻一多先生作为学者时的“说”和“做”与作为民主战士时的“说”和“做”有哪些不同，并小组合作绘制思维导图。（检测目标1）

2. 自主阅读并勾画出诗意的语句，说出其含义和表达效果。（检测目标2）

3. 自主阅读，找出文中一两处细节描写的句子，说出其刻画了人物怎样的特征。（检测目标3）

4. 观看《最后一次演讲》视频并阅读朱自清先生评价闻一多先生的文字，为闻一多先生写一段墓志铭。（检测目标3）

【课程资源】

1. 闻一多《最后一次演讲》视频。

2. 思维导图(图片)。

3. 朱自清对闻一多评价的文字。

【教学思想】

1. 教学评一致性的教学思想。

本节课建立以目标为灵魂的“三位一体”的关系,通过设计适切的学习目标,在教学中呈现评价任务、有效处理评价信息,恰当评价学生学习,保证学习目标、教学活动和评价的一致性,将课程标准的要求落实到课堂层面。

2. 五度课堂的教学思想。

依据五度课堂要求,在教学过程中建设有温度、有深度、有梯度、有参与度、高效度的高效课堂,带领学生通过素材分析、小组合作探究,在主动积极的思维和情感活动中,加深理解和体验,享受阅读的乐趣,提升学生感受、理解、欣赏、评价的能力。

【教学方法与工具】

1. 教学方法。

(1)问题教学法:教师引导学生提出问题,在教师组织和指导下,开展比较独立的探究和研究活动。

(2)探究讨论法:小组合作讨论进行分析,探求问题的答案,从而获得知识。

(3)信息化教学法:利用多媒体教学,实现教学内容清晰、直观。

2. 教学工具。

纸质学案、多媒体、粉笔、黑板。

【教学过程】

环节一:创设情境,导入新课

导入:教师通过多媒体播放《最后一次演讲》视频。

教师引导:刚才同学们已经感受到了闻一多先生的慷慨激昂,大家想不想进一步了解闻一多先生呢?接下来就让我们一起开启本节课的旅程,去看看臧克家笔下的闻一多是怎样的吧!

设计意图:对闻一多先生的简介导入,选用的视频内容与本节课的内容贴合,激发学生的学习兴趣,顺势导入新课。

环节二:卓越的学者,大勇的革命家

目标导学一:画思维导图,知先生“说”和“做”

(一)明确学习任务

说出闻一多先生作为学者时的“说”和“做”与作为民主战士时的“说”和“做”有哪些不同,并绘制思维导图。

1. 默读课文,勾画课文关键语句(总领句、过渡句、总结句)。

2. 思考作者主要从哪两个方面介绍闻一多先生的,他的“说”和“做”有哪些不同,彼此有无关联,请根据课文内容进行简要的分析。先自主学习,再小组合作交流,并结合事迹画思维导图。

(检测目标1:整体把握课文的结构和内容)

(二)执行评价任务

学生通过默读课文提取关键信息,找出文中的总领句、过渡句、总结句,同时结合事迹画出思维导图。

(三)交流学习成果

1. 举手回答,其他同学认真倾听并发表感想。

2. 小组推举代表上台展示思维导图绘制结果。

3. 教师根据巡视信息、学生发言以及思维导图展示的反馈信息进行引导,最后进行总结。

评价量表如下。

评价要素	评价等级及标准			评价等级
	A	B	C	
参与学习活动及内容要求	能准确勾画出关键语句,并完整绘制出思维导图,主动举手分享自己的想法,积极上台展示思维导图绘制结果	能准确勾画出关键语句,能够较完整绘制出思维导图,不能主动举手分享自己的想法	不能准确勾画出关键语句,不能完整绘制出思维导图	
语言表达	简练、有力、条理清晰	较为简练,较有条理	能表达观点,但无条理	

设计意图:设计适宜的教学任务、教学方法、教学环境、课堂评价以提高专注性,从而提高学生课堂参与度,检查学生对文章结构和内容的整体把握程度,提高学生的自学能力、合作能力、探究能力。同时画思维导图,让学有余力的学优生在快速掌握基础知识之余有事可做,吃得饱也吃得快,使课堂教学有梯度。

目标导学二:读诗意语言,品析文字意蕴

(一)明确学习任务(勾画出诗意的语句,说出其含义和表达效果)

1. 本文的语言充满诗意,凝练、深沉、蕴含哲理,跳读课文,用曲线标出你喜欢的 1 ～ 3 句话,在文中批注好理由(从句式、修辞、语言特点等方面考虑),并大声朗读。(“融合化、嵌入式”评价任务)

2. 先在小组内分享,然后班内分享。(“融合化、嵌入式”评价任务)

(检测目标 2:精读课文,勾画出精彩语句,品味课文诗意化的语言,体会其表达效果)

(二)执行评价任务

学生先精读并独立思考,过程中教师可以适当地引导,勾画教材中诗意的语言,做好总结批注。

教师在学生讨论交流过程中巡视,掌握学习进程。

(三)交流学习成果

1. 先小组合作,组内分享智慧成果,及时进行整理归纳,然后小组内推选出一名代表上台进行班内分享。其他小组同学认真倾听和互评,同组成员可及时进行补充。

2. 教师根据巡视信息以及小组发言的反馈信息调整教学,并做出总结。

3. 教师根据巡视信息、学生发言以及思维导图展示的反馈信息进行引导,最后进行总结。

评价量表如下。

评价要素	评价等级及标准			评价等级
	A	B	C	
参与学习活动及内容要求	能很好地理解句子的含义,准确说出句子运用的某种手法,且能准确地说出作者的情感和思想	能较好地理解句子的含义,简单说出句子运用的某种手法,但不能说出作者的情感和思想	仅能简单地理解句子的含义,但不能赏析句子的表达效果	

续 表

评价要素	评价等级及标准			评价等级
	A	B	C	
语言表达	简练、有力、条理清晰	较为简练,较有条理	能表达观点,但无条理	

设计意图:本环节带领学生品读诗意的语句,既能引导学生准确地理解语句的含义,又能进一步引导学生理解整篇文章。通过此环节,每个学生的积极性、主体性得到充分发展。

目标导学三:赏细节描写,感悟先生魅力

(一)明确学习任务

找出文中一两处细节描写的句子,说出其刻画了人物怎样的特征。

"没有细节就没有写作",文中有多处细节描写,跳读课文,用曲线勾画出对闻一多先生进行细节描写的语句,圈出关键词并说出刻画了人物怎样的特征。

(检测目标3:品析、鉴赏课文中细节描写的语段,把握人物特征)

(二)执行评价任务

1. 学生独立思考,勾画出教材中对闻一多先生进行细节描写的语句,圈出关键词。

2. 说出具体语句刻画的人物特征。

(三)交流学习成果

1. 学生举手分享智慧成果,其他同学认真倾听并进行适当评价,有不同意见的及时进行补充。

2. 学生独立思考过程中教师巡视,进行个别指导,获得学习信息并及时进行调整教学。

评价量表如下。

评价要素	评价等级及标准			评价等级
	A	B	C	
参与学习活动及内容要求	能准确找出文中细节描写的句子,并能准确说出其刻画了人物怎样的特征	能找出文中细节描写的句子,但不能准确说出其刻画了人物怎样的特征	不能找出文中细节描写的句子	

续　表

评价要素	评价等级及标准			评价等级
	A	B	C	
语言表达	简练、有力、条理清晰	较为简练，较有条理	能表达观点，但无条理	

设计意图：本环节目的在于让学生理解文中细节描写的作用。同时，教师在和学生交流过程中重视对学生进行情感调试能力的培养，以慎重的、礼貌的、倾听的姿态面对课堂中的每一位学生。

目标导学四：写墓志铭文，抒心中追思情

（一）明确学习任务

为闻一多先生写一段墓志铭。

继续观看《最后一次演讲》视频，朗读朱自清对闻一多先生的评价文字，抒发感受并为闻一多先生写一段墓志铭。

朱自清评价他："他，严谨治学的学者；他，无私无畏勇敢斗争的革命家；他，矢志不渝热爱祖国的中国人；他，言行一致的大写的人。他是一团火，照彻了深渊；指示着青年，失望中抓住自我；他是一团火，照明了古代；歌舞和竞赛，力猛如虎；他是一团火，照亮了魔鬼，烧毁了自己，遗烬里爆出个新中国。他，闻一多先生，是我们永恒的骄傲。"

要求：结合先生的生平经历和高尚品格，表达内心的感佩、哀悼之情，语言流畅，有真情实感，50 ～ 100 字。

（检测目标 3：概括人物的高尚品格）

（二）执行评价任务

1. 继续观看闻一多先生《最后一次演讲》的视频。

2. 观看朱自清对闻一多先生的评价文字，抒发感受，并根据要求为闻一多先生写一段墓志铭。

（三）交流学习成果

1. 学生积极朗诵分享，其他同学认真倾听，积极准备发言。

2. 教师根据巡视信息以及学生分享发言的反馈信息调整教学，在分享中引导学生总结概括出人物的高尚品格。

评价量表如下。

评价要素	评价等级及标准			评价等级
	A	B	C	
参与学习活动及内容要求	能结合先生的生平经历,准确地概括先生的高尚品格	能较好地结合先生的生平经历,较准确地概括先生的高尚品格	不能结合先生的生平经历概括先生的高尚品格	
语言表达	流畅、有力、条理清晰、感情充沛	较流畅、条理较清晰、感情欠充沛	能表达观点,但无条理且无真情实感	

设计意图:本环节目的在于让学生感悟文中先生的人格魅力,概括闻一多先生的高尚品格,创设问题情境,激发学生获得情感共鸣,引导学生解决真实情境问题。

环节三:课堂小结,强化认知

1. 归航拾贝。

归纳整理,展示本节课的知识结构思维导图,引导学生总体把握知识板块。

2. 收获园地。

请说一说通过本节课的学习你有哪些收获。

环节四:拓展空间,能力提升

本文的语言富含诗意、充满哲理,能引发丰富的感受与思考,请同学们从文中摘抄 2 ～ 3 句背诵积累。

设计意图:通过诗意化语言的积累,可以进一步提升学生的语文素养,帮助学生获得高产出的学习结果。

《孙权劝学》教学设计

寿光现代明德学校 张晓丽

【课程标准】

本课对应的课程标准是第四学段“语言文字积累与梳理”“实用性阅读与表达”“文学阅读与创意表达”和“思辨性阅读与表达”。具体对应的内容标准如下。

1. 语言文字积累与梳理。

加深对语言文字及其文化内涵的认识和理解；分类整理、欣赏、交流所积累的词语、名句、诗文等，并在日常读写活动中积极运用，提升自身的中华文化修养。

2. 实用性阅读与表达。

学习为创造人类美好生活做出重要贡献的杰出人物的事迹，激发创造精神。

3. 文学阅读与创意表达。

阅读表现人与社会、人与他人的古今优秀诗歌、散文、小说、戏剧等文学作品，欣赏、品味作品的语言等，交流审美感受，体会作品的情感和思想内涵。

4. 思辨性阅读与表达。

学习经典的思辨性文本（包括短小的文学经典），理解作者的立场、观点和方法。

课标解读：

1. 学生学什么？

常见文言实虚词、文章特色及写作手法（事实性知识）、文中人物形象及其当代意义（概念性知识）。

2. 学生学到什么程度？

（1）能准确理解并熟练记忆文言词、句、篇，形成对文章的整体认知。

（2）能准确理解文意，辩证地形成对人物形象的理性认识。

（3）能深入理解文中思想情感，准确把握文章特色与写作手法，形成正确的与他人交往的方式方法。

3. 学生怎么学？

学生借助工具书，通过自主阅读、小组合作及展示，理解、分析人物形象，感受人物的性格，在体味课文的语言、理解其含义和表达效果的基础上提高自己的欣赏品味。

【教材分析】

本文是部编版九年级《语文》下册第三单元的一篇文言文。本单元课文都是传统名篇，内涵丰富而深刻。《唐雎不辱使命》是《战国策》中记载的许多策士故事中的一个，它对人物言行简洁传神的刻画被后人视为写人记事的典范。

本节课通过引导学生反复诵读，品析人物语言，把握人物形象，理解文意，带领学生更好地了解历史、审视现实，汲取思想精华，获得情感激励。要注意在诵读中增强文言文语感，积累常见文言词语。

【学情分析】

1. 优势。

学生在初中阶段两年多的时间里，已经学习了大量文言文，具备了一定的文言积累和知识储备。

2. 障碍。

本文是一篇自读课文，应该主要由学生自学完成，但是学生普遍对文言文学习有畏难情绪。

3. 应知。

学生应准确积累文言实虚词，并能熟练进行迁移运用；能独立思考、揣摩文中的关键语句，品析人物语言，准确把握人物形象。

4. 方法。

通过品析人物对话、欣赏细节描写和侧面描写等活动，鼓励学生参与其中，带领学生与古人对话，既能引导学生准确地理解语句的含义，又能让学生理解文中细节描写和侧面描写的作用，最大限度地促进学生思维的活跃，提高学生的表达能力、合作能力、探究能力，进而感悟刻苦治学对于提高自己学识的重要意义。

【课程核心素养】

本节课学生在学习文言基础知识的同时，不断积累、梳理和整合，养成良好的语感，在对人物形象进行探究的过程中理性思考，归纳判断，并能通过感受、理解、欣赏、评价重点语段，获得文化自信，形成正确的文化理念和审美意识。

【教学目标】

1. 通过迁移运用文言积累并借助课下注释和工具书，理解并识记文言词、句、篇，形成对文章的整体认知，感受文言语段的丰富内涵。

2. 通过多种方式读课文，理解文意，形成对人物形象的理性认识。

3. 通过品析、鉴赏课文内容，理解文中思想情感，把握文章特色与写作手法，形成正确的与他人交往的方式方法。

【评价任务】

1. 检测目标 1。

(1)扫清阅读障碍,朗读展示。

(2)迁移运用,疏通文意,绘制思维导图。

2. 检测目标 2。

(1)分角色扮演人物,上台展示。

(2)分析出人物的形象特点。

3. 检测目标 3。

(1)品读对话部分,根据示范,感悟言辞技巧。

(2)根据示范,鉴赏文章中的对比手法。

【课程资源】

部编版七年级《语文》下册、名著《三国演义》、文章《伤仲永》。

【教学思想】

以人为本,促进学生全面发展,让学生在朗读中与古人对话,与历史交流。

1. 通过设计情境,导入新课,启发学生感受在此种情境下人物的心理和对话,感受人物的语言,把握人物特征,概括人物形象,从而实现教学目标。

2. 教师带领学生通过阅读、对话揣摩人物心理,感受人物形象,欣赏细节描写、侧面描写。教师及时点拨评价,引导学生明白刻苦治学的意义。

【教学方法】

角色扮演法、讲授法、练习法。

【教学过程】

环节一:创设情境,故事导入新课

导入:三国时期吴国有位大将,名叫吕蒙。此人战功卓著,深受吴王孙权的信赖。可吕蒙有个毛病,不爱读书学习。孙权屡屡劝他多学点知识,可他每次都推三阻四的,还自以为自己一介武夫,读书无用。这回,孙权又来劝他了,结果怎样呢?让我们来学习《孙权劝学》一文(展示学习目标)。

设计意图:通过讲故事帮助学生了解故事背景,激发学生的阅读兴趣,选择学生喜欢的历史故事,注重兴趣引导,增强学生学习的积极性,体现课堂的温度。

环节二：初读课文，扫清语言障碍

1. 读准字音。

书读百遍，其义自见。学习文言文，最基本的方法是诵读，最好的方法也是诵读，要做到读准读顺，读通读懂。现在同学们借助 PPT 上的重点字音，大声读文章，做到通顺无误。

卿（qīng）邪（yé）岂（qǐ）涉（shè）猎 孰（shú）遂（suì）

2. 读准停顿。

课前同学们已经进行了充分的预习，接下来听老师范读，边听边画出停顿。

孙权劝学

初，权 / 谓吕蒙曰："卿 / 今 / 当涂 / 掌事，不可 / 不学！"蒙 / 辞以 / 军中多务。权曰："孤 / 岂欲卿 / 治经为博士邪！但当 / 涉猎，见 / 往事耳。卿言 / 多务，孰 / 若 / 孤？孤 / 常读书，自以为 / 大有所益。"蒙 / 乃始就学。及 / 鲁肃过寻阳，与蒙 / 论议，大惊曰："卿 / 今者才略，非复 / 吴下阿蒙！"蒙曰："士别 / 三日，即更 / 刮目相待，大兄 / 何见事之晚乎！"肃 / 遂拜蒙母，结友 / 而别。

接下来请同学们根据划分的停顿，自己大声读两遍。我们还有新的挑战。

3. 挑战阅读。

同学们已经开始摩拳擦掌，现在请同学们挑战无标点朗读。

孙权劝学

初权谓吕蒙曰卿今当涂掌事不可不学蒙辞以军中多务权曰孤岂欲卿治经为博士邪但当涉猎见往事耳卿言多务孰若孤孤常读书自以为大有所益蒙乃始就学及鲁肃过寻阳与蒙论议大惊曰卿今者才略非复吴下阿蒙蒙曰士别三日即更刮目相待大兄何见事之晚乎肃遂拜蒙母结友而别

4. 读通文意。

通读课文，借助课下注释疏通文意。标记疑难词，以小组合作探究的方式，理解词义，完成小检测。

文言知识小检测：

(1)文言实词。(要求：积累文言实词)

①蒙辞以军中多务。

②卿今当涂掌事。

③但当涉猎，见往事耳。

(2)语气词。(要求：读出相关语气)

①孤岂欲卿治经为博士邪。

②但当涉猎，见往事耳。

③大兄何见事之晚乎。

(3)称谓语。(要求：积累文言文中的称谓语)

①卿今当涂掌事，不可不学。

②孤常读书，自以为大有所益。

③大兄何见事之晚乎。

(4)成语。(要求：积累成语，学会运用)

①吴下阿蒙：原指三国时期吴国大将吕蒙，比喻人学识尚浅。现在多用他人有了转变方面，凡学识大进或地位低下而攀高了，以及穷困而至富有了，都可以用此语。

②刮目相待：拭目相看，用新的眼光看待。刮：擦拭。

评价量表如下。

评价要素	评价等级及标准			评价等级
	A	B	C	
参与学习活动及内容要求	能正确无误地完成文言知识小测试	文言知识小测试有少量错误	文言知识小测试错误较多	

设计意图：引导学生读准字音、读准停顿，并通过挑战的方式检测学生对字音、字形的掌握程度；通过自主疏通文意和小组合作探究疑难的方式，积累文言词语，培养学生的自学能力、合作能力和探究能力。学生通过读字音，读停顿，并去掉标点挑战阅读，循序渐进，符合学生的认知规律，实现有梯度的教学。学生通过借助课下注释自主疏通文意和小组合作探究疑难的方式理解词义，积累文言词语，培养自学能力、合作能力和探究能力。学生积极主动地参与到学习活动中，提高参与度。

环节三：再读课文，概括文章大意

1. 理解文章大意，翻译好文言文，仅仅掌握字词是不够的。要想做到“信、达、雅”，我们还要掌握翻译五字法：留、替、调、补、删。接下来我们结合文中句子具体学习。

①留——国号、年号、地名、书名、人名等可以保留，直接使用。

②替——用现代汉语双音节词替换古代汉语单音词。

例子：卿今者才略，非复吴下阿蒙！——替、留

译文：你现在的才干和谋略，不再是原来那个吴下阿蒙了！

③调——调整语序，使其符合现代汉语的表达习惯。

例子：蒙辞以军中多务。——调

译文：吕蒙用军中事务多来推托。

④补——补充省略部分，使意思完整。

例子：肃遂拜蒙母，结友而别。——补

译文：鲁肃于是叩拜吕蒙的母亲，(与吕蒙)结为朋友，然后分别了。

⑤删——删去无实在意义的词，不译。

例子：温故而知新。（而：表顺接的连词）——删

译文：温习学过的知识，可得到新的理解和体会。

同学们在翻译文言语句时，不仅要借助课下注释和工具书，还要结合五字翻译法。请同学们运用今天所学的知识，将课文改编成一个小故事，讲给自己的同桌听。

2. 说一说哪一部分是详写，哪一部分是略写。

明确：劝学及结果详写，吕蒙好学的过程略写。

评价量表如下。

评价要素	评价等级及标准			评价等级
	A	B	C	
参与学习活动及内容要求	能准确说出文章结构，概括出文章大意，并能说出详写和略写部分的内容	能准确说出文章结构，但不能较准确地概括出文章大意，不能说出详写和略写的内容	不能准确说出文章结构，把握不好文章大意，不能说出详写和略写的内容	
语言表达	逻辑清晰、条理，语言表达有力	语言较为简练、条理	能表达观点，但不够条理、清晰	

设计意图：教会学生翻译文言语句的方法，帮助学生掌握这些方法并学会迁移运用，构建知识网络。学生由学习如何翻译文言语句，到将课文改编成小故事并讲出来，再到说出文章的详略，层层递进，由浅入深，实现了有梯度的学习。

环节四：深入文本，分析人物形象

1. 精读课文，回答以下问题。

(1)孙权为什么要劝吕蒙学习，又是怎样说服吕蒙的？请同学们再读课文，圈点勾画出孙权“劝”吕蒙学习的语句，并试着读出语气。

明确：一劝——卿今当涂掌事，不可不学！（严肃，关心）

二劝——孤岂欲卿治经为博士邪！但当涉猎，见往事耳。（不悦和责备，关心和爱护）

三劝——卿言多务，孰若孤？孤常读书，自以为大有所益。（读出质疑，语气殷切趋向缓和）

(2)读过这三劝，说说孙权是一个怎样的人。

明确：通过这三劝，我们可以看出孙权是善劝的、好学的，他对吕蒙既严格要求，又殷切期望；既责备吕蒙的不争、无志，又透出关怀爱护之心，不失人主身份。

(3)吕蒙的学习成果如何？（用原文回答）应该以怎样的语气来读呢？

明确：卿今者才略，非复吴下阿蒙！

语气：难以置信的惊叹，语气夸张而上扬。

(4)面对鲁肃的赞叹，吕蒙的回应是什么？应该以怎样的语气来读？

明确：士别三日，即更刮目相待，大兄何见事之晚乎！

语气：自豪感，敬重鲁肃的同时不乏调侃之意。

(5)揣摩吕蒙与鲁肃之间的对话，说说鲁肃与吕蒙分别是怎样的人。

2. 从“孙权劝学”和“鲁肃赞学”中选其一，小组内分角色扮演，然后推选代表上台展示，其他小组点评。

要求：饰演者能在充分把握人物形象的基础上，演读出人物的神情、语气，能真正融入角色中。

评价量表如下。

评价要素	评价等级及标准			评价等级
	A	B	C	
参与学习活动及内容要求	情感饱满，普通话标准，能读出人物对话时的语气；能准确说出人物形象	情感较饱满，普通话较标准，基本能读出人物对话时的语气；能较准确地说出人物形象	情感欠饱满，普通话欠标准，不能读出人物对话时的语气；不能准确说出人物形象	
语言表达	语言逻辑清晰、条理，语气到位	语言较为简练，较有条理，语气基本到位	能用语言表达，但不够条理清晰	

设计意图：本环节引导学生深入文本、解析文本，通过朗读表演的方式，激发学生的学习兴趣和参与度，有助于帮助学生准确把握人物形象。通过品味孙权对吕蒙的“三劝”，引导学生深入理解文章和人物形象，培养学生独立思考和解决问题的能力，体现课堂的深度。小组合作角色扮演并上台展示，学生积极参与，在活动中锻炼了参与能力和合作能力，体现了课堂的高参与度。

环节五：研讨交流，感悟其中道理

1. 课文是怎样表现吕蒙学识进步的？

提示：鲁肃与吕蒙议论（细节描写“大惊”）和结友（侧面描写“肃遂拜蒙母，结友而别”）

2. 读《三国志》相关史料，分享吕蒙的变化对你的启示。

蒙少不修书传，每陈大事，常口占为笺疏……鲁肃代周瑜，当之陆口，过蒙屯下。肃意尚轻蒙。（译文：吕蒙年轻时不研究经卷，每次上报重大事件，经常口述写成奏折……鲁肃临时代理周瑜的职务，去陆口的时候路过吕蒙屯兵的地方。当时鲁肃还是很轻视吕蒙的。）

蒙始就学，笃志不倦，其所览见，旧儒不胜……权常叹曰：“人长而进益，如吕蒙、蒋钦，盖不可及也。富贵荣显，更能折节好学，耽悦书传，轻财尚义，所行可迹，并作国士，不亦休乎！”（译文：吕蒙就开始学习，终日不倦，他所看的书，连老儒生都比不了……孙权经常叹道：“人一边长大，一边这么学习的，像吕蒙、蒋钦这样的，没人比得上。已经是荣华富贵了，还能这么学习，轻视财富，好意气，德行兼备的人，来做国家的栋梁，那不是太好了吗？”）

评价量表如下。

评价要素	评价等级及标准			评价等级
	A	B	C	
参与学习活动及内容要求	能结合细节描写和侧面描写说出吕蒙治学前后的变化;能准确说出吕蒙的变化对自己的启示	能说出吕蒙治学前后的变化,但不能说出细节描写和侧面描写;能说出吕蒙的变化对自己的启示	不能完整说出吕蒙治学前后的变化,不能说出细节描写和侧面描写;能简略说出吕蒙的变化对自己的启示	
语言表达	语言条理清晰,逻辑严密	语言较为条理清晰,逻辑较为严密	能用语言表达,但语言混乱、无条理	

设计意图:除文中有展现吕蒙的进步外,拓展延伸《三国志》,了解吕蒙在被劝说前后的相关故事,把《孙权劝学》这个短小的故事放回到三国时代,打通历史,放远目光。

环节六:拓展延伸,课内知识迁移

1. 比较阅读。通过比较《孙权劝学》和《伤仲永》,深化对课文内容的理解。

2. 课外阅读《三国演义》,找出其中主要人物的称谓语,并做简单的梳理与归纳。

设计意图:通过对比阅读,拓展延伸,将课内知识迁移运用到课外,深化对课堂内容的理解。

第二节　数学部分

《轴对称的基本性质》教学设计

寿光现代明德学校　李素春

【课程标准】

本课对应的课程标准是第四学段“图形与几何”中“图形的变化”。具体对应的内容标准如下。

1. 探索轴对称的基本性质:成轴对称的两个图形中,对应点的连线被对称轴垂直平分。

2. 能画出简单平面图形(点、线段、直线、三角形等)关于给定对称轴的对称图形。

课标解读：

图形的轴对称在“图形的变化”中处于条目①②的位置，可见轴对称在“图形与几何”中的重要性。课标中轴对称的基本性质和画轴对称图形是作为两个知识点出现的，也再次说明轴对称在初中数学中的重要地位，它对于后续学习、解决问题具有重要作用。

1. 学生学什么？

理解并掌握轴对称的基本性质的内容；运用轴对称的基本性质画出简单平面图形（点、线段、直线、三角形等）关于给定对称轴的对称图形。

2. 学生学到什么程度？

课标 1 在知识维度上要求理解并掌握轴对称的基本性质的内容，在认知维度上提出了“探索”的要求，要让学生经历知识的形成过程；课标 2 在认知维度上提出“画出”的要求，强调性质的应用。

3. 学生怎么学？

通过问题引领，思考、动手操作、实验与探究，经历探索轴对称的基本性质的过程；学习画出平面图形（点、线段、直线、三角形等）的轴对称图形时，设置问题链，由易到难，由浅到深，步步深入。

【教材分析】

1. 内容分析。

教材首先安排了由学生自主探索轴对称的基本性质的“实验与探究”活动，然后通过“交流与发现”进一步探究不通过折叠，如何用画图的方法得到一个简单图形（点、线段、直线）关于给定对称轴的对称图形，例 1 扩展到了三角形，整个设计由浅到深，层层深入，符合学生的认知规律。

2. 地位作用。

轴对称是现实世界中广泛存在的一种图形变化现象，两个图形关于一条直线成轴对称在生活中随处可见。轴对称在初中数学中应用非常广泛，利用轴对称的基本性质解决问题也是初中几何教学常用的模型。探索轴对称的基本性质，体验轴对称在现实生活中的广泛应用，也是本章学习的主要目标；同时，由于轴对称是探索图形的几何性质、认识和描述图形的常用工具，因此，轴对称的基本性质是初中学段“图形与几何”研究的重要内容之一。

【学情分析】

1. 优势。

学生在第一、二、三学段已经对轴对称现象有了初步的感知，认识了轴对称图形及其对称轴，并会在方格纸上画出简单的轴对称图形。本章第一节已经学习了轴对称的概念，加强了对轴对称的理解和认识，为接下来的学习奠定了知识基础。在以前相关知识的学习过程中，学生已经经历了一些认识轴对称以及轴对称图形的活动，解决了一些简单的实际问题，获得了一些数学活动经验的基础，也具备了一定的合作学习的经验。

2. 障碍。

由于学生已有的关于轴对称的知识比较浅显，特别是对于画轴对称的知识了解得较少，再就是学生的推理能力、动手能力、自主探究能力有点薄弱，所以在探究轴对称的基本性质时，有些学生可能会遇到困难。

3. 应知。

轴对称的基本性质的探究过程及内容，画出简单平面图形（点、线段、直线、三角形、多边形等）关于给定对称轴的轴对称图形。

4. 方法。

从学生已有的认知水平和活动经验出发，设计问题链式的探究活动，引导学生通过观察、实验、猜测、推理、交流、反思等，从数学的角度进行分析，感悟知识的形成和应用，理解数学知识和方法，形成良好的数学思维习惯，进一步丰富数学活动经验，培养抽象能力、几何直观、推理能力、模型观念、应用意识和创新意识。

【课程核心素养】

本课时提升的数学核心素养主要有抽象能力、几何直观、推理能力、模型观念、应用意识和创新意识，可见本节课在提升学生学科素养方面的重要性。通过实验探究，培养学生的数学抽象、直观想象能力以及推理能力，对于轴对称本身来说也是数学上的一个模型，所以数学建模的思想也是本节课的培养提升点。

【教学目标】

1. 通过动手操作、实验与探究，能用折叠、扎孔的方法探索出轴对称的基本性质，并能用文字语言准确叙述，用符号语言准确表示，提高抽象能力和推理能力。

2. 通过画图、合作交流，能准确做出简单平面图形（点、线段、直线、三角形、多边形等）关于给定对称轴的对称图形，提升数学应用能力。

【教学重点与难点】

1. 教学重点。

探索轴对称的基本性质。

2. 教学难点。

利用轴对称的基本性质画出多边形的轴对称图形。

【评价任务】

1. 自主探究“做一做”“想一想”“说一说”“验一验”中的问题，借助合作交流，说出轴对称的基本性质，画出图形，并用几何语言准确表示。（检测目标 1）

2. 先自主探究，再合作交流活动 3 中的问题，画出一个点关于给定对称轴的对称点，并说出理由。（检测目标 2）

3. 自主完成变式训练，画出线段关于给定对称轴的对称线段，并说明道理。（检测目标 2）

4. 自主完成典型例题，画出三角形关于给定对称轴的对称三角形，说出画多边形关于给定对称轴的对称图形的做法。（检测目标 2）

【课程资源】

课件、对称的剪纸、洋葱数学轴对称小视频、轴对称图片。

【教学思想】

1. 以生为本，提升学生数学素养。通过设计基于真实情境的问题，引领学生自主学习探究，把学习的主动权放给学生，让学生在好学、乐学、善思的环境中提升数学素养。

2. 高效的教学评一致性五度课堂。根据五度课堂要求，教学过程中引入非物质文化遗产知识，通过“做一做”“想一想”“说一说”营造有温度的课堂，根据学生不同层次设计有深度、有梯度的问题，让不同层次的学生学有所获，实现学生的高参与度，达到课堂的高效度。

3. 通过动手操作、小组合作探究、教师及时点拨评价，引导学生探究轴对称的性质，并运用性质解决问题。

【教学方法与工具】

1. 教学方法。

(1)问题教学法。

(2)探究讨论法。

(3)信息化教学法。

2. 教学工具。

多媒体、三角板、对称的剪纸、学具、纸质学案、粉笔、黑板。

【教学过程】

环节一：以旧引新，激趣引欲

导入：中国传统文化博大精深，由中华民族几千年的文化积淀而成，剪纸艺术就是其中之一。教师展示两种剪纸样式，请学生观察并思考两种剪纸图样设计的依据是什么，并请学生深入研究剪纸的性质。

设计意图：通过激趣引欲，启发学生联想运用第一课时学习的轴对称知识解决问题，同时为新授知识做铺垫，承上启下，注重前后知识间的联系，引发学生高投入的学习欲望。通过剪纸艺术的呈现，引导学生了解祖国的非物质文化遗产，渗透爱国主义教育及德育，呈现有温度的课堂。

环节二：探究轴对称的基本性质

目标导学一：探究轴对称的基本性质

(一)明确学习任务(PPT 展示学习任务要求)

通过做一做、想一想、说一说、验一验，说出轴对称的基本性质，画出图形，并用几何语言表示。

(二)执行学习任务与交流学习任务

学习活动 1：

1. 做一做。

把一张纸片对折，扎一个小孔，然后展开铺平，记得到的两个小孔为点 A

与 A'，折痕为 MN，连接 AA' 交 MN 于点 O。

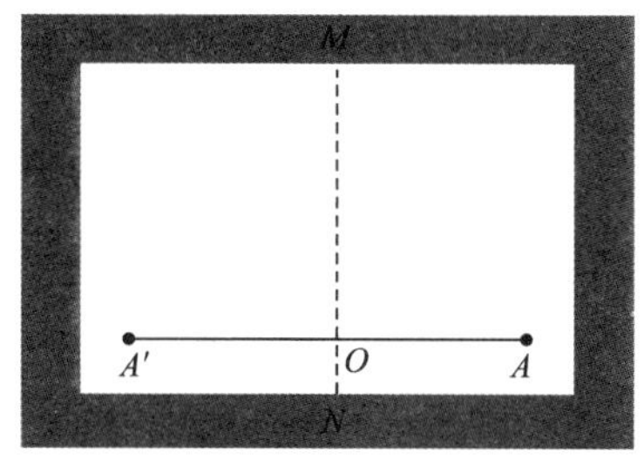

2. 想一想。

如果将纸片沿 MN 重新折叠，你发现线段 OA 与 OA' 长度有怎样的关系？线段 AA' 与直线 MN 有怎样的位置关系？猜想一下。

3. 说一说。

解释以上结论成立的理由。

学习要求：

1. 学生先尝试独立操作、思考，有困难小组讨论交流。

2. 集体交流学习成果。

3. 追问 1：如果在一张对折的纸上扎 2 个小孔，你能继续研究吗？如果能，你能得到什么结论？（学生思考、操作、交流）

4. 追问 2：如果扎 3 个小孔呢？（引出学习活动 2）

设计意图：打破了教材的安排顺序，从扎 1 个小孔开始，用做一做、想一想、说一说三个层次让学生自主探究，使学生有章可循，也给学生提供了一个探究问题的思路和方法，有利于学生数学思维的培养。指向深度：由 1 个小孔到 2 个小孔、3 个小孔……层层深入，课堂的深度自然呈现。

学习活动 2：（PPT 展示学习活动 2）

1. 想一想。

如果在一张对折的纸上扎 3 个小孔，你能得到什么结论？

（1）如果把得到的 3 对对应点分别记为 A 与 A'，B 与 B'，C 与 C'，折痕记为 MN，AA'、BB'、CC' 分别与对称轴 MN 有什么位置关系？

（2）分别连接 AB、BC、CA、$A'B'$、$B'C'$、$C'A'$，在 $\triangle ABC$ 的一条边上任取一点 D，想一想与点 D 关于直线 MN 成轴对称的点 D' 的位置在哪里。你是怎样找到的？

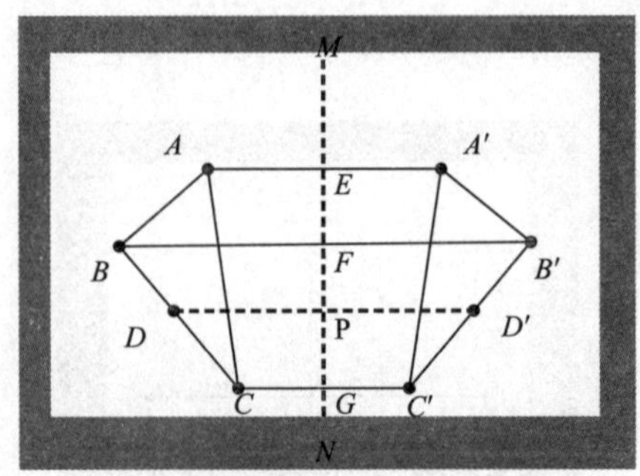

2. 验一验。

用折叠、扎孔的方法验证你的结论。

3. 说一说。

连接 DD'，交 MN 于点 P，你发现线段 DD' 与直线 MN 具有怎样的关系？请说出你的理由。

4. 思考。

如果扎 4 个点、5 个点呢？……

设计意图：与课本设计不同的是：课本只出现了 1 个点和 3 个点的情况，由前面的追问，学生很容易想到 4 个点、5 个点的情况，注重问题意识的培养；同时向学生渗透了由简单到复杂、由特殊到一般的数学思想。

指向梯度和深度：由 1 个点到 4 个点、5 个点……步步深入，体现了课堂的梯度和深度。给学生探究问题指明了方向：可以遇到问题自己去追问，自己去拓展，引导学生自主参与学习，自主引发探究欲望，激发了学生自主学习的参与度。

问题：通过以上探究，你可以得出什么结论？

说出轴对称的基本性质，并用几何语言表示。

用符号语言表示为：________________________________。

学习要求：

1. 学生先独立思考，然后同桌合作，完成以上问题，有困难的小组讨论。

2. 集体交流学习成果。（评价检测目标 1）

评价量表(1)如下。

评价要素	评价标准	评价层级	不达标预判与补救措施
探索轴对称的基本性质	完成从扎1个小孔到扎4个小孔及多个小孔的探索及猜想，并能说出结论和理由	优秀	不达标预判30%；不达标原因是学生动手及探究能力弱，总结能力不强；补救措施：小组合作，生生互助，重点帮扶；针对性点拨指导
	完成从扎1个小孔到扎4个小孔的探索，并能说出结论及理由	达标	
	不能完成从扎1个小孔到扎3个小孔的探索，总结不出结论及理由	不达标	

评价量表(2)如下。

评价要素	评价标准	评价层级	不达标预判与补救措施
轴对称基本性质的内容	准确说出轴对称的基本性质，并能用几何语言表示	优秀	不达标预判15%；不达标原因是学生没有理解掌握轴对称的基本性质；补救措施：深入理解，小组相互帮扶
	能说出轴对称的基本性质，不能用几何语言表示	达标	
	不能说出轴对称的基本性质	不达标	

环节三：画简单平面图形（点、线段、直线、三角形、多边形等）关于给定对称轴的对称图形

目标导学二：轴对称的基本性质的应用

（一）明确学习任务（PPT展示学习任务要求）

通过活动画出一个点、一条线段（直线）、一个三角形（多边形）关于给定对称轴的对称点，并说明道理。

（二）执行学习任务与交流学习任务

1. 学习活动。

问题：如图，不利用折纸的方法，请你画出点 A 关于直线 MN 的对称点。你的理论依据是什么？

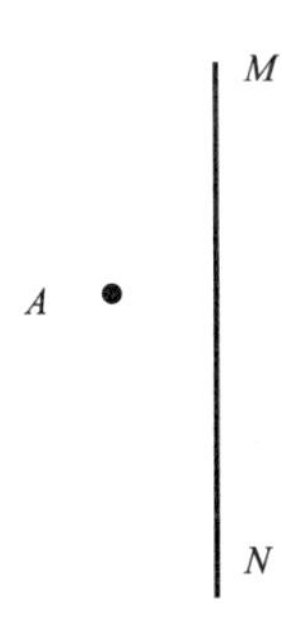

2. 学习要求。

(1)学生先独立思考,再小组交流。

(2)集体交流学习成果。

设计意图:通过学习活动,也是遵循由点、线段、直线、三角形、多边形由简单到复杂、由特殊到一般的数学思想。由最简单的图形——点到多边形,课堂的梯度和深度体现得淋漓尽致,给每一位学生提供了学习思考的舞台。

变式训练:

如图,请你想办法画出与直线 AB 关于直线 a 成轴对称的直线。

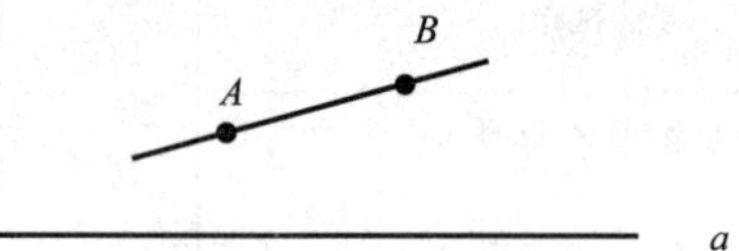

(学生先独立做,有疑问小组交流,最后集体交流)

设计意图:通过变式训练,开阔学生思路,提高学生解决问题的能力。变式训练发展学生的高阶思维,课堂的深度再次呈现。

知识运用:(典型例题)

画出△ BCD 关于直线 l 的成轴对称的图形。

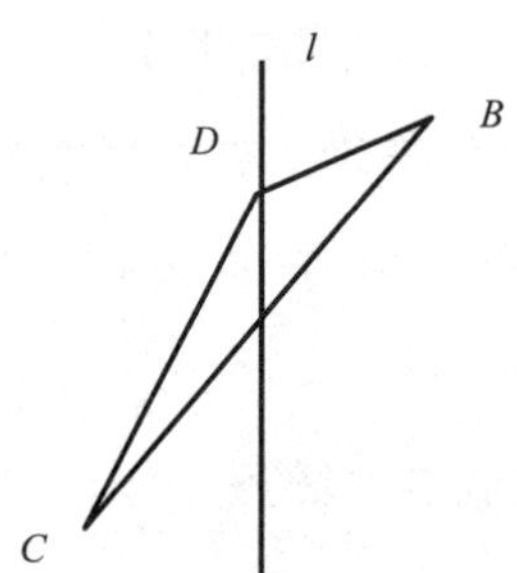

思考:

请总结:画多边形关于给定图形的方法和步骤。

设计意图:让学生明确画轴对称图形的步骤;由三角形引申到多边形,开发学生创造性思维。由特殊到一般,归纳轴对称图形的画法,体现知识的深度。

评价量表如下。

<table>
<tr><th>评价要素</th><th>评价标准</th><th>评价层级</th><th>不达标预判与补救措施</th></tr>
<tr><td rowspan="3">画简单平面图形（点、线段、直线、三角形、多边形等）关于给定对称轴的轴对称图形</td><td>能画出三角形、多边形关于给定对称轴的轴对称图形</td><td>优秀</td><td rowspan="3">不达标预判 20%；不达标原因是学生没有领会轴对称性质的实质；补救措施：小组学习，优秀生演示，教师点拨指导</td></tr>
<tr><td>能画出点、线段、直线关于给定对称轴的轴对称图形</td><td>达标</td></tr>
<tr><td>不能画出简单平面图形关于给定对称轴的轴对称图形</td><td>不达标</td></tr>
</table>

环节四：课堂检测

1. 下列说法中，正确的是（　　）。

A. 若 A、B 关于直线 MN 对称，则 AB 垂直平分 MN

B. 全等三角形是关于某直线对称的

C. 两个图形关于某直线对称，则这两个图形一定分别位于这条直线的两侧

D. 关于某直线对称的两个三角形是全等三角形

2. 画出△ ABC 关于直线 l 成轴对称的图形。

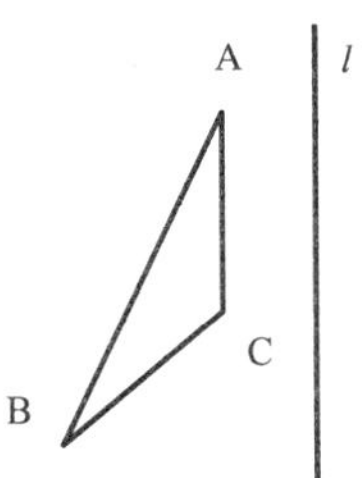

3. 如图，把正方形 $ABCD$ 对折，折痕为模 MN，把顶点 D 折到 MN 上的一点 P 上，折痕为 CE，再把顶点 A 折到 MN 上的同一点，折痕为 BF，请回答下列问题：

（1）线段 PC、PB 与正方形的边长有什么关系？

（2）$\angle CPB$ 的度数是多少？请说明理由。

（3）你还能知道哪些角的度数？请指出来。

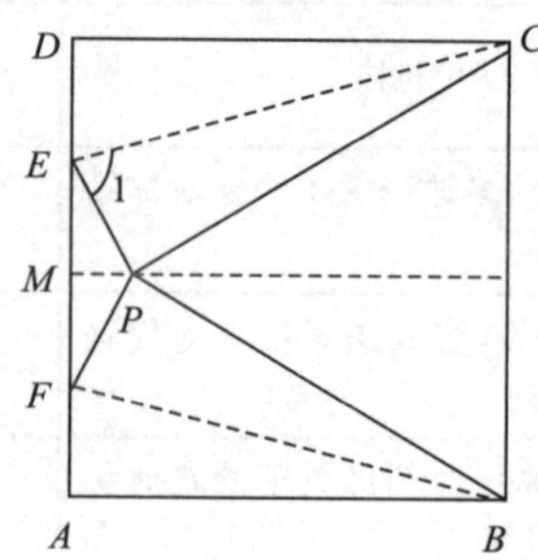

设计意图：课堂检测的题目设计全面，主要是检验学生本节课的学习效果，涉及了每一个学生，试题由易到难，层层深入，有梯度，需要学生思考，有深度，满足了不同层次的学生的要求，提升了学生数学素养，指向知识深度和梯度。

环节五：拓展应用能力提升

（选做：供学有余力的同学）

如图，要在自来水管道 a 上修建一个水站分别向 A、B 两个村子供水，请你在 a 上选择水站的位置 P，使铺设的管道最短。

B •

A •

a

设计意图：拓展提升是将军饮马的问题，是第四节的知识，但主要考察的还是轴对称，用本节的知识就能解决。所以说，熟悉教材，打乱教材的顺序，重新设计是完全可以的，课堂的深度再次呈现。

环节六：课堂小结

畅谈本节课你有哪些收获。（从知识、能力、数学思想等方面谈）

还有哪些疑问与困惑？

（1）知识层面：轴对称的性质。

（2）能力层面：运用轴对称的性质解决实际问题。

（3）数学思想：归纳推理思想、转化思想。

设计意图：通过学生自己去归纳总结，增强学生的主体地位，强化学生对知识的理解和掌握，让学生更加积极主动地参与到课堂学习中，实现课堂的高效度。

第三节　英语部分

Module 7 Unit 1《I Was Born in a Small Village》教学设计

寿光现代明德学校　王晓涵

【课程标准】

依据《义务教育英语课程标准》(2022年版)三级标准,本节具体对应的内容标准如下。

1. 理解和领悟词汇的基本含义,以及在特定语境和语篇中的意义、词性和功能。(语言知识——词汇)

2. 在语境中运用所学语法知识进行描述、叙述和说明。(语言知识——语法)

3. 理解记叙文语篇的主要写作目的、结构特征、基本语言特点和信息组织方式,并用以描述自己和他人的经历。(语言知识——语篇)

4. 在交际情境中,正确理解他人的情感、态度和观点,运用恰当的语言形式表达自己的情感、态度和观点。(语言知识——语用)

5. 围绕相关主题,用简短的表达方式进行口头交流,完成交际任务。(语言技能——表达)

课标解读:

1. 学生学什么?

本模块的主题是"My Past Life",学生需要依托文本,通过总听和分听,找出关于对话人过去生活的细节,体会他们对于自己过去生活的情感并使用目标词汇与含有be动词过去式的句式讨论和描述自己与他人的过去生活。

2. 学生学到什么程度?

(1)在语言知识层面,学生需要能在句子中认读词汇,读懂文章内容,根据教师微视频简介介绍自己的童年生活。(词汇、语法、语用)

(2)在语言技能方面,学生需要能通过总听,听出文章大意,借助分听技巧抓取文中重要信息和回答问题,能说出主要内容。(听、说)

(3)在情感态度和学习交际策略方面,学生能表述个人过去的生活并向他人介绍自己过去的生活;借助小组合作,积极参与讨论,并在交流中表达自己对过去生活的热爱。

3. 学生怎么学?

以实际生活情景进入话题学习,使用泛听和精听的听力策略获取关于Lingling和Tony的生活信息,以问题为导向思考体会文本所想表达的情感;借助小组讨论并结合自身生活经历,讲述自己与他人的过去生活。

【教材分析】

本单元选自外研版七年级《英语》下册第七模块,以“My Past Life”为话题。童年生活不仅是中学生感兴趣的话题之一,也是非常有意义的一个话题。本模块以此为话题,向学生介绍不同国家不同人物的童年生活,从而帮助学生开阔视野,了解不同国家的文化、教育以及生活等。

第一单元对话中,来自中国的Lingling和来自英国的Tony对自己的家乡、小学和小学老师做了介绍,内容虽然简单,却充满了情感,主要体现在对各自首任老师和朋友的评价上。

【学情分析】

1. 优势。

熟悉自己的出生地、第一所学校、第一任老师、最早的朋友这四个话题。

2. 障碍。

第一次学习一般过去时,时态和丰富的描述性词汇会给学生带来一定的阅读困难。如何恰当而自然地融入最终对话(即输出)中,也是课前预设的障碍。

3. 应知。

用be动词过去式was/were来描述自己和他人的过去生活。

4. 方法。

在Pre-listening中,由教师的电子相册切入,贴近生活。由当下生活回顾童年生活,构建话题语境,逐步展开话题词汇的构建。在处理教材对话文本时侧重目标句式的提问和联系,使学生进一步内化谈论个人过去生活这一话题的相关词汇、语句和情境。

【课程核心素养】

1. 语言能力。

通过本节课“My Past Life”的学习,学生能进一步发展语言意识和英语语感;理解difficult、good、friendly等重点词汇在具体语境中的意思并在语境中整合性运用所学知识,有效使用目标词汇和句子与同学进行交流。

2. 文化意识。

通过“采访同学，了解他人”的活动设计，提升学生的文明素养，涵养品格，增强人与人之间的共同体意识。

3. 思维品质。

通过本课程的学习，学生能建构本节课知识结构，概括出本节课主要是从 first school、first teacher、first friends 等方面去描述过去的生活；再就是通过深度思考下面问题进行思维训练：

（1）Adam was difficult in class；why did Tony still make friends with him?

（2）Do you think Tony should help Adam? Why?

（3）What do you think of Betty，Lingling，Tony and your classmates' past life?

（4）Why can they remember their past life so clearly?

学生能积极调动思维，分析思考，理性大胆地表达自己的观点，从而拓宽视野和思维广度，为形成良好的思维品质打下坚实基础。

4. 学习能力。

通过听力技巧的呈现和传授，学生能熟练掌握听力各题型的技巧并运用，从而找到适合自己的学习策略，努力提高英语听力效率，养成良好的听力和学习习惯。

【学习目标】

1. 借助词汇韵律歌和创设的语境，正确读出并识记 born、strict、primary、primary school、town、friendly、village、nice、good、difficult 等重点词汇并准确使用重点词汇初步描述自己过去的生活。

2. 通过听两篇听力材料，能够听出并听懂包含 be 动词的过去式（was / were）的句式和对话，正确完成对应题目。

3. 通过阅读对话，获取细节信息并能用 be 动词的过去式（was/were）流畅介绍自己和他人过去的生活。

4. 通过小组合作，谈论彼此过去的生活经历，增进同学之间的了解，产生对美好生活的热爱与向往。

【评价任务】

1. 通过 Words Chant，熟悉单词及其发音，并通过 Free Talk 使用目标词汇初步训练重点句型。（指向目标 1）

2. 通过小听力的泛听与精听，获取对话大意，设置分层问题，同桌互助探讨，逐步获取更多细节信息。（指向目标 2、3）

3. 通过大对话的泛听与精听，准确听出对话主题与细节信息，同桌合作，使用 be 动词过去式（was/were）的句式练习对话，并描述 Betty 和 Tony 的童年生活。（指向目标 2、3、4）

4. 通过小组合作探究，展示采访报告，正确使用含有 be 动词过去式（was/were）的一般疑问句和肯定句准确流畅地表达过去的生活。（指向目标 3、4）

【课程资源】

1. 教师过去生活的微视频。

2. 截取后的听力材料。

3. PPT。

【教学思想】

1. 本节课首先遵循了教学评一致性的教学思想，建立了以目标为核心的“三位一体”的教学设计，设计适切的学习目标，在教学中通过呈现评价任务、有效处理评价信息，恰当评价学生学习，保证学习目标、教学活动和评价的一致性，确保课堂任务的有效实施。

2. 本节课设计还遵循了五度课堂的理念，在教学过程中建设有温度、有深度、有梯度、有参与度、高效度的高效课堂：热身活动 Words Chant 设置具体语境，让学生在语境中认读重点词汇，活动的设计也极大地提高了学生的参与度；通过观看教师过去生活的视频，体现教师自身的温度；题目设计由易到难，由浅入深，遵循了学生思维发展的规律，体现了梯度；从文本内容表面信息挖掘出更深层次的问题，对学生情感态度进行引导，又体现了课堂的深度与温度；小组活动环节的开展保证学生的参与度；所有环节的有效实施确保了高效度的达成。

【教学方法与工具】

1. 教学方法。

（1）情景教学法：设定具体情境，以教师过去经历的微视频导入本节课主题“我的过去生活”，小组合作环节让学生扮演采访者与被采访者，了解彼此的过去生活。

(2)合作探究法:通过本单元问题设计,设置同桌互助与小组合作活动,共同探讨研究问题,得出答案。

(3)信息化教学法:通过多媒体设备的使用、视频的录取与剪辑和听力材料的截取,使教学内容信息化、条理化。

2. 教学工具。

纸质学案、多媒体、粉笔、黑板。

【教学过程】

环节一:Warming-up,词汇热身,引入主题

Words Chant.

Born, born, born, where were you born?

Town, town, town, it was my town.

Village, village, village, there was a village.

Nice, nice, nice, they were very nice.

Good, good, good, shc was always good.

Friendly, friendly, friendly, Tony was friendly.

Strict, strict, strict, my teacher was strict.

Difficult, difficult, difficult, John was difficult.

Primary, primary, primary, it was my primary school.

设计意图:Words Chant 具有韵律性,读起来朗朗上口,可调动学生积极性,活跃课堂氛围,提高课堂参与度。

环节二:Pre-listening,视频欣赏,激发兴趣

目标导学一:情境创设,回顾过去

Watch a video about teacher's past life. Answer the questions:

Where was I born?

What was my first primary school?

When was little Mile born?

Free Talk:

Where were you born?

What was your first primary school?

Who was your first English teacher?

设计意图:通过观看教师过去生活的视频,拉近学生与教师的距离,体现教师的温度,引发学生兴趣,初步引入本节课主题"我的过去生活"。

环节三:While-listening

目标导学二:对话内容获取+理解

Task 1:一听,选择你听到的三个词组。

设计意图:通过选词,把握文本大意,难度减小,遵循五度课堂中的梯度性特点。

Task 2:二听,选出正确句子,并改正错误句子。

1. Betty was born in the US.( )

2. Betty was born in a small town.( )

3. Betty's first school was a big school.( )

4. There were twenty-one students in Betty's class.( )

5. Betty's first teacher was strict.( )

Tip: While listening, look through the sentences quickly and pay attention to the details, such as names, numbers.

设计意图:以句子呈现听力内容,选正确句子并改正错误句子,难度递增,进一步训练学生思维。

Task 3:三听,选择正确的词完成填空。

Betty ________ in a small ________ in the ________. Her first school was John Adams ________. It wasn't a big school and it was very ________.

There were twenty students in her class. Ms Smith was her first teachers. She was ________ but she was also very ________ to them.

评价量表如下。

评价要素	评价等级及标准			评价等级
	A	B	C	
参与学习活动及内容要求	第一遍总听,正确选出三个词组,准确获取文章大意;第二遍精听,能够选出正确句子并改正;第三遍精听,能选择正确的词填空	基本能够运用听力技巧,正确选出两个词组;能够选出正确句子并改正部分错误句子;能够选对五个以上的词	不能正确运用听力技巧找出三个词组;能够找出正确句子但无法改正错误句子;能够选对三个词左右	
语言表达	逻辑清晰条理,语言表达流畅	较为简练,较有条理	表述不清晰,不够有条理	

设计意图:设置选词填空完成文本,降低听写难度,准确获取更多细节信息。

目标导学三:大对话主题获取 + 细节探究

Task 4: Conversation 第一听,选择正确答案(多选)。

What are they talking about?

A. Where they were born. B. First school.

C. First teacher. D. First house. E. First friends.

设计意图:听对话,设置多项选择题,让学生选出本对话谈论的主要内容,掌握主旨大意。

Task 5: Listen to Part 1 and choose the best answer.

1. Where was Lingling born?

A. In Shanxi Province. B. In Cambridge. C. In Shandong Province.

2. What was the name of Lingling's village?

A. Leicun. B. Xucun.

C. Xiacun. D. Micun.

3. Where was Tony born?

A. In America. B. In France. C. In Cambridge.

4. What was the name of Tony's first school?

A. Xucun Primary School.

B. Cambridge Primary School.

C. Darwin Primary School.

评价量表如下。

评价要素	评价等级及标准			评价等级
	A	B	C	
参与学习活动及内容要求	听力过程中能运用听力技巧准确抓取关键信息,积极思考,选出最佳选项,并能与同伴熟练练习相应对话	听力过程中能运用听力技巧抓取主要信息,能选对部分题目,并与同伴流畅练习相应对话	听力过程中不能运用听力技巧抓取关键信息,无法听出细节信息,不能与同伴进行相应对话交流	
语言表达	逻辑清晰条理,语言表达流畅	较为简练,较有条理	表述不清晰,不够有条理	

设计意图:根据文本内容的逻辑关系,将文本分为两部分,第一部分设置选择题,紧贴考试阅读理解的题型,便于学生获取细节信息。

Task 6: Listen to Part 2 and answer the questions.

1. Who was Tony's first teacher?

2. What was Tony's first teacher like?

3. What were Tony's first friends like? Becky was ________ but Adam was ________.

评价量表如下。

评价要素	评价等级及标准			评价等级
	A	B	C	
参与学习活动及内容要求	听力过程中,能正确选出四个主题,准确获取文章大意;能够选出正确选项并流利练习对话;能准确听出四个问题答案,并用完整句子流利说出	听力过程中,能听出三个主题;能够听出三个题目并能练习对话;能听出两个问题答案,并用句子表达	仅能听出两个主题,不能获取主旨大意;仅能选对两个题目,无法流利练习对话;基本听不出问题答案,也无法用完整句子表达	
语言表达	逻辑清晰条理,语言流畅	较为简练,较有条理	表述不清晰,不够有条理	

设计意图:第二部分设置问答题,难度加大,先易后难,体现了题目设计的梯度,随后同桌进行问答训练,持续输入,更加符合学生的思维习惯。

Deep Thinking:

1. Tony's friend was difficult in class. Why did Tony still make friends with him?

2. Do you think Tony should help Adam? Why?

评价量表如下。

评价要素	评价等级及标准			评价等级
	A	B	C	
参与学习活动及内容要求	大胆想象,积极思考,能从多方面回答问题并说出理由,并用完整句子流畅回答	主动思考问题,能从自身立场和生活实际出发回答问题,能基本说清理由	思考问题主动性欠佳,不能准确理解问题,也不能用完整句子说出理由	
语言表达	逻辑清晰,思维活跃,表述条理	较为条理,较清晰	表述不清晰,不够有条理	

设计意图:为让学生充分调动思维,深层次理解文本,设置了两个深度思考问题,深层次训练学生思维,体现问题设计的深度。

环节四：Post-listening，整体把握文本，梳理文章结构

目标导学四：听后说 + 小组合作，训练学生思维

Task 7: Read the passage and try to use sentences to retell.

	Born in	First school	First teacher and character（性格）	First friend（s）and character
Lingling	Xucun. A small____ in Shanxi Province.	/	Ms Yao. She was very ____.	/
Tony	In Cambridge. It's a small____ in England.	Darwin Primary School	Mrs Lane. She was ____, but very nice.	Becky was very____but Adam was quite____.

设计意图：为让学生把握文本整体，设置根据表格框架复述文本信息，降低复述难度，体现梯度；同桌合作，更利于学生准确复述。

Task 8: 小组合作，采访你组内的同学，撰写一篇采访报告并进行展示。

XXX's past life

Hello，everyone！This is my classmate.

His/Her name is ________. He/She was born in ________.

He/She loves his/her past life.

评价量表如下。

评价要素	评价等级及标准			评价等级
	A	B	C	
参与学习活动及内容要求	结合思维导图，了解同学多方面的过去生活，并生成采访报告，积极参与小组活动，能用 6～8 句话完整流畅地分享自己的采访报告	结合思维导图，能介绍同学过去生活的 3 个方面，参与小组活动，能用 4～5 句话较为完整地分享自己的采访报告	结合思维导图，能介绍同学过去生活的两个方面；小组活动参与少，能用 1～3 句话完整分享采访报告	
语言表达	逻辑清晰，有条理，语言表达流畅	较为简练，较有条理	表述不清晰，不够有条理	

设计意图：通过小组合作，增强课堂趣味性和团队合作意识，在掌握本节课语法知识 be 动词过去式 was/were 用法的同时，提高学生参与课堂的积极性，体现了五度课堂中的参与度。

环节五：情感升华，引领正确价值观

Thinking：

1. What do you think of Betty，Lingling，Tony and your classmates' past life?

2. Why can they remember their past life so clearly?

3. What should you do to have a better future?

教师引入情感部分，引起学生共鸣：

"You cannot change your past，but you can work hard to make your moment and future much better."

"你不能改变你的过去，但你可以现在努力学习，让你的现在和未来变得更美好。"

设计意图：设置深层次问题，以此调动学生思维，引导学生珍爱友谊，努力学习，热爱生活，紧扣五度课堂中的温度与深度两个维度。

环节六：Homework 分层作业

For all：Retell Tony's and Lingling's past life according to the table.

For some：Write a short passage to introduce your past life.

设计意图：分层次设置作业，以满足不同水平的学生需求，体现梯度。

• Module 6 Unit 1《Do You Collect Anything?》教学设计 •

寿光现代明德学校 王晓霞

【课程标准】

本节所依据的课程标准是《义务教育英语课程标准》（2022 年版）三级标准，具体对应的内容标准如下。

1. 理解和领悟词汇的基本含义以及在语篇中的意义。（语言知识——词汇）

2. 了解句子的结构特征，在口语中理解所学语法的形式，并在语境中运用所学语法知识进行描述、叙述和说明等。（语言知识——语法）

3. 在交际情境中，正确理解他人的情感、态度和观点，运用恰当的语言形式表达自己的情感、态度和观点。（语言知识——语用知识）

4. 获取和梳理口语语篇的主旨要义和关键细节；在收听主题相关、语速较慢的广播时，识别主题，理解大意，获取主要信息。（语言技能——理解技能）

5. 在特定的情境中引出主题，用所学语言与他人进行口头交流，有效询问，恰当表达，完成交际任务；能以口语的形式简要转述语篇的主要内容和观点。（语言技能——表达技能）

课标解读：

1. 学生学什么？

本模块以爱好为主题，本单元主要讲述个人的收集爱好。学生需要通过听力素材，获取有关个人收集爱好的细节信息，并结合实际生活，运用所学句型描述自己及他人的收集爱好，理解收集的目的和意义。

2. 学生学到什么程度？

(1)在语言知识方面，学生能够借助语境和对话认读词汇，通过教师的示范能用简单句来描述自己的爱好。（词汇、语法、语用）

(2)在语言技能方面，学生需要通过泛听对话，听懂有关爱好的谈话并能从中提取和记录关键信息，借助精听对话理清描述个人爱好的三个方面（what、where、why），能完整地复述他人的收集爱好；借助文本阅读，归纳收集的真正意义所在。（听、说、读）

(3)在主题和学习策略方面，学生能简单介绍自己的爱好；通过小组合作积极参与交流，能从 what、where 和 why 三个方面来描述社团活动，向他人表达收集的意义所在。

3. 学生怎么学？

根据学生已有知识水平，能够运用简单句谈论自己的爱好。通过文本听力与练习，掌握描述爱好的句型和对话结构；通过文本理解和问题设计，理清文本脉络结构，能从 what、where 和 why 三个方面来表述自己及他人收集爱好；通过文本学习，了解不同的人有着不同的爱好，这与其不同的历史和文化有关，从而培养学生的文化意识。

【教材分析】

本模块谈论的是爱好，贴近学生生活。爱好的培养，对青少年的健康成长有着重要意义。Unit 1 的对话讲述 Betty、Tony 到玲玲家做客，由玲玲展示收藏的扇子而展开的关于爱好的交流和讨论。三名学生都介绍了他们的共同爱好——收藏，但是藏品不一样：玲玲收藏扇子，Betty 收藏钱币和邮票，Tony 收藏车票。最后大家一起讨论了收藏的意义——收藏的意义不在于藏品的价值，而在于它们给人们带来的回忆。对话的内容从 what、where 和 why 三个方面对收集进行了描述，为语言输出做准备。

Unit 1 为听说课，以练习整个模块所涉及的重点句型为主，让学生对“爱好”这一模块话题的脉络结构进行一定的了解，从而能对个人及他人爱好进行描述，为 Unit 2 读写课中阅读文本和爱好这一话题的写作奠定了基础。

【学情分析】

1. 优势。

每个人都有自己的爱好，在这个话题下，学生之间很容易进行交流；学生也具备了一定的知识储备，能对自己的爱好进行简要描述。

2. 障碍。

准确使用简单句句型结构，组织恰当的语言对自己的爱好进行描述。

3. 应知。

正确掌握简单句的基本结构，并会用简单句 I collect...，my hobby is collecting... 来描述自己的爱好。

4. 方法。

通过泛听、精听及听后读、听后复述，结合不同梯度的问题设计，梳理出描述爱好的三个方面并进行关于自己及他人爱好的描述。

【课程核心素养】

初中英语课程素养包括语言能力、文化意识、思维品质和学习能力四个方面，针对本单元“Do you collect anything?”的主题，四个方面都有所体现。

1. 语言能力。

课堂将听、说、读、练有机结合，结合层层递进问题梯度设计，在学习任务中渗透听、说测试题型，充分锻炼学生的语言能力。

2. 思维能力。

从最开始简单的个人爱好描述，到最后从文本结构中 what、where、why 三个方面进行收藏整体描述，以及听后文本阅读对问题的深入思考，都能有效提高学生的思维品质。

3. 文化意识。

通过文本学习，提炼对话中的情感元素，了解不同的人收藏不同，理解不同国家文化不同，塑造学生的文化品格。

4. 学习能力。

两两合作和小组合作贯穿整堂课，保证学生的参与度，从而提高学生的学习能力。

【教学目标】

1. 通过 Words Chant 语境，正确朗读并理解下列词语（fan、stamp、shelf、coin、note、pound、dollar、value、valuable）在语境中的意思，为获取、理解信息奠定基础，能简单谈论自己的爱好。

2. 通过小听力文本对话，能正确地选择对话中个人收藏的不同物品并记录关键信息。

3. 通过大听力文本对话，准确地用关键词说出大意，学习表述个人收藏爱好的方式并能从 what、where、why 三个方面简述对话内容。

4. 通过阅读和学习文本，总结出不同的人有不同的收藏爱好，能体会收藏过程带来的快乐，从而发现生活中的美，热爱生活。

【评价任务】

1. 正确地朗读 Words Chant 中的内容；两两合作，与同伴流畅谈论自己的收藏爱好。（检测目标 1）

2. 获取文本重要信息，选择个人收藏爱好的不同信息并完成填空和复述句子。（检测目标 2）

3. 获取文本细节信息，正确填写表格内容并从 what、where、why 三个方面对他人的收藏爱好进行描述。（检测目标 3）

4. 自主阅读文本，深入挖掘文本信息。（检测目标 4）

5. 小组合作，探讨如何从 what、where、why 等方面来为社团出谋划策。（检测目标 4）

【课程资源】

课本、教师及学生的经历、关于收藏的网络视频、外研 K12 文本视频素材、PPT 课件。

【教学思想】

1. 根据教学评一致性的思想，将听、说、读、练有机地结合起来，学生在获取、理解文本大意的基础上，训练重点句型并能流利表达。

2. 在学习任务中渗透听说测试题型，充分利用课堂时间锻炼学生的语言运用能力和思维能力。

3. 结合学校五度课堂理念，教师将课堂设计成收集糖果比赛并在课堂中示范自己经历，既与文本主题相关，又将课堂用一条主线贯穿，体现课堂温度；学习过程中文本内容与深度思考相结合，问题采用由易到难、层层递进的梯度设计形式；小组合作环节贯穿始终，保证学生参与度；在保证文本信息处理的基础上，挖掘文本背后信息，体现课堂的深度；课堂的有效实施是对效度的最好阐释。

【教学方法与工具】

1. 教学方法。

（1）情景教学法：教师事例示范并将课堂设计成“收集比赛”形式，对文章主旨理解更深刻。

（2）交际教学法：问题设计有层次性并让学生进行多种练习，充分锻炼学生的语言运用能力和思维能力。

（3）探究合作法：两两合作和小组合作结合，激发学生兴趣，学生对所学知识进行进一步探索、研究。

2. 教学工具。

PPT、智能白板、学习任务单。

【教学过程】

环节一：Words Chant 及课堂规则，激发兴趣，调动积极性

1. 导入。

Words Chant.

Happy Speaking

Fan，fan，fan，I like fans.

Stamp，stamp，stamp，show you my stamp.

Shelf，shelf，shelf，cars are on the shelf.

Coin，coin，coin，she always collects coins.

Note，note，note，there are many notes.

Pound，pound，pound，we call it British pound.

Dollar，dollar，dollar，it is the US dollar.

设计意图：借助图片和句子让学生理解词汇的意思，为后面听力做铺垫；以 Words Chant 的形式进行，有助于提高学生的专注力，提高学生的积极性，体现课堂的温度。

（检测目标 1：让学生在语境中正确地读出单词）

2. 课堂规则及形式要求。

Collecting Candies Competition（收集糖果大赛）

Class Rules

（1）Answer one question，get one candy.（回答 1 个问题，会获得 1 个糖果）

（2）Finish a challenge，get two candies.（完成 1 个挑战，会获得 2 个糖果）

（3）Finish a group work，get five candies.（完成 1 个小组活动，会获得 5 个糖果）

（4）The best group will get twenty candies.（最后获胜的小组，将获得 20 个糖果）

设计意图：将课堂设计成比赛形式，既与主题收藏有关，通过糖果调动学生的积极性，也使课堂有主线贯穿，体现课堂的温度。

环节二：Warming-up，引入主题，活跃氛围，为听力做铺垫

目标导学一：爱好话题的讨论

（一）呈现评价任务（PPT 展示教师的收藏爱好）

My hobby is collecting notes，especially one yuan notes（what）. When I was young，my father always gave me the money as pocket money（零花钱）（where）. It is not because they are valuable，but because they are my father's love. I feel I am so rich，because it has brought me happiness and I have collected the love of my father（why）.

Work in pairs：discuss your hobby.（学生谈论自己的爱好）

—What's your hobby?

—My hobby is collecting ...

—Why do you enjoy your hobby?

—Because...

设计意图：通过教师示范，引起学生共鸣，营造平等、共享的师生成长共

同体课堂。

（检测目标1，通过问答练习，能与同伴谈论自己的收藏爱好）

（二）执行评价任务

结合自己的爱好，同桌合作完成问题。

（三）交流学习成果

1. 举手回答，其他同学认真倾听。

2. 在学生分享的过程中，教师引导学生正确完整地表达自己的爱好。

评价量表如下。

评价要素	评价等级及标准			评价等级
	A	B	C	
内容要求	正确运用问答练习来描述自己的收藏爱好	用简单句描述自己的收藏爱好，句子结构正确	能描述自己的收藏爱好，句子结构较完整	
语言表达	句意完整，表达清晰，有条理	句意较完整，表达较为清晰，较有条理	句意不够完整，表达基本清晰	

设计意图：以教师的收藏爱好导入主题，让学生对自己的爱好有清晰理解的同时，增强了积极性。借助图片和对话，通过合作学习，完成关于自己爱好的讨论，体现课堂的参与度。

环节三：Pre-listening，激活已学知识，听、说、读有机结合，锻炼学生语言能力

目标导学二：文本信息输入及理解

小听力

（一）呈现评价任务

1. Task 1。

Listen and find out who collects the things in the pictures.

（Tip 1：听力之前先读题，听时注意关键词）

Name	Tickets	Stamps	Cars	Fans	Postcards
Tony					
Tony's dad					
Tony's mum					

2. 听后复述句子。

Tony collects...

Tony's dad collects...

Tony's mum collects...

设计意图:通过听力,抓关键信息。听后说句子,利用小听力获得的信息使用重点句型进行练习,双层面巩固。

通过听、练结合,让学生在理解文本大意基础上,巩固并掌握重点句型,进行知识输入,为后面输出做准备,强化语言运用能力。不同的课堂评价形式也有助于提高学生的专注度,体现课堂的温度和梯度。

(检测目标2:通过听文本,能选出关于个人收藏爱好的不同信息)

3. Task 2。

(1) Listen again and fill in the blanks.

Tony's mum wants him to ________ his room, so Tony needs to find a place to ________ his toy cars. It is not ________ because he has got many toy cars. Tony's dad collected cars when he was young and he also collected stamps. Stamps are too expensive ________for Tony so he collected tickets. Tony's mum collected ________ fans and postcards.

(2) 听后读文本(上述题目中文本)。

(3) Challenge: Listen to the sentences and repeat.

(Tip 2: 听的过程中快速记录下关键词)

① Can you tidy up your room, please?

② I've got so many toy cars now.

③ Stamps are too expensive for me.

设计意图:

(1)再听抓细节信息,听前确定所缺单词的词性,听时抓住前后的关键词。

(2)听后读文本,熟悉对话内容,为后面复述句子做铺垫。

(3)结合人机对话题型,听句子并复述。

(检测目标2:记录关于个人收藏爱好的细节信息,并复述文本重点句子)

(二)执行评价任务

听文本,感知文本大意,一听获取主要信息,复述文本重点句型;二听获取细节信息,听句子并复述。

(三)交流学习成果

1. 完成表格和填空,注意提示信息和做题方法,学生举手回答,其他学生认真倾听,找出不同点进行补充。

2. 齐读句子和文本,教师找出文本中读音易出错的单词并及时纠正。

3. 训练人机对话题型。

评价量表如下。

<table>
<tr><th rowspan="2">评价要素</th><th colspan="3">评价等级及标准</th><th rowspan="2">评价等级</th></tr>
<tr><th>A</th><th>B</th><th>C</th></tr>
<tr><td>内容要求</td><td>正确理解文本大意并记录细节信息</td><td>理解文本,能记录大部分信息</td><td>基本能理解文本意思,记录小部分信息</td><td></td></tr>
<tr><td>语言表达</td><td>正确读文本并完整复述句子</td><td>基本准确地读文本,能复述句子大概内容</td><td>能够读完整个文本,记录下句子中的关键词</td><td></td></tr>
</table>

设计意图:由易到难、层层递进的任务设计,在关注问题的层次性和启发性的基础上,将听、练、读、说有机结合,让人机对话题型渗透在平常课堂中,既巩固了文本知识,也让学生重视人机对话题型,从而引导学生有高投入的学习状态,体现课堂的梯度和参与度。

环节四:While-listening,文本理解与深度思考结合,理清脉络,锻炼思维能力

目标导学三:文本理解及思维能力培养

大听力

(一)呈现评价任务

Task 1: Listen and choose.

1. What are they talking about?

A. Stamps. B. Hobbies.

C. Fans. D. Tickets.

2. People also collect things to ____.

A. care the value(价值)

B. do something with them

C. remember something important in their lives

(检测目标 3:听文本获取重要信息,并正确选择)

Task 2: Listen and complete.

Name	What	Where	Why
Lingling	collect ________	people give her fans as ______	because she ________
Betty	collect ________	from ________	
Tony	collect ________		when he looks at them, he remembers some ________

Challenge: Choose one person's hobby to retell.

设计意图:

(1)听对话大意,从话题层面整体把握文本。

(2)从 what、where、why 这三个方面抓取细节信息,为复述个人爱好做准备。

(检测目标 3:听文本获取细节信息并会从上面三个方面描述个人爱好)

(二)执行评价任务

听文本,一听感知文本大意,二听获取细节信息,梳理文本结构。

(三)交流学习成果

1. 完成选择和表格,学生举手回答,其他学生认真倾听,找出不同点进行补充。

2. 教师带领学生梳理文本结构,学生复述文本内容,教师引导学生正确完整地描述个人爱好。

评价量表如下。

评价要素	评级等级及标准			评价等级
	A	B	C	
内容要求	正确记录不同的收藏品、原因和途径	完整记录不同的收藏品、原因和途径	简单记录关于个人爱好描述的信息	
语言表达	能完整从三个方面描述个人的收藏爱好,语言流畅清晰	能基本描述个人的收藏爱好,语言清晰	根据例句简单描述个人收藏爱好	

设计意图:先了解文本主旨大意,然后获取细节信息,再梳理文本结构,多样化的评价任务,有利于帮助发展学生的高阶思维。学生有了足够的输入后,能更加有效地输出,体现课堂的温度和梯度。

目标导学四：读后思考，深入挖掘文本信息

Task 3：Read and think.

1. Whose hobby costs less money? Why?

2. The value isn't always important. What is important?

设计意图：听后读文本，深层挖掘文本信息并思考。让学生带着问题阅读文本，能促使学生形成高层次的认知结构，体现课堂的深度。

（检测目标 4：能在文本中找出问题答案，并结合文本及真实感受，知道收藏爱好的真正价值所在）

环节五：Group Work，能力提升，活学活用

（一）呈现评价任务

学校“小小收藏家”社团活动要招募会员。如果你是该社团的团长，你会如何进行宣传让同学们加入其中？

内容：

该社团收藏的物品是什么？（what）

在哪些地方能收藏到该物品？（where）

为什么要选择这个社团活动？（why）

设计意图：小组合作，结合实际生活情境，从 what、where、why 三方面输出所学知识。

（检测目标 4：准确、流利地描述自己社团的招募活动）

（二）执行评价任务

通过前面内容的学习，根据提示中的三个方面，小组合作探究完成任务。

（三）交流学习成果

小组集体展示，其他小组成员认真倾听，教师注意学生展示中出现的错误并及时纠正。

评价量表如下。

评价要素	评价等级及标准			评价等级
	A	B	C	
内容要求	要点全面；句意完整；内容说服力强	要点全面；句意基本完整；有较强说服力	至少两个要点；句意基本完整	

续表

评价要素	评价等级及标准			评价等级
	A	B	C	
语言表达	全面描述自己社团的藏品及其途径和意义	流利地描述自己社团的藏品及其途径和意义	从提示中的两方面来描述自己社团的收藏活动	

设计意图：学生从所学的三个方面描述社团活动，一是对前面所学知识的输出，二是锻炼学生的语言组织能力和表达能力。小组合作的形式，使学生体会到相互合作、平等交流和友爱的意义与价值，促使学优生和后进生共同发展，体现课堂的参与度。

环节六：Summary，情感升华，提炼情感提升元素

In our life，all things are worth being collected. We can get happiness，pleasure，love from the process of collecting and work hard for it.（收藏物品的过程，也是收藏快乐和付出努力的过程。）

设计意图：通过学习和课堂收藏大赛，深入感知爱好的真正价值所在。在学习文本知识的基础上，注重学生情感能力的培养，体现课堂的温度。

（检测目标 4：能够体会收藏过程中的快乐）

环节七：Blackboard Design，重点句型与文本脉络结构呈现

重点句型：I collect...

My hobby is...

例句：

What：Lingling's hobby is collecting fans.

Where：People from all over the world give her fans as presents.

Why：Because she likes them.

设计意图：板书呈现重点句型与文本脉络结构图，学生更易理解课堂所学知识。

Module 7 Unit 2《I Was Born in Quincy》教学设计

寿光现代明德学校　赵晓敏

【课程标准】

本节所依据的课程标准是《义务教育英语课程标准》(2022年版)三级标准，具体对应的内容标准如下。

1. 能够理解领悟词语的基本含义，在语境中运用所学语法知识进行描述、叙述和说明。(语言知识——词汇、语法)

2. 理解记叙文语篇的主要写作目的、结构特征和信息组织方式，并用以描述自己和他人经历。(语言知识——语篇)

3. 能正确理解他人的情感态度和观点，运用恰当的语言形式表达自己的情感态度和观点。(语言知识——语用)

4. 提取、梳理、分析和整合书面语篇的主要或关键信息。(语言技能——理解性技能)

5. 围绕相关主题，用简短的表达方式进行口头交流，完成交际任务。(语言技能——表达性技能)

课标解读：

1. 学生学什么？

本模块的主题是“My Past Life”，本单元以Betty的口吻讲述了她在美国的家乡昆西小镇的生活。学生需要依托文本，通过泛读和精读找出关于Betty过去生活的细节，体会Betty对家乡、家人和朋友的情感，借助实际语境，使用目标词汇描述和讨论自己的过去生活，珍惜当下。

2. 学生学到什么程度？

(1)在语言知识层面，学生需要能在对应的人与自我的主题下，借助句子认读词汇，读懂文章内容，根据教师示范正确使用一般过去时介绍自己的童年生活。(词汇、语法、语用、语篇)

(2)在语言技能方面，学生需要能通过文本阅读，找出文章大意，理解文本内容；借助深层阅读抓取文中Betty家乡的重要信息并回答问题，能理解主要内容，梳理出文章结构。(说、读)

(3)在主题和学习策略方面，学生能表述个人过去的生活并向他人介绍自己过去的生活，借助小组合作，积极讨论参与，在交流中表达自己对家乡的热爱。

3. 学生怎么学?

以实际生活情景进入话题学习,使用泛读和精读的阅读策略获取关于Betty的生活信息;以问题为导向思考体会文本所想表达的情感;结合自身生活经历,讲述自己的过去生活。

【教材分析】

本模块以"My Past Life"为话题,通过对话和课文呈现了中外学生对于自己童年的回忆。本节是第七模板 Unit 2 阅读课,分为两个课时。本课是第一课时,侧重对 Betty 过去生活细节信息的获取和学生自身过去生活的表达。

本单元以 Betty 的口吻讲述了她在美国的家乡昆西小镇的生活。这篇文章介绍的主要是个人生活,从社会、家庭、朋友的角度来对 Betty 在昆西的生活进行描述。第一、二段描述了昆西的社会生活,镇上有电影院、商店等,还出过两位总统;第三、四段描述了 Betty 的家庭生活。我们可以读到 Betty 的家是什么样子,甚至能了解她房间的装饰。最后一段描述了 Betty 与朋友的交往。与此同时,课文中也融入了 Betty 这个12岁女孩纯真的情感。热爱家乡,她为家乡而自豪,两位美国总统都出自她的家乡。她喜欢童年的快乐生活,想念家乡的朋友。

【学情分析】

1. 优势。

Unit 1 对于出生地、第一所学校、第一任老师、最早的朋友及其特征等与过去生活相关的话题进行了描述和学习。

2. 障碍。

如何读懂描述过去生活的文章?如何条理清晰地介绍自己的过去的生活?

3. 应知。

能够用 be (was/were)描述自己的过去生活。

4. 方法。

通过快读和精读的阅读技巧,结合不同方面和不同深度的问题设计,梳理出 Betty 的过去生活,并进行自我童年生活的描述。

【课程核心素养】

初中英语课程素养包括语言能力、文化意识、思维品质和学习能力四个方面。针对“My Past Life”的主题，本节课侧重语言能力、文化意识和思维品质的培养。

1. 语言能力。

有效使用口语表达意义，进行人际交流。针对本节课，借助略读和精读的阅读技巧和题目训练，培养学生阅读和理解短文的能力，并借助目标句式“be（was/were）+...”的反复使用和练习，提高学生表述自己童年生活信息的语言能力。

2. 文化意识。

通过读后思考问题的设计，引导学生由 Betty 对于家乡的自豪和怀念之情联系到自身，找寻自己家乡引以为傲的景点、人物，以及曾经的朋友。

3. 思维品质。

分析、推断信息的逻辑关系，正确评判各种思想观点，创造性地表达自己的观点。通过文章内容分段讲解，帮助学生梳理并明晰文章结构；通过分析概括，培养学生的逻辑思维；借助深度思考帮助学生体会 Betty 对于过去生活的感情，通过推理、评价并结合自己的实际生活表达自己的想法和感情。

【教学目标】

1. 通过创设的语境，熟读并能识记描述过去生活的单词 born、primary、village 等和句型 It was/were... 以及 There was/were...。

2. 运用略读、扫读、精读等阅读技巧，能够准确获取文章内容，从 hometown、home 和 friends 三方面描述 Betty 的过去生活。

3. 通过文章结构分析和语境，能够准确借助 I was... / there be（was/were）... 句型用 4 ～ 5 句话描述自己和他人过去的生活。

4. 通过谈论过去的经历和对童年生活的描述，增进同学之间的了解，分享自己的美好回忆，珍视友情，热爱家乡，活在当下。

【评价任务】

1. 课前熟读单词，通过问答练习的提示，与同伴流畅地谈论自己的过去生活。（指向目标 1、3）

2. 快速阅读，获取文章大意，能正确匹配段落关键词。（指向目标 2）

3. 分段处理，准确获取 Betty 关于 hometown、home、friends 三方面的细节信息，并能够说出每部分 Betty 表达的情感。（指向目标 2、4）

4. 通过总读文本，总结文章结构，借助提示和 be（was/were）描述自己的童年生活。（指向目标 3、4）

【课程资源】

1. 5 ～ 8 张教师过去生活的真实照片。

2. 寿光著名人物贾思勰、仓颉的图片和文字简介。

3. PPT、黑板磁吸贴。

【教学思想】

结合五度课堂理念，通过 Free Talk 及讲解过程中师生过去生活的分享增进了解，通过每段的读后思考，渗透情感教育，引发学生对家乡、家庭和朋友的自豪、思念之情，体现课堂的温度。借助不同难度的问题设计和活动任务，逐步展开文章内容，体现课堂的梯度和深度，同时为不同层次的学生提供回答问题的机会、小组合作，体现课堂的参与度。通过温度、梯度、深度、参与度的有效结合达成本节课的效度。

【教学方法与工具】

1. 教学方法。

（1）情景教学法：导入环节借由收到 Betty 关于过去生活的邮件展开文本阅读；在阅读中假设自己是 Betty，见到朋友会说些什么、做些什么；输出环节基于真实问题情境的“追忆过去，我说我童年”主题讲述活动，让学生在情境中学习和感悟。

（2）合作探究法：Deep Thinking 环节的设置让学生展开两两合作，输出环节小组合作，让学生互相交流，给予学生表达自己、练习语言并相互学习的机会。

（3）信息化教学法：利用多媒体教学，实现教学内容清晰、直观。

2. 教学工具。

纸质学案、多媒体、粉笔、黑板。

【教学过程】

环节一：词汇 Words Chant 热身，调动积极性

Quincy，Quincy，Quincy，her town was Quincy. Bathroom，bathroom，bathroom，there was a bathroom. Kitchen，kitchen，kitchen，mum was in the kitchen. Coast，Coast，Coast，Quincy was on the east coast. President，president，president，there were two presidents. Garden，garden，garden，trees were in the garden. Comfortable，comfortable，comfortable，our life was comfortable.

设计意图：在语境中熟悉和认读单词，歌谣形式有律动感，参与性强，有效调动课堂学习氛围，体现温度的同时提高学生的学习参与度。

环节二：Pre-reading，话题讨论，激发阅读兴趣

目标导学一：创设语境，畅所欲言

1. With the help of pictures，share the teacher's past life.

2. Free Talk。

Where were you born?

Who was your first teacher?

What was the name of your first school?

Who were your first friends?

What were they like?

设计意图：

（1）用多彩的图片内容向学生介绍教师自己过去的生活，激发了学生对本节课学习内容的兴趣，为下面活动中提高学生参与度做准备。

（2）Free Talk 紧扣话题，结合问题提示，自由交流自己的童年生活，回忆美好，初步感知一般过去时，为展开阅读做好铺垫，体现活动的温度。

评价要素	A	B	C	自评	组评
内容要求	标准流畅地朗读 Words Chant，用完整的句子清晰地表述自己的过去生活的三四个方面	基本能跟随节奏朗读 Words Chant，能大体说出自己过去生活的一两个方面	能够读出单个词汇，只能用短语或词汇描述自己过去的生活		
语言表达	逻辑清晰条理，语言表达流畅，语音语调标准	较为简练、条理，语音语调不标准	表述不清晰，不够条理		

环节三：While-reading，语篇阅读，由总到分，逐层深入

目标导学二：整体把握文本，明确文章结构

Task 1：Read the whole passage and match.

Para.1 A. The garden of our house

Para.2 B. Quincy Town

Para.3 C. Two presidents of the USA

Para.4 D. My old friends

Para.5 Our house in Quincy

设计意图：速读全文，匹配段落大意，培养学生通过关键词把握大意、抓住文章主体的阅读技能。

借助关键词圈画，在原文中给文章划分结构。

设计意图：增加划分文章结构，整体把握文章大意和脉络，为下面的阅读部分做好准备。借助段落大意划分文章结构，由段落到语篇，层层展开，体现活动设计的梯度。

评价要素	A	B	C	自评	组评
内容要求	运用略读和跳读的阅读技巧，圈画关键词，正确匹配段落大意；能把文章分为三部分，正确划分段落结构	基本能够运用略读和跳读技巧，能正确匹配两个段落的段落大意；能够把文章分为三部分，找到关键词	不能运用略读和跳读的阅读技巧；能够把文章分为三部分，找到关键词		
语言表达	逻辑清晰条理，语言表达流畅	较为简练，较有条理	表述不清晰，不够有条理		

目标导学三：问题导向，细读文本；拓展思维，深入理解

Task 2：Part 1—Read Para. 1 & Para. 2 carefully and choose the best answer.

1. Where is Quincy?

A. On the west coast of America.

B. On the east coast of America.

C. On the south coast of America.

2. What things could Betty do in Quincy?

A. Go shopping. B. See a movie.

C. Play football. D. Above all.

3. How was the writer's feeling in Quincy?

A. Unhappy. B. Bored. C. Happy.

4. What else could we do in Quincy?

A. To meet the two presidents.

B. To visit the presidents' old family houses.

C. To see a movie with the president.

设计意图:精读第一、二段,读前预览问题,带着问题读文本,完成关于Betty家乡的四个细节问题。帮助学生养成读前预览问题的阅读习惯,获取关于家乡的信息。

读后说:根据以上问题用句子介绍Betty的家乡。

1. Quincy is on the east coast of America.

2. There were lots of things to do in Quincy.

3. Betty was happy there.

4. Two presidents were born there.

5. We can visit the presidents' old family houses.

设计意图:结合问句,让学生用完整的句子表述问题答案,培养学生用句子回答问题的能力和语感,同时让学生在造句时练习使用一般过去时。

Thinking:

1. Why did Betty mention(提及)the two presidents?(拓展Quincy的信息)

2. Do you know famous people in Shouguang?(Pair work)

设计意图:

(1)问题引导,深度思考。帮助学生感悟和理解Betty对于家乡的骄傲和自豪之情。同时结合实际,引发学生对自己家乡的了解和自豪之情。

(2)读前、读中、读后问题难度逐步提升,从语篇细节问题到概括复述,再借助问题指向学生自己的家乡,体现课堂温度;同时,注重问题设计的层次性和深度。

Task 3: Part 2—Read Para. 3 & Para. 4 again and fill in the blanks. Then describe Betty's house with the blank.

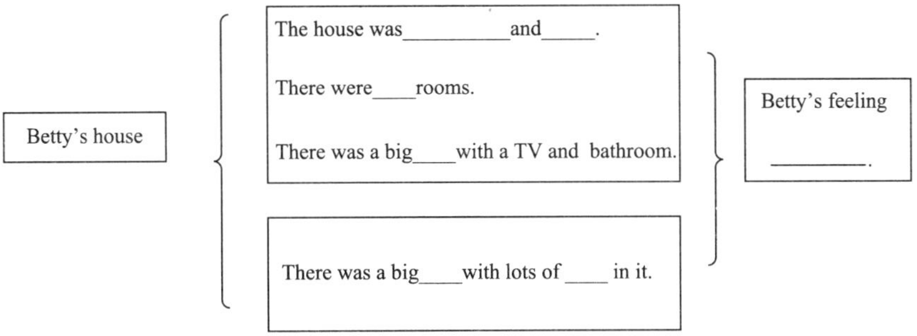

Betty's house

The house was_________and_____.

There were____rooms.

There was a big____with a TV and bathroom.

There was a big____with lots of ____ in it.

Betty's feeling

_________.

读后说：根据思维导图或 Betty 房子的图片复述 Betty 房子的信息。

设计意图：

(1)以框架结构和填空的形式呈现Betty房子介绍的主要方面，清晰明了，侧重本单元重点形容词和名词，同时对 There was/were 句式进行重复巩固。

(2)读中活动设计考虑到中下游学生的阅读需要，设计了思维导图等形式，读后活动为学生提供文字提示复述和图片描述两个不同难度的复述，体现问题设计的梯度。

Task 4：Read Para. 5 and answer the question.

What does Betty want to tell readers in the last paragraph ?

Imagine（想象）：If you go back，what will you share with your old friends?（老朋友相见，你会跟他们分享什么？）

设计意图：问题导向，引导学生找出 Betty 想回去的愿望和再见朋友的心情。由此回到学生身上，让学生畅想自己回去后会说些什么、做些什么。开放的题目设置，帮助学生大胆表达自己的想法，也为最终珍惜友谊、热爱当下的情感做好铺垫，注重情感渗透，体现了课堂的温度。由文本问题指向学生自身，层层递进的活动设计，达到拓展学生思维的效果，体现了课堂的深度。

评价要素	A	B	C	自评	组评
内容要求	精读每段，根据问题提示，完整清晰地写出正确答案；能够用完整的一两个句子表述 Betty 所表达的情感	能阅读每段文本，根据问题提示，基本能写出答案的关键短语或关键词；基本能用简单的句子结构表述 Betty 所表达的情感	能通过阅读圈画出答案的依据，但不能用句子表述；不能用简单的句子结构表述 Betty 所表达的情感		
语言表达	逻辑清晰条理，语言表达流畅	较为简练，较有条理	表述不清晰，不够条理		

环节四：Post-reading，整体感知，梳理文章脉络，实战提升

目标导学四：基于文本，拓展实战

Task 5: Read and retell.

读后说：选择你最喜欢的一个方面，根据提示和思维导图进行介绍。

设计意图：总读全文，总结梳理，深入感知文章脉络。通过学生复述，既了解了学生对文本的掌握情况，又让学生对文本信息有了进一步的掌握，明确了本节课的重难点。为学生开口说英语提供机会，体现了课堂的温度。

Task 6: Group work.（追忆过去，我说我童年）

我校开展了一系列“追忆过去，我说我童年”的主题交流活动。请结合“My Life in Quincy”的学习，介绍你的童年生活。

展示形式：小组合作。

展示要求：

1. 小组内全体参与，人人发言。
2. 结合所学内容和锦囊，适当拓展，可自由发挥。
3. Be confident，say loudly.

设计意图：

（1）立足生活，基于真实情境，让学生学以致用。同时通过互相介绍，增进了同学之间的了解和友情，体现活动涉及的温度。

（2）为学生发放话题锦囊，以问题形式为学生提供交流思路，为后进生表达自己提供了机会，注重活动设计的梯度。

评价要素	A	B	C	自评	组评
内容要求	结合思维导图，完整流畅地介绍 Betty 在 Quincy 的生活；积极参与小组活动，能用 4 ～ 5 句话完整流畅地分享自己的童年	结合思维导图，能介绍 Betty 在 Quincy 生活的两个方面；参与小组活动，能用 2 ～ 3 句话完整流畅地分享自己的童年	结合思维导图，能介绍 Betty 在 Quincy 生活的一个方面；小组活动参与少，但能用 1 ～ 2 句话完整流畅地分享自己的童年		
语言表达	逻辑清晰条理，语言表达流畅	较为简练，较有条理	表述不清晰，不够有条理		

环节五：Emotional sublimation，情感渗入，寓教于情

Thinking: In twenty years' time, if you want to share your good story, what should you do now?

教师分享：

人的一生应该这样度过：当他回首往事的时候，不因虚度年华而悔恨，也不因碌碌无为而羞愧。

——保尔·柯察金

Work hard now，enrich your life in the future.

Write your story with the people around you!

设计意图：问题引领，通过学生所熟知的保尔·柯察金的名言让学生能够珍惜当下，热爱生活，引发情感共鸣，树立积极的生活态度，体现课堂温度。

环节六：Homework，分层作业，自主选择

For all：According to the mind map to retell Betty's past life.

If you can：Write down your past life and find some pictures to help you introduce it.

设计意图：分层作业，结合班级学生学习实际情况，为不同层次学生设置课后作业，为不同水平的学生提供表达机会，体现课堂的温度和梯度。

第四节 物理部分

《光的反射、折射》专项突破 教学设计

寿光现代明德学校 隋晓英

【课程标准】

探究并了解光的反射规律。通过实验，了解光的折射现象及其特点。

课标解读：

1. 学生学什么？

光的反射、折射规律。

2. 学生学到什么程度？

熟练掌握光的反射、折射规律，并能用规律解决生活中的一些实际问题。

3. 学生怎么学？

通过小组合作，自主设计实验，论证方案，动手操作，观察现象，思索提取有效信息，得出规律。

【教材分析】

初中物理学中光学涉及三个理论：光在同种均匀介质中沿直线传播、光的反射、光的折射。三个理论的区分以及光的反射规律和光的折射规律的实验探究过程，各种实验现象的分析，各种突发状况的原因分析，作图，光路可逆性，规律的应用等方面是中考的热点考点。

据此，我们在有关光现象的复习中，把三个理论的区分以及光的反射和光的折射规律的实验探究作为核心目标。

【学情分析】

1. 优势。

本节课是九年级学生复习光现象的第二课时，即光的反射及折射的规律。学生已有相关的知识和理论基础，基本概念和规律都已经了解。

2. 障碍。

学生对这部分的学习距离现在时间太久，学生对知识非常生疏，而且缺乏对规律的进一步应用及深层次的理解、思索，对知识的整合和系统性掌握不够，导致做题不灵活，更不会举一反三，不会分析实验出现的现象及实验现象体现的内在规律。

3. 应知。

本节课的复习着重于对学生平常掌握不好或者薄弱的几个环节进行探究，帮助学生对光的反射及折射有更深刻的理解，同时增强学生对所学物理知识应用的能力、解决实际问题的能力，增强学生学习后的反思意识，提升学生学习物理的兴趣。

4. 方法。

在教师的引领和指导下，学生通过合作自主探究问题，解决问题，总结规律，锻炼动手操作、动脑思考、总结规律的能力，体验到自主探究解决问题的乐趣。

【课程核心素养】

科学思维、科学探究。

学生经历合作探究的过程，自主设计实验，论证方案，动手操作，观察现象，思索提取有效信息，归纳总结出结论，对实验过程中出现的突发问题及时找到原因并处理，对实验中一些教师未提到的问题大胆提出质疑。

【教学目标】

1. 通过小组合作实验探究，能准确说出反射、折射、入射光线和法线的位置关系，反射角随入射角变化时的变化规律，垂直入射时的规律；提高自己解决问题的能力、观察能力、收集整理信息的能力，养成与他人合作的意识。

2. 通过小组合作实验探究，认识在反射和折射现象中，光路都是可逆的。

3. 通过对光的反射实验的进一步探究，能归纳出光的反射规律中反、入、法三线一定在同一平面内，在学习中体验到自主探究解决问题的乐趣。

4. 通过典型练习，会轻松地运用所学的理论知识去分析、解决生活中实际问题。

【教学重点与难点】

1. 教学重点。

(1)让学生经历小组合作探究规律的过程。

(2)光的反射和折射的规律。

2. 教学难点。

应用规律解决实际问题。

【课程资源】

1. 从百度网上录屏：水中的倒影视频。

2. 自制教具，实验探究光的反射和折射的一些规律。

3. 真实课堂拍摄的学生演示光的可逆的图片。

【教学思想】

1. 通过设计几个学生小组合作实验探究的环节，让学生亲身经历实验探究的过程，自然而然地得出规律，掌握相关知识，从而加深对光的反射、折射基本规律的理解；学会有效的观察，会通过看到的现象整理自己的思路，并学会用规范的物理语言正确、清晰地表述自己的观点。通过活动环环相扣、逐层递进的问题设计，体现课堂的梯度和深度。

2. 设计的每个实验探究环节，都是把学生放在主体地位，把主动权交给学生，体现课堂的温度。让学生小组合作经历设计实验、分享实验方案、动手实验、总结规律、分析论证的过程，养成遇到问题自己设计方案解决问题的习惯，保证环节中学生的参与度。

3. 通过交流式评价、论述式评价的方式检测学生目标是否实现，落实教学评一致性的教学思想，通过温度、梯度、参与度、深度的有效结合，保证课堂的高效度。

【评价任务】

1. 小组合作实验探究：反射、折射、入射光线关于法线的位置关系；反射角和入射角变化时的关系；垂直入射时的规律，应用规律解决实际问题。（目标 1、4）

2. 小组合作实验探究：反射现象中光路是可逆的；应用规律解决实际问题。（目标 2、4）

3. 小组合作实验探究：折射现象中光路是可逆的；应用规律解决实际问题。（目标 2、4）

4. 小组合作实验探究：反射光线、入射光线和法线在同一平面内（三线可以在不与桌面垂直的一个平面内）。（目标 3、4）

【教学方法与工具】

1. 教学方法。

（1）实验探究教学法：让学生小组合作经历设计实验、分享实验方案、动手实验、总结规律、分析论证的过程，养成遇到问题自己设计方案解决的习惯。

（2）小组合作交流法：实验探究活动全部是小组合作完成，凸显团队的力量，加强合作的精神。

（3）信息化教学法：利用多媒体教学，实现教学内容清晰、直观。

2. 教学工具。

纸质学案、多媒体、粉笔、黑板。

【教学过程】

环节一：创设情境，导入新课

播放美得让人惊叹的水中倒影视频，学生观看，教师设问：“光与影的完美结合，你知道里面包含了哪些光学知识吗？”

观看视频后，思考以下问题。

1. 我们为什么会看到水中的倒影?

2. 水中的倒影为什么比岸上的景物暗一些?

设计意图:用学生身边比较熟悉的也是非常感兴趣的水中的倒影引入新课,结合教师的设问,引发探究的欲望,激起学习的兴趣,提高学生的参与度。

环节二:实验探究,答疑解惑:反射、折射、入射光线关于法线的位置关系,反射角和入射角变化时的关系,垂直入射时的规律(目标1、4)

用光的反射折射实验装置进行探究:仔细观察看到的现象,回答以下问题。

1. 反射光线、折射光线、入射光线关于法线的位置关系如何?水中的倒影为什么比岸上的景物暗一些?

2. 入射角增大时,反射角和折射角怎样变化(如果入射光束绕入射点逆时针方向转动,反射光束和折射光束沿什么时针转动)?

3. 当光从空气中垂直射入玻璃砖时,传播方向是否发生改变?

评价任务一:探究反射、折射、入射光线关于法线的位置关系,反射角和入射角变化时的关系,垂直入射时的规律,应用规律解决实际问题。

活动1:小组内合理分工、互相配合完成上述实验探究;仔细观察并记录看到的实验现象;小组内交流后用规范的物理语言总结出实验结论,班内小组展示。

评价量表如下。

评价要素	评价等级及标准			评价等级
	A	B	C	
参与学习活动及表现	小组内各成员积极参与,分工明确、合理;能设计出简单易操作的实验方案;能观察并记录实验现象;小组内积极交流合作,总结出正确、规范的实验结论;对实验过程中出现的突发问题能及时找到原因并处理;能对这一实验中一些教师未提出的问题提出质疑	小组内各成员积极参与,分工明确、合理;设计的实验方案较合理,能按教师的要求一步步完成实验探究,得出实验结论	参与交流欠主动,不能准确地理解探讨的问题,实验方案需要教师指导完成,交流较少;实验结论表达不完整	
展示实验成果	积极主动展示,思路清晰;用规范的物理语言正确、清晰地表述自己的观点	教师提问时能主动回答;能用自己的语言说出实验结论	能说出实验结论表达的意思,但不够条理、完整	

设计意图：学生对于规律已经了解，但对于光的反射及折射的实验操作、实验规律的内在联系、几条经常用的规律掌握得还是不熟练。所以针对学生反馈的存在疑问或薄弱的知识点，我们设计了几个学生平时容易碰到但又难以用文字或语言表达出来的问题再次探究。学生自己实验探究，能够自然而然地明白相关的知识。加深对光的反射、折射的基本规律的理解；在层层递进的活动中体现课堂的梯度和深度。学会有效的观察，会通过看到的现象整理自己的思路，并用规范的物理语言正确、清晰地表述自己的观点。从现象学习引导学生深度思考，表达自我，提高课堂的参与度。

活动 2：比一比：看谁学得透，看谁学会用。

一束光线垂直射入水中，水池底部有一面倾斜的镜子，请画出这束光线进入水中，经平面镜反射后，再由水射入空气中行进的光路图。

评价量表如下。

评价要素	评价等级及标准			评价等级
	A	B	C	
参与学习活动及表现	作图规范：卷面干净、整洁，线条不多不少、粗细适中；垂直符号、实线、虚线清晰，保留了作图痕迹；角度间的大小关系清晰可辨	作图稍欠规范：卷面干净、整洁，线条多余或欠缺；垂直符号欠缺，实线、虚线清晰，保留了作图痕迹；角度间的大小关系清晰可辨	作图很不规范：卷面不整洁，主要线条欠缺；垂直符号欠缺，实线、虚线不清晰，没有保留作图痕迹；角度间的大小关系区分不太清晰	

设计意图：通过作图，使学生能够将探究出的理论知识转化为具体的图像，进一步加深对光的基本规律的理解和应用，学以致用，体现课堂温度。

环节三：实验探究，答疑解惑：反射现象中光路是可逆的(目标2、4)

导入：让两个同学站在穿衣镜前，尝试看到对方的眼睛而不让对方看到自己的眼睛。

设问：为什么必须让对方看到你的眼睛，你才能看到对方的眼睛？

设计意图：让学生亲自做游戏引入探究光路可逆的环节，用事实说话，让学生身临其境，亲身经历，自然而然地产生疑问，引发探究的欲望，激起学习兴趣，提高课堂学生的参与度。

用光的反射实验装置探究光反射时光路是否可逆。仔细观察看到的现象，总结规律。

利用实验装置，先做一组入射角为 60° 的实验，记录相关图像，完成图甲，然后将光线逆着反射光线射入，观察此时的反射光线，完成图乙。再改变入射的角度，多做几次，每次实验用不同颜色的笔记录在甲乙两图中。

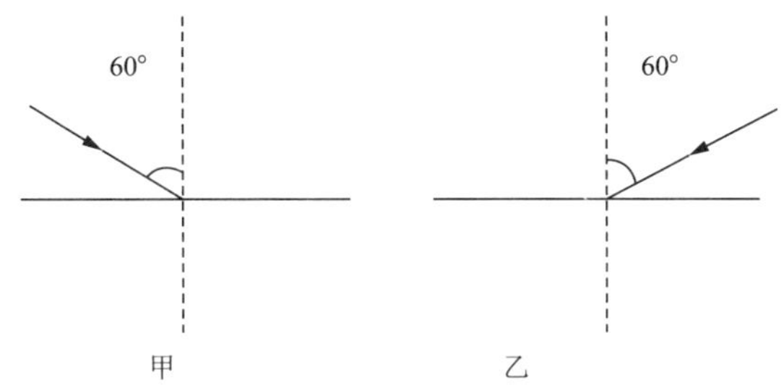

评价任务二：探究反射现象中光路是可逆的，应用此规律解决实际问题。

小组内合理分工合作，完成实验探究 4，仔细观察实验现象并记录在学案的甲乙两图上，对比甲乙的光路图，看得出什么结论。解答导入时产生的疑问，班内小组展示。

评价量表如下。

评价要素	评价等级及标准			评价等级
	A	B	C	
参与学习活动及表现	小组内各成员积极参与，分工明确、合理；能设计出简单易操作的实验方案；能观察并记录实验现象；小组内积极交流合作，总结出正确、规范的实验结论；对实验过程中出现的突发问题能及时找到原因并处理；能对这一实验中一些教师未提出的问题提出质疑	小组内各成员积极参与，分工明确、合理；设计的实验方案较合理，能按教师的要求一步步完成实验探究，得出实验结论	参与交流欠主动，不能准确地理解探讨的问题，实验方案需要教师指导完成，交流较少；实验结论表达不完整	
展示实验成果	积极主动展示，思路清晰；用规范的物理语言正确、清晰地表述自己的观点	教师提问时能主动回答；能用自己的语言说出实验结论	能说出实验结论表达的意思，但不够完整、有条理	

设计意图：学生虽然已经学习了光的反射规律，但从学生的反馈情况来看，学生对反射时光路可逆存在疑惑，感觉迷茫，所以专门设计了这一探究过程，以帮助学生加深这一知识的理解，并通过实验探究，锻炼学生的动手动脑能力，使之学会有效的观察，会通过看到的现象整理自己的思路，并用规范的物理语言正确、清晰地表述自己的观点，解答导入游戏时产生的疑问。

环节四：实验探究，答疑解惑：折射现象中光路是可逆的（目标2）

探究光折射时光路是否可逆。仔细观察看到的现象，总结规律。

利用实验装置，先做一组入射角为60° 的实验，记录相关图像，完成图甲。将光线逆着折射光线射入，观察此时的折射光线，完成图丙。再改变入射的角度，多做几次，每次实验用不同颜色的笔记录在甲丙两图中。

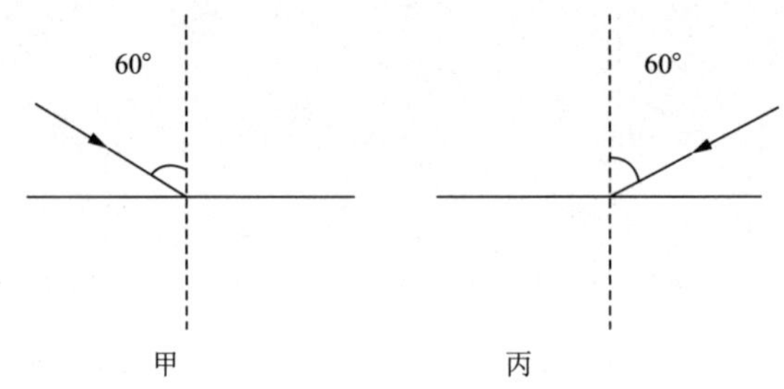

评价任务三：探究折射现象中光路是可逆的，应用此规律解决实际问题。

活动1：小组合作完成实验探究5，仔细观察实验现象并记录在学案的甲丙两图上，对比甲丙的光路图，看得出什么结论。再对比每次入射角和折射角的大小关系，归纳出发生折射时总是哪个角大。班内小组展示。

评价量表如下。

评价要素	评价等级及标准			评价等级
	A	B	C	
参与学习活动及表现	小组内各成员积极参与，分工明确、合理；能设计出简单易操作的实验方案；能观察并记录实验现象；小组内积极交流合作，总结出正确、规范的实验结论；对实验过程中出现的突发问题能及时找到原因并处理；能对这一实验中一些教师未提出的问题提出质疑	小组内各成员积极参与，分工明确、合理；设计的实验方案较合理，能按教师的要求一步步完成实验探究，得出实验结论	参与交流欠主动，不能准确地理解探讨的问题，实验方案需要教师指导完成，交流较少；实验结论表达不完整	
展示实验成果	积极主动展示，思路清晰；用规范的物理语言正确、清晰地表述自己的观点	教师提问时能主动回答；能用自己的语言说出实验结论	能说出实验结论表达的意思，但不够完整、有条理	

设计意图：学生虽然已经学习了光的折射规律，但从学生的反馈情况来看，学生对折射时光路可逆存在疑惑，感觉迷茫，所以专门设计了这一探究过程，以帮助学生加深对这一知识的理解，并通过实验探究，锻炼学生的动手动

脑能力，使之学会有效的观察，会通过看到的现象整理自己的思路，并用规范的物理语言正确、清晰地表述自己的观点。

环节五：实验探究，答疑解惑：反射光线、入射光线和法线一定在同一平面内（针对目标3、4）

利用桌面上探究光反射的实验器材，完成以下两个探究。

（1）将纸板右半部分绕 *ON* 向后翻转，观察纸板上是否还能看到反射光束。拿另一张白纸寻找反射光束，根据找到的光束位置能得出什么结论？分析出现这一现象的原因。

（2）若将纸板（连同激光笔）绕 *CD* 向后倾斜，观察纸板上是否还能看到反射光束。拿另一张白纸寻找反射光束，通过观察，得出反射光束与纸板有什么样的位置关系？分析出现这一现象的原因。

评价任务四：反射光线、入射光线和法线在同一平面内（三线可以在不与桌面垂直的一个平面内）。

活动：小组合作完成实验探究6，仔细观察实验现象，得出结论，并用得出的理论分析出现反射光束和纸板这种位置关系的原因。班内小组展示。

评价量表如下。

评价要素	评价等级及标准			评价等级
	A	B	C	
参与学习活动及表现	小组内各成员积极参与，分工明确、合理；能设计出简单易操作的实验方案；能观察并记录实验现象；小组内积极交流合作，总结出正确、规范的实验结论；对实验过程中出现的突发问题能及时找到原因并处理；能对这一实验中一些教师未提出的问题提出质疑	小组内各成员积极参与，分工明确、合理；设计的实验方案较合理，能按教师的要求一步步完成实验探究，得出实验结论	参与交流欠主动，不能准确地理解探讨的问题，实验方案需要教师指导完成，交流较少；实验结论表达不完整	
展示实验成果	积极主动展示，思路清晰；用规范的物理语言正确、清晰地表述自己的观点	教师提问时能主动回答；能用自己的语言说出实验结论	能说出实验结论表达的意思，但不够完整、有条理	

设计意图：学生对于光的反射规律已经了解，但对于光的反射现象中反射光线、入射光线、法线在同一平面内这一规律的理解太肤浅，题目的问法一变，就不会回答，回答不到问题的实质，或者不会组织语言完整清晰地表达自己的看法和观点。学生自己探究，就能够自然而然地明白规律的实质，加深对

光的反射、折射的基本规律的理解，学会举一反三，学以致用。

•《杠杆》教学设计•

寿光现代明德学校　常焕刚

【课程标准】

本课对应的课程标准是第二个一级主题“运动和相互作用”的二级主题“机械运动和力”，具体对应的内容标准是“知道简单机械，探究并了解杠杆的平衡条件”。

课标解读：

本专题属于课标三大主题之一“运动和相互作用”主题的二级主题“机械运动和力”。物质运动和相互作用的规律是物理学的核心内容，也是学习物理学的基础。这部分内容涉及较多的物理概念和规律，比较抽象。本节课标内容既涉及认知性学习目标，也涉及体验性学习目标。结合2022版课标，具体说明如下。

1. 学生学什么？

“知道简单机械”中的“知道”属于认知性目标行为动词，该条目处于“知道”水平，本节涉及“简单机械”中的杠杆。要知道杠杆的共同特征，包括杠杆的五要素、动力、阻力以及动力臂和阻力臂的画法、杠杆的平衡条件、杠杆平衡时动力最小的问题、杠杆的分类以及杠杆在生产生活中的应用。

2. 学生学到什么程度？

通过对课标及教材的解读，我们理解杠杆的五要素，知道杠杆的分类为概念性知识，在认知维度上的要求是了解、知道、理解。杠杆的平衡条件及应用为程序性知识，在认知维度上的要求是掌握和运用。杠杆平衡时动力最小的问题是前面所学知识的迁移和运用，在认知维度上的要求是掌握和运用。

3. 学生怎么学？

初中学生对杠杆已经有了一定的认识，部分学生已经有了一定的使用杠杆的经验，但是对杠杆的认识都只是感性的。本节课的开始，学生通过拔钉子，对使用的工具有了初步的认识，在体验中学习杠杆的概念及相关知识，进而通过合作探究，在概念的建立，规律的认识以及概念、规律的应用这三个学习过程中有了理性认识，培养了科学探究能力，建立了科学思维和物理观念。

【教材分析】

1. 教材内容。

杠杆的概念、五要素，力臂的画法，探究杠杆平衡的条件，杠杆的分类及应用。

2. 教材的地位。

（1）“探究杠杆平衡的条件”是中考物理实验考查的内容之一，要求学生掌握通过实验探究归纳出杠杆平衡的条件的操作能力。

（2）杠杆的知识是前面所学力学知识的延续和拓展，也是学习滑轮、轮轴等简单机械的基础。教学的重点是探究杠杆的平衡条件。突出教学重点的关键是要引导学生完成好探究杠杆平衡条件的实验。难点是杠杆的应用以及杠杆平衡时动力最小的问题。

所以本节课在锻炼学生思维能力、合作探究能力和动手实验能力等方面都起着重要的作用。

【学情分析】

1. 优势。

学生对生活中的简单机械比较熟悉，有丰富、直观的生活经验，这对于杠杆知识的理解很有帮助；在本节课以前，学生已经学习了力学中的一些基本概念和规律，以及这些力学知识在生产生活中的应用，具备了学习本节课的知识基础。

2. 障碍。

八年级学生的抽象思维能力不强，不喜欢教师的单独说教，更喜欢自己动手实验，合作探究的能力还需要进一步强化。

3. 应知。

杠杆是力学的进一步拓展和应用，这既符合学生由易到难、由简到繁的认知规律，又保持知识的结构性和系统性。

4. 方法。

设计合作探究、实验操作和数据分析的活动，在探究、体验、反思与分享中展开思维过程，进一步培养学生的动手能力、思维能力、合作探究能力。

【课程核心素养】

1. 科学探究。

通过合作探究杠杆的平衡条件，培养合作探究能力以及动手实验的能力。

2. 科学思维。

能够熟练运用杠杆的平衡条件进行相关计算，并能够解决生产和生活中遇到的问题。

3. 物理观念

能够分辨生产和生活中的省力、费力、等臂杠杆，并知道各自的特点。

4. 科学态度与责任。

通过合作探究，深刻理解合作学习和合作探究的重要性，体验合作探究的快乐，培养对科学的热爱以及探寻真知的执着追求。

【教学目标】

1. 通过观察和自主学习，准确说出杠杆的基本结构及五要素。在生活中能够自主对杠杆进行分类，并根据实际需要选择合适的杠杆。

2. 通过探究实验，自主归纳杠杆的平衡条件，准确解释生活中杠杆的应用原理，并能利用杠杆的平衡条件进行相关计算。

3. 通过自主学习与合作探究，正确树立科学探究所必需的合作精神，体验合作探究的快乐，提高学习物理的兴趣。

【法制目标】

通过杠杆平衡条件的理解和应用，结合天平、杆秤等计量器具介绍，渗透《中华人民共和国计量法》《中华人民共和国消费者权益保护法》。

【教学重点与难点】

1. 教学重点。

杠杆的平衡条件、力臂的画法。

2. 教学难点。

杠杆的应用、杠杆最小动力 F 的作图。

【课程资源】

1. 《和尚挑水吃》《钓鱼竿》等视频。

2. 生产生活中各式各样的杠杆图片。

3. 指甲刀、缝纫机杠杆图解。

【教学思想】

1. 结合我校五度课堂要求，在教学过程中建设有温度、有深度、有梯度、有参与度、高效度的高效课堂。通过引导学生自主进行探究实验，体现自主学习和探索精神，提高发现式、探索式自主学习能力，培养学生探索归纳的能力。

2. 通过各种评价，检测学生课堂教学目标是否达成，落实教学评一致性的思想。

【评价任务】

1. 检测目标 1。

自主阅读课本中杠杆及杠杆五要素的描述，分析导学案中的问题，准确说出动力、阻力和支点之间的关系，准确描述动力臂、阻力臂和杠杆之间的关系，熟练画出动力臂和阻力臂。

2. 检测目标 2。

小组内自主探究动力、动力臂、阻力、阻力臂与杠杆平衡的关系，积极动手、动脑、合作交流，分析归纳出杠杆的平衡条件。

3. 检测目标 3。

面对生活中的各种杠杆，通过亲身体验，将各种杠杆进行准确分类，并准确说出各种杠杆的特点。

4. 检测目标 4。

对生活中遇到的各种杠杆，准确说出其原理，并根据生产生活需要，选择合适的杠杆。

【教学方法与工具】

1. 教学方法。

(1)启发式教学法：设置问题情境，引导学生自主探究，在体验、讨论与分析中提升能力。通过教师和学生拔钉子，引导学生认识杠杆，思考杠杆。

(2)实验教学法：小组合作进行探究实验，研究杠杆的平衡条件，小组成员分工协作，通力合作，群策群力，共同完成实验。

(3)信息化教学法：利用多媒体教学，使实现教学内容更加清晰、直观。

(4)问题教学法：通过层层递进的问题设计，引导学生逐步深入，探求真知。

2. 教学工具。

教学工具有纸质导学案、多媒体、粉笔、黑板、铁架台、杠杆、钩码、枝剪、钳子、羊角锤、螺丝刀、钉有钉子的木板、长刻度尺等。

【教学过程】

环节一：创设情境，导入新课

导入：请同学们用自己的方法，将老师面前木板上的铁钉拔下来。

三个同学分别用螺丝刀、钳子、羊角锤试图将铁钉拔下来，用羊角锤的同学首先将铁钉拔了下来。

教师提出问题，并引发学生思考：为什么使用羊角锤的同学可以轻松完成任务？

教师总结：羊角锤这一常见的工具，是根据杠杆原理制成的，杠杆是怎样一回事呢？什么是杠杆呢？请大家跟着老师，开始本节课的学习。

设计意图：通过充分设置问题情境、学生的切身体验，引入新课，激发了学生的学习兴趣，进一步提高了参与度，促进了课堂的有效实施，提高了学习效率。

环节二：思想碰撞，探究分享

目标导学一：杠杆的概念

（一）呈现评价任务（PPT 展示）

观看 PPT 上的多张杠杆图片，结合预习，自主学习，并思考问题。

1. 杠杆的定义。

2. 杠杆的五要素。

设计意图：

（1）问题 1 旨在引导学生自主总结、归纳问题，属于对杠杆的初步认识。

（2）问题 2 属于问题 1 的进一步深化，引导学生深入了解杠杆，掌握这一重点知识。

（检测目标 1：通过观察和自主学习，了解杠杆的基本结构，掌握杠杆的五要素）

（二）执行评价任务

1. 学生独立将下图的动力、阻力，以及动力臂和阻力臂补充完整。

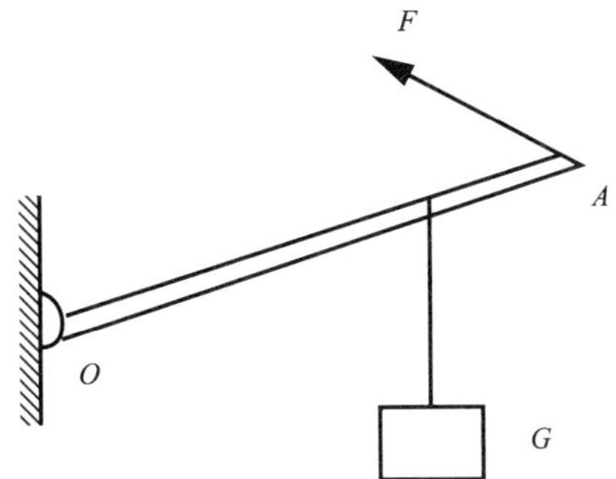

2. 动力、阻力、支点有怎样的关系？

3. 动力臂、阻力臂、杠杆本身有怎样的关系？

(三)交流学习成果

1. 学生举手分享所学所思所悟，其他同学认真倾听并进行适当评价，有不同意见的及时进行补充。

2. 教师在学生展示过程中根据反馈信息给予指导，引导学生回忆所学知识，并运用所学进行分析，答疑解惑。

3. 教师根据巡视信息以及小组发言的反馈信息调整教学。

评价量表如下。

评价要素	评价等级及标准			评价等级
	A	B	C	
参与学习活动及表现	小组内各成员积极参与，勇于回答问题，认真动脑，主动交流；能在教师引导下独立完成杠杆概念及五要素的学习；自主掌握动力、阻力、动力臂和阻力臂的画法；能独立归纳总结动力和阻力、力臂和杠杆之间的关系	小组内各成员积极参与，认真动脑，主动交流；能在教师引导和提示下完成杠杆概念及五要素的学习；通过教师引导和提示掌握动力、阻力、动力臂和阻力臂的画法；通过交流能总结出动力和阻力、力臂和杠杆之间的关系	小组内各成员欠积极主动交流；最终能在教师引导和提示下完成杠杆概念和五要素的学习；不能通过教师的引导和提示掌握动力、阻力、动力臂和阻力臂的画法；不能完全理解动力和阻力、力臂和杠杆之间的关系	
展示学习成果	积极主动展示，思路清晰；用规范的物理作图、清晰的语言表述自己所学的知识	教师提问时能主动回答；作图规范、思路清晰，但表述不够明了	对所学知识有一定认识；作图欠规范，思路欠清晰，表述不明了	

设计意图：

(1)通过练习1，观察男孩用杠杆撬动石头的图片并画力臂，让学生知道动力和阻力是相对的。

(2)通过练习2和练习3，同时让学生明白动力和阻力有怎样关系。通过讲解并引导学生练习，让学生找出动力、阻力并会画力臂，使学生学习如何将物理知识运用于生活实践中。

目标导学二：探究杠杆的平衡条件

（一）呈现评价任务（PPT 展示）

回顾所学知识，思考以下问题。

1. 怎样的杠杆是平衡的杠杆呢？

2. 动力、动力臂、阻力、阻力臂会不会影响杠杆的平衡？

3. 杠杆平衡时，动力、动力臂、阻力、阻力臂之间有怎样的关系？

设计意图：

（1）问题 1 旨在掌握学生对杠杆平衡的认识，摸清学生的认知情况。

（2）问题 2 属于问题 1 的进一步深化，引导学生积极动脑、动手、小组交流。

（3）问题 3 旨在通过学生积极的小组合作，分工明确地进行实验探究，引导学生掌握“杠杆的平衡条件”这一重点知识。

（检测目标 2：通过探究实验，掌握杠杆的平衡条件，并能利用杠杆的平衡条件进行相关计算）

（二）执行评价任务

1. 教师明确提出实验目的，对实验仪器操作进行示范并强调，与学生一起梳理实验过程。

2. 小组合作进行实验并组内交流分析，探究杠杆在水平方向平衡的条件。教师在学生实验探究时巡视，并掌握学习过程。

（三）交流学习成果

1. 小组代表上台展示，其他小组同学认真倾听和互评，同组成员可及时进行补充。

2. 教师根据巡视信息以及小组发言的反馈信息调整教学，并做出总结。

在学生分享过程中，根据学生的回答，教师及时进行点评，及时追问：“为什么要让杠杆在水平方向平衡？”

评价量表如下。

评价要素	评价等级及标准			评价等级
	A	B	C	
参与学习活动及表现	小组内各成员积极参与,分工明确、合理;能观察并记录实验数据;小组内积极交流合作,总结出正确、规范的实验结论;对实验过程中出现的突发问题能及时找到原因并处理;能对这一实验中一些教师未提出的问题提出质疑	小组内各成员积极参与,分工明确、合理;实验目的明确,能按教师的要求一步步完成实验探究,得出实验结论	参与交流欠主动,不能准确地理解探讨的问题,实验过程需要教师指导完成,交流较少;实验结论表达不完整	
展示学习成果	积极主动展示,思路清晰;用规范的物理语言正确、清晰地表述自己的观点	教师提问时能主动回答:能用自己的语言说出实验结论	能说出实验结论表达的意思,但不够完整、有条理	

设计意图:利用小组竞争,首先得出结论的小组展示实验数据,既培养合作意识,又培养竞争意识,进一步培养学生分析、概括、总结实验数据的能力;通过一系列课堂提问,既完成了课堂各环节的衔接,营造了民主、平等、尊重、共享的师生成长共同体的课堂,创设有温度的课堂环境,又通过引导学生主动回答问题,进一步培养学生的竞争意识以及科学思维和快速分析概括的能力。

目标导学三:学以致用——杠杆的应用

(一)呈现评价任务(PPT 展示)

1. 力臂不同时,杠杆的省力情况是否相同?

2. 生活中的杠杆都有哪些?

设计意图:

(1)问题 1 旨在引导学生分析公式,得出省力情况。

(2)问题 2 旨在引导学生小组合作总结杠杆的分类,理解“杠杆的应用”这一知识难点。

(检测目标 1:在生活中能够自主对杠杆进行分类,并根据实际需要选择合适的杠杆;检测目标 2:了解生活中杠杆的应用原理)

(二)执行评价任务

结合本节所学知识,小组合作通过公式分析得出杠杆的分类,理解杠杆的应用。

(三)交流学习成果

1. 小组代表上台展示,其他小组同学认真倾听和互评,同组成员可及时进行补充。

2. 教师根据巡视信息以及小组发言的反馈信息调整教学，并做出总结。

在学生分享过程中，根据学生的回答，教师及时进行点评，安排小体验：让学生用长刻度尺、手指作为杠杆、支点，分别用省力、费力的方法撬起物理书，体会省力和费力杠杆，并及时追问理发剪子和树枝剪子有什么不同。

评价量表如下。

评价要素	评价等级及标准			评价等级
	A	B	C	
参与学习活动及表现	小组内各成员积极参与，勇于回答问题，认真动脑，主动交流；能在教师引导下独立掌握杠杆的分类及应用	小组内各成员积极参与，认真动脑，主动交流；能在教师引导和提示下完成杠杆的分类及应用的学习	小组内各成员欠积极主动交流；最终能在教师引导和提示下基本完成杠杆的分类及应用的学习	
展示学习成果	积极主动展示，思路清晰；用清晰的语言表述自己所学的知识	教师提问时能主动回答；思路清晰，但表述不够明了	对所学知识有一定认识；思路欠清晰，表述不明了	

设计意图：通过各种实例，小组合作，教师引导，总结概括各种杠杆的特点，进一步培养大家的合作探究能力、分析概括能力，同时鼓励大家大胆质疑，勇于创新。发展学生高阶思维，提升学生批判性思维。

环节三：课堂小结，强化新知

1. 归纳整理后，展示本节课的知识结构思维导图，引导学生总体把握知识板块。

2. 请说一说通过本节课的学习你在知识和情感上有哪些收获。

设计意图：通过引导学生用思维导图对本节课知识进行梳理，小组互相补充，并进行展示，凸显本节课知识点，使大家明确本节课知识网络和模块结构，进一步培养学生之间的合作能力，并回扣主题，加深学生印象，发展核心素养。

环节四：拓展空间，能力提升

观察指甲刀，请学生指出该指甲刀分别有几个省力杠杆、几个费力杠杆。

设计意图：通过可评可测的拓展作业，让学生在知识的实际运用中做到知识的迁移，从而熟练运用所学知识，提升个人科学思维能力，同时进一步培养合作研究意识。

第五节　化学部分

●《主题式复习课——松花蛋料泥成分的探究》教学设计●

寿光现代明德学校　刘　倩

【课程标准】

内容要求：

1. 科学研究的能力。

知道科学探究是收集证据和做出解释，进行发现、创造与应用的科学实践活动，也是获取科学知识、理解科学本质、认识客观世界的重要途径。

2. 基本的化学实验技能。

知道化学实验是进行科学探究的重要方式，具备基本的化学实验技能是学习化学和进行探究活动的基础和保证。

3. 科学探究的态度。

发展科学探究的好奇心、想象力与探究欲；通过探究活动，初步养成注重实证、严谨求实的科学态度。

4. 物质的多样性。

依据物质的组成和性质可以对物质进行分类，知道物质可以分为纯净物和混合物、单质和化合物等。

5. 常见的酸碱盐。

通过实验探究认识酸、碱的主要性质和用途；了解盐在日常生活中的应用。

6. 认识常见的复分解反应及简单应用。

学业要求：

1. 能设计简单的实验方案或实践活动方案；能独立或与他人合作开展化学实验，收集证据；能基于事实，分析证据与假设的关系，形成结论；能撰写简单的实验报告，并与他人交流和评价探究过程及结果。

2. 能依据物质的组成对物质进行分类，并能识别纯净物和混合物、单质和化合物；能依据物质的类别列举一些简单的单质、氧化物、酸、碱、盐及生活中常见的有机物。

3. 能通过实验说明酸和碱的主要性质，并能用化学方程式表示。

4. 能基于真实问题情境，依据常见物质的性质，初步分析和解决相关的综合问题。

教学提示：

1. 选择有意义的探究问题，引导学生经历真实的探究过程，注重运用现代化技术手段，加强探究活动中的科学思维，基于科学探究与实践活动建构化学观念，增进对化学科学及科学探究本质的理解，发展科学探究能力和创新意识。

2. 通过典型实例，帮助学生认识物质性质与用途的关系，展现丰富、鲜活的物质应用事实，引导学生基于物质性质对物质应用进行分析、解释和创意设计，促进学生“性质决定用途”观念的形成。

3. 设计关于物质的性质与应用的真实情境和任务，开展项目式学习，发展学生多角度分析和解决实际问题以及合作、实践、创新等的能力。

课标解读：

1. 学生学什么？

科学探究是获取科学知识、理解科学本质、认识客观世界的重要途径；初步养成注重实证、严谨求实的科学态度；物质的简单分类；酸、碱、盐的化学性质以及用途；复分解反应的实质。

2. 学生学到什么程度？

能简单设计方案，与他人合作，收集证据，完成实验结论；能对物质进行简单的分类，并能根据物质类别列举生活中常见的物质；能通过设计实验说明酸、碱、盐的化学性质，并能书写相关化学方程式；能根据物质的性质解决实际问题。

3. 学生怎么学？

通过阅读材料，结合核心概念，进行比较、分类、概括，建立物质分类的概念；通过自主设计实验认识物质性质与用途之间的关系，绘制知识结构图，了解复分解反应的本质；通过知识的整合，结合数字化仪器，解决实际问题。

【教材分析】

本节课为一节《酸、碱、盐》复习课，内容来源于人教版九年级《化学》第十单元《酸和碱》与第十一单元《课题 1 生活中常见的盐》。酸、碱、盐知识是初中化学的重点和难点，但是学生对知识的梳理和建构还没到位，用知识解决实际问题的能力欠缺。

【学情分析】

1. 优势。

学生在学完新课以后，对酸、碱、盐的知识有了一定程度的了解，为以后的学习奠定了一定的基础。

2. 障碍。

学生在学过酸、碱、盐大量知识以后，对化学的兴趣陡然下降，因为这部分知识内容多，难度大，对知识的建构有一定的困难，利用知识解决问题的能力欠缺。

3. 应知。

熟练掌握物质的分类，酸、碱、盐的化学性质，复分解反应的实质。

4. 方法。

利用主题式复习，从生活中真实情景入手，帮助学生提高兴趣，建构知识，变接受学习为创造性学习。

【课程核心素养】

1. 化学观念。

物质具有多样性，可分为不同的类别；酸、碱、盐不同物质的性质决定用途。

2. 科学思维。

本节课在解决与生活相关的真实问题过程中形成质疑能力、创新意识，从宏观、微观、符号相结合的视角探究物质及其变化规律。

3. 科学探究与实践。

本节课自主设计实验，运用数字化技术，提出解决松花蛋料泥成分的真实情境问题，提高与他人合作解决问题的能力。

4. 科学态度与责任。

通过本节课与生活密切相关的设计，激发对物质世界的好奇心、想象力和探究欲，培养严谨求实的科学态度。

【教学目标】

1. 通过阅读材料，准确写出相关物质的化学式并进行物质分类，逐步形成基于物质类别研究物质及其变化的视角。

2. 通过实验探究，设计方案梳理酸、碱、盐的化学性质，总结复分解反应的实质，增强科学探究精神，理解科学本质。

3. 通过联系所学，结合数字化技术，制定料泥废料的处理方案，树立环境保护意识。

【评价任务】

1. 通过阅读《松花蛋的化学知识》，准确将相关物质进行分类并书写化学方程式，画出物质的分类图以及分类标准。

2. 通过松花蛋料泥探究，正确书写相关反应化学方程式，并对料泥成分进行合理的猜想，设计实验方案，验证成分，正确描述出酸、碱、盐的化学性质以及复分解反应的实质。

3. 通过实验探究的结论，制定料泥废料的处理方案，并借助于数字化仪器 pH 值传感器，将料泥调节成接近中性溶液。

【课程资源】

1.《松花蛋的化学知识》材料。

2. 松花蛋原料以及制作图片。

【教学思想】

1. 基于教学评一致性的教学思想，本节课依据课程标准制定教学目标，根据教学目标制定相关的评价任务，并将评价任务贯穿整个教学活动。

2. 依据五度课堂理念，创设有温度、有梯度、有参与度、有深度、有效度的五度课堂。

【教学方法与工具】

1. 教学方法。

讲授法、讨论法、活动体验法、实验探究法。

2. 教学工具。

多媒体、数字化实验仪器、实验仪器。

【教学过程】

环节一：情境导入

教师让小组内同学动手剥开教师制作的松花蛋，观察松花蛋，请他们想一下自己家中食用松花蛋的方法以及为什么食用时要放醋。根据真实情境，引发学生的共鸣，活跃课堂气氛。

学生动手剥开外壳，观察松花蛋，思考蛋清凝固的原因并表达自己的想法，回答教师的问题。

设计意图：创设解决真实问题的情境，激发学生的兴趣，提高参与热情，促进学生自主参与有意义的学习，体现“让学生学习真实、有用的化学”的理念。

环节二：识别原料（目标1）

目标导学一：识别原料

（一）呈现评价任务

请同学们带着问题阅读材料《松花蛋的化学知识》，完成表格，并展示结果。

你知道松花蛋是怎样做成的吗？加工的第一步是制作灰料，主要成分有纯碱、生石灰等；第二步，将这些原料加水混合制成黏稠状，放凉再把它包在蛋上，放置一定的天数便可食用。那么，松花蛋料泥加水后，到底发生了哪些变化呢？请同学们思考，通过化学反应生成的物质慢慢通过蛋壳进入蛋的内部，致使蛋的主要成分蛋白质发生变性，凝固，逐渐变成胶冻状，同时也杀死有害细菌，防止蛋变臭。蛋白质在强碱作用下，一部分发生水解，生成多种氨基酸。这些氨基酸和氢氧化钠等发生中和反应，生成氨基酸盐，在蛋白质的胶冻中结晶出来，就形成了一朵朵奇特而美丽的松花了。

原来清亮透明的蛋清和蛋黄怎么会变成又黑又绿的怪样子呢？说来遗憾，作为食品在颜色上有点美中不足，这是由于蛋白质在水解生成氨基酸过程中还会放出硫化氢气体。这些气体会与蛋黄中的微量金属矿物质发生化学反应。现在不少报道中说，松花蛋含铅超标，特别是小孩吃了会伤害肠胃等消化器官，是什么原因呢？这是因为不法商贩在制作时人为添加了配料氧化铅（PbO），目的是让蛋快速凝固，皮蛋颜色呈红褐色，卖相更好。

学生自主完成，阅读材料，并将相关物质进行分类，填写表格，小组互评，展示，修改，绘制出物质分类图。

（二）执行评价任务

1. 带问题阅读《松花蛋的化学知识》小短文，对相关内容进行标记。

2. 填表格，并绘制物质分类思维导图。

(三)交流学习成果

1. 小组代表将填写的表格和绘制的思维导图投影,其他小组一同评阅,及时补充和修改。

2. 教师在学生展示过程中根据学生反馈信息给予指导。

设计意图:学生阅读材料,填写表格,对物质的分类知识进行了进一步的巩固,练习了化学用语的书写,锻炼了阅读能力,训练了提取信息的能力,锻炼了做题技巧,了解了松花蛋的简单做法。

评价量表如下。

<table>
<tr><th rowspan="2">评价要素</th><th colspan="3">评价等级及标准</th><th rowspan="2">评价等级</th></tr>
<tr><th>A</th><th>B</th><th>C</th></tr>
<tr><td>内容要求</td><td>能在材料中将重点知识进行标注,物质的分类和化学式书写完整,并能绘制思维导图</td><td>能将材料关键信息进行标注,物质的分类和化学式书写不完整或者出现错误</td><td>关键信息标注不及时,化学式书写不正确,绘制不出思维导图</td><td rowspan="2"></td></tr>
<tr><td>化学语言表达</td><td>语言准确,条理明晰</td><td>语言比较准确,思路比较清晰</td><td>思路不够条理,语言不够准确</td></tr>
</table>

环节三:料泥成分探究(目标2)

目标导学二:探究料泥成分

(一)呈现评价任务

1. 加水混合后要等冷却到室温再裹泥,为什么会出现温度升高?

2. 在裹泥的过程中,为什么要戴上塑料手套?

3. 你能写出发生反应的化学方程式吗?

4. 对于反应后滤液中溶质的成分,你有几种猜想?

5. 你做出以上猜想的依据是什么?

6. 请你设计方案证明你的猜想。

7. 验证猜想时,主要检验哪种物质的存在?检验物质的存在利用的是物质的什么知识?

8. 从微观的角度分析,主要检测哪种微粒是否存在?也就是主要考查的内容是什么。

(二)执行评价任务

学生通过提供的材料以及教师提出的问题,进行思考,先独立解决,然后再小组合作,书写化学方程式,方案展示,动手实验,交流讨论,反思评价。

(三)交流学习成果

1. 小组代表展示,其他同学认真倾听和互评。

2. 请同学们思考以下问题。

(1)检验二氢氧化钠和氢氧化钙猜想是否正确时,能否利用碱的化学性质中碱与指示剂以及碱和酸的反应呢?原因是什么?

(2)检验三氢氧化钠和碳酸钠猜想是否正确时,能否利用盐和金属反应?原因是什么?

(3)根据以上方案,复分解反应的实质是什么?

教师对学生的表现及时反馈,根据反馈情况进行教学的调整。

评价量表如下。

评价要素	评价等级及标准			评价等级
	A	B	C	
内容要求	能正确回答问题,设计实验方案,并对方案的设计进行合理的解释	能回答问题,方案设计主要在引导下完成,对方案设计的原理解释不够条理	问题回答不完全正确,设计方案有难度	
化学语言表达	语言准确,条理明晰	语言比较准确,思路比较清晰	思路不够条理,语言不够准确	

设计意图:通过设计层层深入的问题链,逐渐打开学生的思维,并且学生理论付诸实践获得的提升离不开实验;用实验去解决实际问题,通过交流、分享、评价实验方案,使学生养成科学探究的良好习惯,提高学生设计、评价方案的能力,对所学知识灵活运用,提高思维的深度和广度,培养归纳应用知识的能力,真正体现"从生活走进化学,用化学解释生活现象,解决生活问题"的化学学科理念。

环节四:废料处理(目标3)

目标导学三:废料的处理

(一)呈现评价任务

想一想:通过实验探究最终证明溶液中溶质为氢氧化钠和碳酸钠,因为最后料泥有剩余,能不能直接排放到外界环境中?应如何处理?请写出你的方案。请同学们利用数字化仪器,完成此项任务。

(二)执行评价任务

1. 独立思考,将所学知识迁移应用于实际问题。

2. 体会绿色化学理念。

(三)交流学习成果

1. 学生分享实验设计方案,其他同学及时修改和补充。

2. 教师指导学生利用数字化仪器 pH 传感器进行废液的处理。

评价量表如下。

<table>
<tr><th rowspan="2">评价要素</th><th colspan="3">评价等级及标准</th><th rowspan="2">评价等级</th></tr>
<tr><th>A</th><th>B</th><th>C</th></tr>
<tr><td>内容要求</td><td>说出处理废料的方法,写出化学方程式,说出利用数字化仪器达到排放标准时测量 pH 的数据,绘制坐标图</td><td>能说出废料处理方案,写出化学方程式,绘制坐标图出现错误</td><td>不会设计方案,化学方程式有各种错误</td><td rowspan="2"></td></tr>
<tr><td>化学语言表达</td><td>语言准确,条理明晰</td><td>语言比较准确,思路比较清晰</td><td>思路不够条理,语言不够准确</td></tr>
</table>

设计意图:废料的处理,不仅渗透了中和反应优先的知识,更渗透了绿色化学的思想,并且利用了数字化,可以更简单直观地将 pH 数据展示出来,强烈激发了学生的兴趣。

环节五:课堂小结

1. 展示本节课知识构建的物质的分类以及酸、碱、盐化学性质的思维导图。

2. 请同学们畅谈本节课在情感、方法上的感悟和收获。

3. 请同学们根据评价要点对自己进行评价和反思。

第六节 道德与法治部分

《做负责任的人》教学设计

寿光现代明德学校 陈 坤

【课程标准】

本课对应的课程标准是第四学段"生命安全与健康教育"和"中华优秀

传统文化教育”。具体对应的内容标准如下。

1. 树立正确的人生观和价值观，尊重和敬畏生命，热爱生活，追求生命高度，成就幸福人生。

2. 遵守基本的社交礼仪，恪守诚信，理性维护社会公德，维护公共秩序，做文明的社会成员。

3. 感悟天下兴亡、匹夫有责的担当意识，厚植爱国主义情怀。

课标解读：

结合学科课程性质、课程理念、课程实施、课标内容，从四方面进行解读。

1. 学生学什么？

通过分解课标可知，学生需要正确看待履行责任的代价与回报问题，能够运用所学解决身边问题并做出合理选择；懂得因社会角色的差异而产生不同的责任，规范自己的行为，对自己的行为负责；理解责任的承担和履行对个人、对社会的意义，努力做一个知责、履责、尽责地对社会负责任的人。

2. 学生学到什么程度？

知识维度为概念性知识，在认知维度上提出了“理解”的要求；知识维度为程序性知识，在认知维度上提出了“应用”“分析”的要求；知识维度为概念性知识，在认知维度上对学生提出了“理解”的要求。

3. 学生怎么学？

可选取贴近学生生活且易于理解和接受的事例和情境，设置能够调动学生思考和探究欲望的问题和活动，通过活动引领和案例分析正确理解责任，在遇到承担责任问题时学会选择，做一个负责任的人。

【教材分析】

本课是部编版八年级《道德与法治》上册第三单元第六课第二框题的内容，主要是帮助学生认识到承担责任意味着要付出一定的代价，也会获得回报，要学会做出合理的选择，并对自己的选择负责；对不是自愿选择但又必须做的事要自觉承担、尽力做好，努力向履行社会责任却不计得失的人学习。

在了解社会生活和社会规则的基础上，本课引导学生进一步明确社会责任，并积极主动服务和奉献社会，是对第一单元、第二单元内容的深化。第四单元维护国家利益、担负历史使命则进一步将社会责任扩展到国家层面，是对本课内容的进一步拓展。因此，本课在知识逻辑结构上具有承上启下的作用。

【学情分析】

1. 优势。

八年级学生对社会环境已经有了自己的观察和感知，认知能力和思维水平也有了一定提高，具备初步的社会责任感和历史使命感，知道承担责任需要付出一定的代价，能够初步体会到承担责任的快乐。大部分学生能够积极参加学校组织的社会实践活动，从中感受自己对社会的责任，对承担责任的人能够表现出喜爱、敬佩的情感。

2. 障碍。

受认知水平和生活阅历所限，初中学生的责任意识还不够强，思想不成熟，缺少社会经验；有的学生只强调社会和他人对自己的责任，没有看到自己对他人和社会也需要承担相应的责任；有的学生不能正确认识责任与代价、回报之间的关系。

3. 应知。

需要引导学生正确看待责任与代价、回报之间的关系，把个人成长成才与社会的发展有机结合起来，树立良好的责任意识，培养奉献精神；有必要对学生进行正确价值观的引导，帮助其正视他人的付出，尊重主动为社会奉献的人，实现个人的全面发展。

4. 方法。

与学生的思维水平相适应，设计材料分析、合作探究展示等活动，鼓励学生参与其中，最大限度地促进思维的活跃，在体验、探究、反思与分享中展开思考，提升思维的质量，拓展思维的宽度，形成正确的学习方法。

【课程核心素养】

1. 道德修养。

针对本课内容从培养社会公德（践行以文明礼貌、相互尊重、助人为乐、爱护公物、保护环境、遵纪守法为主要内容的道德要求，做社会的好公民，自觉承担责任）等角度展开核心素养培养，有助于他们经历从感性体验到理性认知的过程，传承中华民族传统美德，形成健全的道德认知和道德情感，发展良好的道德行为。

2. 健全人格。

针对本课内容从培养积极向上的心态（能够主动适应社会环境，确立符合国家需要和自身实际的健康生活目标，理解个人与社会、国家和世界的关系，积极适应社会发展变化）方面培育学生的健全人格，养成积极的心理品质。

3. 责任意识。

针对本课内容从增强主人翁意识（关心社会，关心国家，维护祖国统一和国家安全，具备国家利益高于一切的观念）、培养担当精神（具有为人民服务的奉献精神）等方面展开培养，培育学生的责任意识，有助于他们提升对自己、家庭、集体、社会、国家和人类的责任感，增强担当精神和参与能力。

【教学目标】

1. 通过剖析人物事迹，详细列举承担责任会付出的代价和可能得到的回报，厘清责任的代价与回报之间的关系。

2. 通过合作探究李华的选择难题，具体说出选择责任的依据，学会合理选择责任并勇于担责。

3. 通过分析情境案例，全面概括“我承担我无悔”的做法，提高主动承担责任的意识。

4. 通过分享榜样事迹，在崇拜不言代价与回报的人的过程中，树立正确的责任践行观。

【教学重难点】

1. 教学重点。

做一个负责任的人的做法。

2. 教学难点。

正确认识责任的承担与代价、回报之间的关系。

【评价任务】

1. 阅读《城市之光》中民警的事例，自主思考承担责任可能会付出什么、收获什么，并思考有没有哪种选择不需要付出代价。（检测目标 1）

2. 针对参加志愿者召开的“家庭会”内容，小组合作探究李华面临的不同选择，分析各选择的利弊得失，并给李华合理的建议。（检测目标 2）

3. 分析“我穿上了红马甲”案例，同桌合作探究问题，分享李华的“城市之光”志愿者之旅给你什么启示。（检测目标 3）

4. 观功勋人物，班内分享身边积极承担责任的榜样，说一说他们的事迹，并分享他们给了我们怎样的精神滋养和前行的力量。（检测目标 4）

【课程资源】

1. 视频类。

《城市之光》。

2. 案例类。

“少年三问”、“城市之光”志愿者招募活动、国家功勋人物。

【教学思想】

1. 基于教学评一致性的教学思想，本节课建立以目标为灵魂的“三位一体”的关系，设计适切的教学目标，在教学中通过呈现评价任务、有效处理评价信息、恰当评价学生学习，保证学习目标、教学活动和教学评价的一致性，落实教学评一致性的教学思想，将课程标准的要求落实到课堂层面。

2. 依据五度课堂要求，在教学过程中建设有温度、有深度、有梯度、有参与度、高效度的高效课堂，通过案例分析、小组合作探究，引导学生总结做负责任的人的方法，提高主动承担责任的意识。

【教学方法与工具】

1. 教学方法。

（1）案例分析法：基于案例，引导学生自主探究，在体验、讨论与分析中提升能力。提供志愿者招募令案例，分析案例，突破重点和难点。

（2）探究讨论法：有目的地创设生动具体的场景，引起学生一定的态度体验，帮助学生理解教材。小组合作积极讨论，互相补充。

2. 教学工具。

多媒体、粉笔、黑板。

【教学过程】

环节一：创设情境，导入新课

导入：教师通过道具与多媒体图片展示驱动问题：“我”要成为什么样的人？

带着这一问题观看视频《城市之光》，观看时注意视频中出现了哪些人物，他们在做什么。

学生分享，教师点评总结，引起学生共鸣，引发思考。

教师总结：我们可以看到一些人为了城市的有序运转履职尽责、默默奉献，他们就像一束光，照亮了一座城。正是由于他们担责、尽责，我们的生活才会有条不紊、顺遂如意。作为中学生的我们该如何向他们学习呢？带着这样的思考，我们一起学习《做负责任的人》。

设计意图：以新时代青少年"三问"作为本课的开篇之言，在学生心底埋下一颗寻惑的种子，与"收获园地"中回答"三问"相呼应，保证了逻辑线的严谨和学生思维的连贯性。选用视频《城市之光》一方面是引入课题，深化"责任"的内涵，另一方面是为后续"城市之光"志愿者招募活动的开展埋下知识伏笔，奠定情感基调。本环节指向课堂温度：选择学生身边的生活或社会问题，注重问题的交流，增加讨论与互助，增强学习的积极性，体现有温度的课堂。

环节二：思维激荡，探究分享

目标导学一：责任之明晰

（一）呈现评价任务（PPT 展示王杰的案例和探究问题）

被评为"最美基层民警"的王杰是玉河广场警务亭"亭长"。他担任"亭长"以来，和同事 24 小时三班倒、连轴转，每天在警务亭前站立执勤近 12 小时，每日在广场周边步巡 3 万余步，提供无数的指路、咨询服务。他没有时间顾家，却收到锦旗 72 面、感谢信 200 余封。他在执法过程中也会遇到不理解，甚至遭遇暴力阻碍执法、辱骂。"确保群众安全，帮助老百姓解决困难是我的职责所在，"王杰是这样说的，也是这样做的。

阅读案例材料，提取关键信息，独立思考。

1. 说一说。

民警王杰在承担责任时付出了什么？收获了什么？

2. 想一想。

联系自身生活和学习经历，并思考是否有不需要付出代价的选择。

设计意图：说一说，旨在引导学生分析承担责任的代价与回报；想一想，旨在引导学生认识到所有的选择都需要付出代价。

（检测目标 1：列举承担责任会付出的代价和可能得到的回报，厘清责任

的代价与回报之间的关系)

(二)执行评价任务

学生通过案例分析提取关键信息,要求:独立思考,结合案例材料和自身实际,有想法、有主见。

(三)交流学习成果

1. 积极回答,其他同学认真倾听和互评,可及时进行补充。

2. 教师根据巡视信息以及发言的反馈调整教学,问题2后追问:“清楚了代价与回报,假如再给你一次机会,你还会选择承担这些责任吗?”然后,教师做出总结。

评价量表如下。

评价要素	评价等级及标准			评价等级
	A	B	C	
参与学习活动及内容要求	阅读过程认真,能积极思考。展示时积极主动,展示内容丰富,能从多角度、多方面说出承担责任的代价与回报	阅读后主动思考,展示时能从自身理解出发说出部分承担责任的代价与回报	阅读后回答问题欠主动,不能准确地理解探讨的问题,总结发言时内容不全面,仅能说出一个方面	
语言表达	逻辑清晰,感情丰富,语言表达有力	较为简练,较有条理	能表达观点,但不够有条理	

设计意图:通过选取贴近学生生活的人物素材,提取关键信息,引导学生思考得出承担责任要付出的代价和可能获得的回报。问题设置具有发散性和下延性,保证了学生的学习热情,也能激发探究下一个环节的兴趣,为后续“责任之选择”“责任之立身”“责任之担当”环节的学习奠定了内容基础。

目标导学二:责任之选择

(一)呈现评价任务(PPT展示志愿者招募令内容和家庭会议内容,呈现探究问题)

责任之选择

“城市之光”志愿者招募令:为创建文明城市,努力提高公民素质,营造人人参与、人人共享的良好社会氛围,现招募“城市之光”志愿者,欢迎大家踊跃报名。

2021年9月,潍坊市"城市之光"志愿者招募团走进校园,中学生李华所在的学校号召同学们积极竞选,为创建文明城市尽一份力。李华想报名参加,可是其当交警的爸爸和在社区工作的妈妈起早贪黑忙于工作,他在学习之余还要照顾幼小的弟弟。对此,李华决定召开家庭会,听听家人的意见。

妈妈说:"你还是个学生,正处于初二的关键时期。数学是你的弱科,你应该利用课余时间补习弱科。志愿者可做可不做,万一做不好还会受埋怨,还是让别人去吧!"

爸爸说:"我支持你去!交通指挥的手势和交通法规你从小就跟我学习,早已熟记于心。你正好可以借此机会锻炼自己,提升自己的实践能力,体会交警工作的辛苦。"

李华说:"两个责任摆在我面前,我是学校的学生会成员,经常组织和参加各类活动,我有经验、有能力,应该去竞选。但是我又担心没有时间提升我的弱科,我该怎样进行规划呢?"

---

1. 合作探究。

按照分工讨论,分析此选择的利弊得失。

(1)听取妈妈的意见?请说出理由是什么。

(2)听取爸爸的意见?请说出理由是什么。

2. 追问。

面对李华的两难选择,你会给他怎样的建议,让他做出合理的选择,承担应负的责任?

设计意图:通过学生讨论回答问题,引导学生明确承担责任会付出代价、获得回报,学会做出合理选择。

(检测目标2:衡量选择责任的依据,学会合理选择责任并勇于担责)

(二)执行评价任务

1. 小组合作,智慧碰撞,限时5分钟。要求:组内分享并进行整理归纳,发现别人回答中的亮点且能进行评价。

2. 教师在学生讨论交流过程中巡视,掌握学习进程。

(三)交流学习成果

1. 每小组1～3名代表展示小组智慧,其他小组同学认真倾听,同组成员可及时进行补充。

2. 教师根据巡视信息以及小组发言的反馈信息调整教学，并做出总结。

3. 在学生分享过程中，根据学生的回答，教师及时进行点评、引导。

评价量表如下。

评价要素	评价等级及标准			评价等级
	A	B	C	
参与学习活动及内容要求	能积极参与到组内交流中，并根据问题积极探讨智慧碰撞。展示时积极主动，展示内容详细、丰富，能准确解答问题。说出听取妈妈/爸爸意见的理由，充分、合理，能够帮助李华做出选择并说出理由	参与组内交流较积极，教师提问时能主动回答，交流结果能较好地解答问题。基本能说出听取妈妈/爸爸意见的理由，比较充分、合理，能够帮助李华做出选择但说不出理由	参与交流欠主动，不能准确地理解探讨的问题，交流结果不能准确解答问题，难以通过合作总结知识点	
语言表达	逻辑清晰，语言表达有力	较为简练，较有条理	能表达观点，但不够有条理	

设计意图：通过深入探究“城市之光”招募团的情境，引导学生的思维走向深入，学会深度思考。两难的问题情境可以激活学生的思辨力，激发探讨的欲望，引导学生学会正确安排和处理身边的事情，做出合理选择。小组合作的方式可以实现思维的碰撞，在交流合作中实现由个人成长向一起成长转变，培养学生的交流、合作能力。本环节指向温度与高参与度：在此环节中创设了多样化的合作机会，尊重学生个性差异，创设有温度的课堂环境，同时实施主动参与的教学策略，调动学生积极性、主动性和创造性，使全体学生积极主动地参与到教学过程中去，提高课堂的参与度。

目标导学三：责任之立身

（一）呈现评价任务（PPT展示情境和探究问题）

我穿上了“红马甲”

在“城市之光”志愿者活动中，我没有被分到自己擅长的交通疏导小组，而是被安排担任宣传垃圾分类知识小组的组长。虽然对社区垃圾分类知识不了解，但我努力克服困难，带领组员上网查阅垃圾分类的知识，制成宣传板报。在我的努力下，社区垃圾分类宣传活动成效明显。我还作为交通疏导小组的编外组员，向大家介绍交通法律法规知识，示范交通指挥手势，培训新进志愿者。

同桌互议：

1. 面对不是自愿选择的事情，李华是怎么做的？

2. 他是以怎样的态度对待自己“编外人员”的身份的？

3. 当你面对不是自愿选择的事情时，你是怎样的态度？又是怎么做的？请分享。

总结追问：李华“城市之光”志愿者之旅给你哪些启示？

设计意图：以问题链的形式由易到难，由聚合性问题到发散性问题，环环相扣，逐渐深入，引导学生思考怎样做一个负责任的人。

（检测目标3：全面概括“我承担我无悔”的做法，提高主动承担责任的意识）

（二）执行评价任务

1. 同桌合作探究，能迁移应用所学从情境出发解决实际问题。教师给予适当的引导，勾画教材中的关键词，进行总结运用。

2. 能转换角色，联系自身经历，客观全面地看待问题、提出问题，有难度的可以和同桌讨论。

（教师讲解中巡视，进行个别指导，获得学习信息）

（三）交流学习成果

1. 学生举手分享所闻所学所悟，其他同学认真倾听并进行适当评价，有不同意见的及时进行补充。

2. 教师在学生展示过程中根据反馈信息给予指导，引导学生回忆前一个环节的案例材料，并运用所学进行分析，答疑解惑。

3. 教师进行根据巡视信息以及小组发言的反馈信息调整教学。

评价量表如下。

评价要素	评价等级及标准			评价等级
	A	B	C	
参与学习活动及内容要求	根据问题积极探讨，能通过分析材料准确说出李华对待事情的态度和做法，主动分享个人经历，能运用所学知识检视自己的态度和行为；展示时积极主动，能准确解答问题，内容准确、详尽	根据问题探讨，能通过分析材料基本说出李华对待事情的态度和做法，能分享个人经历，但不能运用所学知识准确检视自己的态度和行为；展示时比较主动，可以解答问题，内容比较准确、详尽	根据问题探讨，不会分析材料，基本说不出李华对待事情的态度和做法，不分享个人经历	
语言表达	逻辑清晰，语言表达积极有力	较为简练，较有条理	能表达观点，但不够有条理	

设计意图:本环节与前两个环节一脉相承,是李华成功当选志愿者之后做的几件事情。通过设置四个问题,由易到难,由发散性问题到聚合性问题,环环相扣,逐渐深入,一步步、一点点引导学生思考总结对待非自愿选择责任的做法,实现教学目标,提高学生主动承担责任的意识。指向高参与度和梯度:在此环节中,变问答式为启发式、质疑式,变讨论式为探究式,培养学生合作精神,提高学生自我参与探究意识,进而提高参与度。实施渐进式的教学活动以遵循认知序,实现有梯度的教学。

目标导学四:责任之担当

(一)呈现评价任务(PPT 展示功勋人物事迹并探究问题)

1. 说一说。

分享你身边积极承担责任的榜样,说出他的事迹。

2. 想一想。

无论是功勋人物,还是我们身边榜样,他们给了我们怎样的精神滋养和前行的力量?

设计意图:探究功勋人物事迹,寻找身边榜样,分享榜样事迹,引导学生成为主动为他人、为社会付出的人,树立尊重榜样、爱戴榜样的意识。

(检测目标 4:在崇拜不言代价与回报的人的过程中,树立正确的责任践行观)

(二)执行评价任务

学生积极主动分享,要求:独立思考问题后同桌交流探究并进行全班分享。

(教师在学生讨论交流过程中巡视,掌握学习进程)

(三)交流学习成果

1. 举手回答,其他同学认真倾听并发表感想。

2. 教师根据巡视信息以及学生发言的反馈信息进行引导,最后进行总结。

3. 在学生分享过程中,根据学生的回答,教师及时追问,一步步引导学生,抓住材料的关键词,分析出材料与问题的结合点。

评价量表如下。

评价要素	评价等级及标准			评价等级
	A	B	C	
参与学习活动及内容要求	能积极主动回答问题，根据问题积极思考；展示内容丰富，能积极主动分享榜样事迹	能主动回答问题，根据问题积极思考；展示内容较丰富，能简单分享榜样事迹	参与交流欠主动，不能准确地理解探讨的问题，不能运用学科语言分享榜样事迹	
语言表达	逻辑清晰，感情丰富，语言表达有力	较为简练，较有条理	能表达观点，但不够有条理	

设计意图：幸福的生活不仅是因为每个人各负其责，更是因为那些默默奉献、无私付出的人在为我们保驾护航。本环节通过展示功勋人物的伟大事迹，让学生明白在我们的周围有许许多多履行社会责任却不计代价与回报的人，引导学生尊重榜样、感恩榜样，并带着感恩的心寻找身边的榜样，从而实现情感上的升华。

环节三：课堂小结，强化认知

1. 归航拾贝。

归纳整理，展示本节课的知识结构思维导图，引导学生总体把握知识板块。

2. 收获园地。

请说一说通过本节课的学习你有哪些收获，对于新时代青少年“三问”，是否有了答案。

设计意图：通过思维导图展示本节课知识框架，凸显知识点的关键词部分，总体把握本节课所学内容，明确本节课的知识网络和板块结构，引领学生标注教材，落实知识目标。同时，通过学生谈感受与收获，回扣导入环节，实现教学闭环。教师引导升华，情感态度价值观得到进一步发展。

环节四：拓展空间，能力提升

课后拓展：观功勋人物，担家国责任。

“一个有希望的民族不能没有英雄，一个有前途的国家不能没有先锋。”对英雄的纪念和缅怀，能够体现党和国家对人民英雄的敬重。电视剧《功勋》取材首批八位共和国勋章获得者，用单元剧的形式将功勋人物的人生华彩和国家命运联系起来，每一个名字，都金光闪耀；每一个人物，都超越常人；每一个故事，都体现着奉献与担当。致敬时代楷模，礼赞功勋人物！请同学们观看电视剧《功勋》,写下你的观剧感受!

剧评角度:

1. 思想评论,包括评主题,力求见解独到,有现实意义;把握住电视剧中最能打动人的地方,并使之在自己的笔下得到理性的升华。

2. 人物评论,可对一个人物评论,也可对多个人物评论。一是要抓住人物身上的闪光点;二是要准确把握住电视剧的精神实质,挖掘其本身所包含的深刻内涵。

设计意图:将"观剧报告"作为实践作业,引导学生观看当下热剧《功勋》,提出切实可行的指导措施,既能引起学生兴趣,又回扣课堂学习,同时引导学生将承担责任落实到具体行动中。指向深度:通过知识运用环节,引导学生解决真实情景问题,发展学生高阶思维,增强学生问题解决能力,引发学生深度思考。

•《共筑生命家园》教学设计•

寿光现代明德学校　孙宋艳

【课程标准】

本课对应的课程标准是第四学段"法治教育"和"国情教育"。具体对应的内容标准如下。

1. 了解环境保护的法律规定,树立生态文明观念。

2. 了解我国以国内大循环为主体、国内国际双循环相互促进的新发展格局,推动高质量发展,知道统筹推动经济建设、政治建设、文化建设、社会建设、生态文明建设的五位一体总体布局。

课标解读:

结合学科课程性质、课程理念、课程实施、课标内容,从四个方面进行解读。

1. 学生学什么?

通过分解课标可知,学生需要知道建立健全保护资源环境的法律法规对建设生态文明的作用,增强环境保护意识并以实际行动自觉保护环境;在了解我国生态环境基本状况的基础上,知道国家五位一体总体布局,知道国家重视推动高质量发展,积极为绿色发展做贡献。

2. 学生学到什么程度？

第 1 条课标的知识维度为概念性知识，在认知维度上提出了“了解”的要求；第 2 条课标的知识维度为概念性知识，在认知维度上提出了“知道”的要求。

3. 学生怎么学？

选取贴近学生生活且易于理解和接受的事例和情境，设置能够调动学生思考和探究欲望的问题和活动，通过活动引领和案例分析明白人与自然和谐共生之道，知道坚持绿色发展的道路是实现中国永续发展的中国路径，并践行绿色低碳的生活方式。

【教材分析】

本课为部编版九年级《道德与法治》上册第三单元第六课《建设美丽中国》第二框的内容，共分为两目。第一目为坚持人与自然和谐共生。本目的核心问题是阐述人与自然的关系，使学生认同人与自然和谐共生的理念，懂得建设生态文明就是造福人类。第二目为坚持绿色发展道路。本目主要讲述我国建设美丽中国、实现永续发展的中国路径和中国方案。

九年级上册第六课第一框主要从“是什么”的角度，阐述我国在发展过程中所面临的挑战。第二框主要从“怎么办”的角度来分析面临人口、资源、环境的严峻形势，我们的态度与选择、行动和策略，从而回应本课课题——建设美丽中国。所以说本框既承接了第一框的内容，又是第六课的落脚点。

【学情分析】

1. 优势。

学生对人口、资源、环境等方面的内容并不陌生，已知悉生态文明建设情况，生态文明意识逐渐形成，对生活中的资源浪费、环境污染等事件或行为有所了解，基于生活经验能做出正确的价值判断和行为选择，也能够积极践行绿色生活理念和生活方式。

2. 障碍。

学生对人口、资源、环境问题的本质认识深度不够，且具有一定片面性，对解决这些问题的历史必然性、必要性、迫切性认识不足，对问题的分析容易走极端。学生对人与自然和谐共生、走绿色发展道路的内涵了解不全面，相关理念理解不深刻。

3. 应知。

中学生应了解和学习党和国家有关生态文明建设的路线方针政策，知道关于生态文明建设的理论，培育生态意识和对环境的忧患意识，这也是促进中学生全面发展和核心素养培育的内在要求。

4. 方法。

设计案例材料分析、情境探究等活动，鼓励学生参与体验与对话、合作与探究，最大限度地促进思维的活跃，在探究、体验、反思与分享中展开思维过程，提升思维质量，拓展思维度，形成正确的学习方法。

【课程核心素养】

1. 政治认同。

针对本节课内容从价值取向（理解中国梦的内涵，树立为中华民族伟大复兴而奋斗的理想，践行和弘扬社会主义核心价值观，坚定共产主义远大理想和中国特色社会主义共同理想，增进中华民族价值认同，自觉承担保护环境责任）等角度展开核心素养培养。

2. 道德修养。

针对本课内容从培养社会公德（践行以文明礼貌、相互尊重、助人为乐、爱护公物、保护环境、遵纪守法为主要内容的道德要求，做社会的好公民，自觉保护环境）等角度展开核心素养培养。

3. 责任意识。

针对本节课内容从担当责任（敬畏自然，热爱自然，具有绿色发展理念，初步形成环保意识和生态文明观，能够在日常生活中自觉践行生态文明的理念，践行绿色生活方式）等角度展开核心素养培养，培养学生保护环境的责任意识。

【教学目标】

1. 通过小组合作探究案例，准确说出人类与自然的关系，完整归纳出促进人与自然和谐共生和建设生态文明的措施。

2. 通过合作探究视频和案例，准确归纳出坚持绿色发展之路的中国路径和中国方案。

3. 通过自主探究案例，多角度写出践行绿色低碳生活方式的行动方案，增强生态文明建设的认同感、使命感和责任感。

【评价任务】

1. 小组合作探究，分析“地球卫士”之塞罕坝林场的相关材料，说一说人与自然的关系，以及该案例为我国的生态文明建设带来了怎样的启示。（检测目标 1）

2. 观看“地球卫士”之浙江余村的视频，与同桌探究余村“变身记”为我国走绿色发展之路带来的启示。（检测目标 2）

3. 自主研读余村村规和保护环境资源的法律，说一说如何依法建设生态文明。（检测目标 2）

4. 探究蚂蚁森林规则，就如何践行绿色低碳生活方式写出个人行动宣言。（检测目标 3）

【课程资源】

1. “地球卫士”之塞罕坝林场相关材料和视频。

2. “地球卫士”之浙江余村相关视频。

3. “地球卫士”之“蚂蚁森林”相关文字和图片。

4. 保护环境资源相关法律（图片）。

【教学思想】

1. 基于教学评一致性的教学思想，本节课建立以目标为灵魂的“三位一体”的关系，设计适切的学习目标，在教学中通过呈现评价任务、有效处理评价信息、恰当评价学生学习，保证学习目标、教学活动和教学评价的一致性，落实教学评一致性的教学思想，将课标的要求落实到课堂层面。

2. 依据五度课堂要求，在教学过程中建设有温度、有深度、有梯度、有参与度、高效度的高效课堂，带领学生通过案例分析、小组合作探究，引导学生总结人与自然和谐共生的必要性和措施，概括坚持绿色发展道路的途径。

【教学方法与工具】

1. 教学方法。

（1）情境体验法：在教学过程中，有目的地创设场景，引起学生一定的体验，帮助学生理解教材。

（2）案例教学法：基于“地球卫士”三个案例，引导学生自主探究，在体验、讨论与分析中提升能力。

(3)合作探究法：小组成员合作讨论，为解决目标问题出谋划策，总结答案。

2. 教学工具。

多媒体、粉笔、黑板。

【教学过程】

环节一：创设情境，导入新课

导入：今年五一假期比较长，同学们有没有出去旅游，和大自然来个亲密接触？

师生交流，分享所想所感。

教师点评分享引起学生共鸣，引发思考。

教师总结：不难看出大自然不仅带给我们丰富的物质支撑，还有无穷的精神享受，保护“到处皆诗境，随时有物华”的大自然，就是保护我们生命的家园，这一节课我们一起来学习《共筑生命家园》。

设计意图：通过师生分享与大自然亲密接触的经历，激发学生的学习热情，提高学生的课堂参与度，体现课堂的温度。教师通过点评追问，让学生理解保护大自然就是保护我们的家园，从而导入课题。

环节二：人与自然，和谐共生

目标导学一："地球卫士"之塞罕坝林场

(一)呈现评价任务(PPT 展示材料和探究问题)

1. 想一想。

通过分析三则材料，你觉得人类和大自然的关系应是怎样的？（自主思考）

2. 议一议。

由“千里松林”到“茫茫荒漠”，再到“绿水青山”，分别是什么原因导致了塞罕坝的变迁？这为我国的生态文明建设带来了怎样的启示？（小组合作）

设计意图：

(1)问题 1 旨在引导学生归纳出人与自然的关系。

(2)问题 2 旨在通过合作探究引导学生分析得出建设生态文明的措施。

(检测目标 1：人与自然和谐共生的必要性，建设生态文明的措施)

(二)执行评价任务

学生通过材料分析提取关键信息,要求:独立思考问题 1“想一想”,小组合作探究问题 2“议一议”。

(教师在学生讨论交流过程中巡视,掌握学习进程)

(三)交流学习成果

1. 举手回答,其他同学认真倾听并发表感想。

2. 教师根据巡视信息以及学生发言的反馈信息进行引导,最后进行总结。

3. 在学生分享过程中,根据学生的回答,教师及时追问,一步步引导学生抓住材料的关键词,分析出材料与问题的结合点。

评价量表如下。

评价要素	评价等级及标准			评价等级
	A	B	C	
参与学习活动及内容要求	能积极参与小组合作,根据问题积极探讨、智慧碰撞。能从三个角度准确说出人与自然的关系,能清晰归纳出我国建设生态文明的措施	能与他人合作,能接受别人的意见。从两个角度准确说出人与自然的关系,能简单归纳出我国建设生态文明的措施	缺乏与人合作的精神,极少参与讨论与交流。至少从一个角度说出人与自然的关系,能说出我国建设生态文明的某一措施	
语言表达	简练、有力、条理清晰	较为简练,较有条理	能表达观点,但无条理	

设计意图:选用 2017 年“地球卫士”奖获得者塞罕坝林场为案例素材,通过探究塞罕坝历史变迁的三则材料,提高学生的认知层次,引导学生深入思考,分析归纳人与自然相互依存、共生共荣的关系。注重问题的设计,进行合作式学习,引导学生通过小组合作探究,分析塞罕坝变迁的原因,归纳人与自然和谐共生的相关做法,提高学生的参与度。在探究过程中,关注问题设计的梯度和启发性,增强学生的问题解决能力、分析和概括能力,发展学生的高阶思维。

环节三:绿色发展,生态保护

目标导学二:“地球卫士”之浙江千万工程

(一)呈现评价任务(PPT 展示和探究问题)

1. 任务一:视频《山水变身记》。

观看视频,同桌探究交流:余村的变身记,为我国走发展之路带来怎样的启示?

2. 任务二:国法村规护绿水青山。

请你思考:从国法村规中,你读出了什么?

设计意图:

(1)问题1旨在通过观看视频,让学生归纳出要处理好经济发展和保护环境之间的关系。

(2)问题2旨在通过分析材料概括出法治能为生态文明建设提供可靠保障。

(检测目标2:归纳坚持绿色发展的措施)

(二)执行评价任务

1. 针对问题1,同桌合作,智慧碰撞,限时5分钟。要求:同桌之间分享对问题的看法并及时进行整理归纳,发现别人回答中的亮点且能进行评价。

2. 针对问题2,静心思考,积极举手发表自己的看法。

(教师在学生讨论交流过程中巡视,掌握学习进度)

(三)交流学习成果

1. 代表上台展示,其他同学认真倾听和互评。

2. 教师根据巡视信息以及小组发言的反馈信息调整教学,并做出总结。

评价量表如下。

评价要素	评价等级及标准			评价等级
	A	B	C	
参与学习活动及内容要求	能积极参与同桌间的合作交流,展示时积极主动,展示内容丰富,能准确说出绿色发展之路的措施	与同桌积极交流,教师提问时能主动回答,能较好地回答问题	参与交流欠主动,不能准确地理解探讨问题,不能准确回答问题	
语言表达	简练、有力、条理清晰	较为简练,较有条理	能表达观点,但无条理	

设计意图:选用2018年"地球卫士"奖获得者——浙江千万工程之余村为案例素材,此案例在走绿色发展道路上极具代表性。用视频《山水变身记》直观呈现余村的变迁,学生能由此认识到处理好经济发展和生态环境保护之间的关系,坚持绿色发展能富国惠民。再通过余村的村规和保护环境资源相关法律研读,引导学生明确只有实行最严格的生态环境保护制度才能为生态

文明建设提供可靠保障，提高学生分析问题、解决问题的能力。

环节四：内化于心，外化于行

目标导学三："地球卫士"之蚂蚁森林

（一）呈现评价任务（PPT 展示）

1. 请你思考。

蚂蚁森林倡导一种怎样的生产生活方式？

2. 请你行动。

请同学们行动起来，将"绿色化"贯穿到生活学习的方方面面，请你写出行动宣言。

设计意图：问题 1 旨在让学生通过材料分析，归纳出我国大力倡导的节能、环保、低碳、文明的绿色生产生活方式；问题 2 旨在让学生由理论上升到行动，做一名行动者。

（检测目标 3：旨在让学生将绿色发展内化于心，外化于行）

（二）执行评价任务

独立思考，能迁移应用所学从情境出发解决实际问题，并能结合实际，就绿色发展发出行动倡议。

（教师讲解中巡视，进行个别指导，获得学习信息）

（三）交流学习成果

1. 学生举手分享，其他同学认真倾听并进行适当评价，有不同意见的及时进行补充。

2. 教师在学生展示过程中根据反馈信息给予指导。

3. 教师根据巡视信息以及小组发言的反馈信息调整教学。

评价量表如下。

评价要素	评价等级及标准			评价等级
	A	B	C	
参与学习活动及内容要求	能准确说出我国大力倡导的节能、环保、低碳、文明的绿色生产生活方式，多角度提出践行绿色生活方式的行动倡议	能说出我国大力倡导的绿色生产生活方式，能简单提出践行绿色生活方式的行动倡议	能说出一种节能、环保、低碳、文明的生产生活方式，能提出一个行动倡议	
语言表达	简练、有力、条理清晰	较为简练，较有条理	能表达观点，但不条理	

设计意图:选用 2019 年“地球卫士”奖获得者——蚂蚁森林为案例素材,通过对蚂蚁森林规则的解读,理解节能、环保、低碳、文明的绿色生产生活方式,进而使绿色发展理念渗透到人们日常生活细节中,让绿色低碳的生活方式成为每个社会成员的自觉行动。选择学生熟悉的社会问题,设计基于真实问题解决的教学活动,注重学生联系生活实际,增强学习的积极性,体现课堂的温度。同时以书写行动宣言的方式让学生将理论内化于心,自觉行动,从自身做起,进一步提升环保意识!

环节五:课堂小结,强化认知

1. 归航拾贝。

归纳整理,展示本节课知识结构思维导图,引导学生总体把握知识板块。

2. 智慧分享。

说一说通过本节课的学习你有哪些收获。

设计意图:通过思维导图展示本节课知识框架,拓展学生的抽象思维。通过凸显知识点的关键词部分,总体把握本节所学内容,明确本节课的知识网络和板块结构,引领学生对教材进行标注,落实知识目标。同时,通过学生谈感受与收获,教师引导升华,情感态度价值观得到进一步发展,使课堂更有温度。

环节六:拓展空间,能力提升

请同学们课后积极组建“共筑我们生命家园”服务队,开展“珍爱地球,保护大自然”志愿者服务活动,整理出完整的活动方案,并将方案发送至老师的邮箱:ssy@qq.com。

设计意图:通过实践性的作业拓展,回顾重点和难点,让学生在实际操作中运用知识、提升能力,同时在团队活动中培养学生的合作意识和团结意识。

●《师生交往》教学设计●

寿光现代明德学校　李超贤

【课程标准】

本课对应的课程标准是第四学段“生命安全与健康教育”和“中华优秀传统文化教育”。

具体对应的内容标准如下。

1. 客观认识和对待自己，形成正确的自我认同，提高自我管理能力；理解不同的社会角色，形成亲社会的行为；能正确认识和处理自己与同学、朋友的关系，个人和集体的关系，在团队活动中增强合作精神。

2. 遵守基本的社交礼仪，恪守诚信，理性维护社会公德，维护公共秩序，做文明的社会成员。

3. 弘扬中华优秀传统文化讲仁爱、重民本、守诚信、崇正义、尚和合、求大同的核心理念。

4. 理解中华民族孝悌忠信、礼义廉耻的荣辱观念，以及崇德向善、见贤思齐的社会风尚。

课标解读：

结合学科课程性质、课程理念、课程实施、课标内容，从四个方面进行解读。

1. 学生学什么？

通过分解课标可知，学生需要了解教师这一职业，知道教师的工作特点和责任使命，认同教师职业所蕴含的价值取向；要学会用正确的态度对待教师的表扬与批评，在日常学习生活中积极与教师进行沟通交流，主动增进与教师的感情，构建和谐的师生关系。

2. 学生学到什么程度？

第 1 条课标内容的知识维度为概念性知识，在认知维度上提出了“理解”的要求；第 2 条课标内容的知识维度为概念性知识，在认知维度上提出了“应用”“分析”的要求；第 3 条课标内容的知识维度为概念性知识，在认知维度上提出了“理解”的要求；第 4 条课标内容的知识维度为概念性知识，在认知维度上对学生提出了“理解”的要求。

3. 学生怎么学？

选取贴近学生生活且易于学生理解的案例素材和情境，设置能够调动学生思维和激发学生探究欲望的问题，通过探究活动和案例分析等总结教学相长的意义、正确对待教师表扬和批评的方法以及建立亦师亦友师生交往状态的方法。

【教材分析】

本课是部编版七年级《道德与法治》上册第三单元第六课《师生之间》

第二框的内容。本框共分为“教学相长”和“亦师亦友”两目，主要引导学生懂得“教学相长”的道理，帮助学生了解教学相长的基本内涵与要求，掌握与教师沟通的基本方法，正确对待教师的表扬与批评以及寻找建立良好师生关系的途径，学会尊重教师、理解教师和关心教师，努力建立和谐的师生关系。

同时，本课是上一节《走近老师》内容的延续和落脚点，也是七年级上册教材“我与他人交往”的一个重要方面，生活意义重大。

【学情分析】

1. 优势。

对于步入七年级的学生来说，对教师这一学生学习的指导者和成长的引路人并不陌生。学生对教师这个职业有一定的认识，也有较多与教师交流沟通的经历，这为本节课的学习奠定了基础。

2. 障碍。

处于青春期的学生受封闭、羞怯等不良心理的影响，会越来越多地面临与人相处的问题。学生的自我意识不断增强，会在某些方面对教师产生怀疑，进而产生矛盾和冲突。一些学生不能正确理解教师，不善于与教师进行有效的沟通，不能正确对待教师的表扬和批评，影响和谐师生关系的建立，甚至有的学生讨厌教师，讨厌学习。

3. 应知。

要引导学生理解尊敬教师，体谅关爱教师，主动增进与教师的感情，积极与教师进行有效沟通，让平等、尊重、相互促进成为新型师生交往中的核心，从而达成师生和谐、亦师亦友的亲密关系。

4. 方法。

与学生认知水平和情感发展相适应，通过游戏环节、案例探究等活动，鼓励学生参与课堂活动，学会理性思考与教师之间的关系，最大限度地活跃学生思维。

【课程核心素养】

1. 道德修养。

针对本课内容从培养个人品德（践行以明礼遵规、勤劳善良、宽厚正直为主要内容的道德要求，在日常生活中养成团结友爱、尊敬师长等个人美德和优良品行）、社会公德（践行以文明礼貌、相互尊重为主要内容的道德要求，遵守基本的社交礼仪，做社会的好公民）等角度展开核心素养培养。

2. 健全人格。

针对本课内容从培养理性平和（理性表达意见，能够换位思考，学会处理与他人的关系）、积极向上（有效学习，能够主动适应学校班级环境，热爱生活，保持乐观的态度，积极进取，具有适应变化、不怕挫折、坚韧不拔的意志品质）、友爱互助（真诚、友善，拥有同理心，相互支持，相互帮助，具有互助精神）的品质等角度展开核心素养培养。

【教学目标】

依据课程标准要求，结合教学内容及学生实际，将教学目标确定如下。

1. 通过交流分享与观看视频，准确说出教学相长的含义。

2. 通过角色模拟，正确总结出教学相长的要求，学会换位思考，正确对待教师的引领和指导，形成乐观向上、积极进取的良好品质，促进师生共同进步。

3. 通过实“画”实说游戏活动，全面总结正确对待教师表扬与批评的方法，积极与教师进行有效的沟通，培养理性平和的心态，树立积极的思想品质。

4. 通过现场调查和观看视频，详细概括建立良好师生关系的途径，构建和谐的师生关系，养成相互尊重的道德品质。

【评价任务】

1. 交流分享令你印象深刻的师生交往瞬间并观看教学相长的视频，自主分析，说一说：什么是教学相长？（检测目标 1）

2. 阅读两则情景，同桌互助进行角色模拟，想一想：如果你遇到类似的情况，你会怎么做？（检测目标 2）

3. 在实“画”实说的游戏中分享被教师批评或表扬的经历，勾画你被教师批评、误解、表扬时的表情。同桌交流，说一说：假如你遇到这些情况，你是什么感受？你会怎样对待？（检测目标 3）

4. 小组合作进行现场调查，分享喜欢的教师和课堂，并观看榜样毛泽东的视频，从建立良好师生关系的角度，谈谈你受到的启示。（检测目标 4）

【课程资源】

1. “鸡腿姑娘”背后的河南“80 后”校长的视频和文字资料。

2.《教学相长》视频资料、榜样毛泽东视频资料。

3. 亚里士多德故事一篇。

【教学思想】

基于教学评一致性的教学思想，本节课建立以目标为灵魂的“三位一体”的关系，设计适切的学习目标，在教学中通过呈现评价任务、有效处理评价信息、恰当评价学生学习，保证学习目标、教学活动和教学评价的一致性，践行教学评一致性的教学思想，将课程标准的要求落实到课堂层面。

【教学方法与工具】

1. 教学方法。

（1）妙趣·三生情境体验法：在教学过程中，有目的地创设生动具体的情境，吸引学生亲身体验，理解教材。

（2）案例分析法：引导学生自主探究，在体验、讨论与分析中提升能力。

（3）探究讨论法：小组成员合作讨论，成员为目标问题出谋划策，总结答案。

（4）信息化教学法：利用多媒体教学，实现教学内容清晰、直观的目标。

2. 教学工具。

多媒体、粉笔、黑板。

【教学过程】

环节一：创设情境，导入新课

导入：多媒体展示视频“鸡腿姑娘”背后的河南“80后”校长。

师生交流什么是良好的师生交往。

教师点评总结，引发学生思考。

教师总结：张校长用坚守和真爱点燃了农村教育的希望。他用尽全力，陪伴呵护农村学校里的留守儿童，弥补他们缺席的爱。爱出者爱返，福往者福来，在这所有爱的学校里，孩子们也学会了去爱，老师与学生之间形成了良好的师生关系。今天就让我们一起谈一谈师生交往那点事儿，走进“师生之间”。

设计意图：开篇用张鹏程校长的事迹导入，让课堂充满温度，引发学生的学习兴趣，激发学生参与课堂的热情，提高学生的课堂参与度。同时引导学生对良好的师生关系进行探索与思考，为本课的学习做好铺垫。

环节二:教学相长明含义

目标导学一:教学相长明含义

(一)呈现评价任务

播放视频《教学相长》。

1. 畅所欲言,谈一谈在生活中有哪些师生交往的瞬间让你印象深刻,谈谈你的感受。

2. 观看视频,说一说什么是教学相长。

设计意图:

(1)畅所欲言,谈一谈:旨在通过学生畅谈印象深刻的师生交往瞬间,引导学生认识到师生之间是相互交流、相互陪伴、相互启发、相互促进的。

(2)观看视频,说一说:旨在通过观看视频,帮助学生从视频中提取关键信息,了解教学相长的含义,知道教与学两方面相互影响、相互促进,师生之间是一种民主平等的关系。

(检测目标1:教学相长的含义)

(二)执行评价任务

学生自主回忆与教师交往的瞬间,通过观看视频提取《教学相长》的关键信息。

教师在学生讨论交流过程中掌握学习进程。

(三)交流学习成果

1. 积极举手回答,其他同学认真倾听和互评。

2. 教师根据巡视信息以及学生发言的反馈信息调整教学,并做出总结。

评价量表如下。

评价要素	评价等级及标准			评价等级
	A	B	C	
内容要求	能主动举手分享师生交往的瞬间,并说出自己的感悟,能准确从视频中提取信息,说出教学相长的含义	能积极主动举手分享师生交往的瞬间,但不能说出自己的感受,能从视频中提取教学相长的含义	仅能分享印象深刻的师生交往瞬间	
语言表达	简练、有力、条理清晰	较为简练,较有条理	能表达观点,但无条理	

设计意图:通过学生回忆与教师交往的片段,激发学生学习的积极性,提高学生的课堂参与度,引导学生认识到教与学是师生相互陪伴、相互促进、共同成长的过程,再进行深度学习,通过观看视频,从视频中提取关键信息,了解教学相长的含义,明白教学相长不仅促进了学生的成长,而且促进了教师的成长,为第二目亦师亦友的学习奠定了基础。

环节三:教学相长知做法

目标导学二:教学相长知做法

(一)呈现评价任务

同桌互助,角色模拟

情景一:数学老师是一名刚毕业不久的新教师,他工作勤奋认真。今天他教的几何题目的解法是错的,其他同学都在认真地听着,小青发现了老师的错误,但是小青有点顾虑,要不要指出老师的错误呢?

情景二:道德与法治老师由于教的班级较多,工作量较大,今天的作业上单选题他把自己的批错了,看到其他同学和自己同样的答案都是批对的,小强很不高兴。小强应该怎么和老师沟通呢?

同桌互助,想一想:如果你遇到类似的情况,你会怎么做呢?

设计意图:同桌互助,想一想:旨在引导学生通过角色模拟,懂得在面对老师的引领和指导时,要积极主动参与,真诚地表达自己的观点和看法,并主动分享自己的学习感受,促进师生共同进步。

(检测目标 2:教学相长的要求)

(二)执行评价任务

同桌合作模拟两则情景,分享交流遇到这些情况的做法,并在任务单上简单做好记录。

教师在学生思考记录的过程中巡视,掌握学习进程。

(三)交流学习成果

1. 同桌合作模拟情景,择优展示,教师注意维持课堂纪律,进行积极引导。

2. 学生主动举手分享自己的观点和做法,其他学生认真倾听,进行评价补充。

评价量表如下。

评价要素	评价等级及标准			评价等级
	A	B	C	
内容要求	能积极与同桌进行互动交流，并做简单记录，展示时积极主动，能准确说出教学相长的要求	能与同桌互动交流并做简单记录，展示时较积极，能说出至少一个教学相长的要求	与同桌互动交流欠主动，交流结果不能准确解答问题	
语言表达	简练、有力、条理清晰	较为简练，较有条理	能表达观点，无条理	

设计意图：此环节主要是通过角色模拟，提高学生参与度，使学生逐步认识到要正确对待教师的引领和指导，面对教师的指导，要主动参与，真诚恰当地表达自己的观点，以积极的方式增进与教师的沟通和感情。要学会主动与教师交流，分享自己的学习感受和学习成果，从而促进师生的共同进步。

环节四：表扬批评巧对待

目标导学三：表扬批评巧对待

（一）呈现评价任务

1. 画一画。

画出你被教师批评、误解、表扬时的表情。

2. 说一说。

假如你遇到这些情况，你是什么感受？你会怎样对待？

设计意图：画一画，通过绘画的方式，画出学生内心最真实的感受，为下一个问题做铺垫；说一说，通过交流思考，引导学生总结出正确对待教师表扬与批评的方法。

（检测目标 3：正确对待教师表扬与批评的方法）

（二）执行评价任务

学生先独立绘画，再同桌讨论，交流感受，总结方法。

要求：以同桌为单位进行交流展示。完善讨论结果，选举代表准备展示。

教师讲解中巡视，进行个别指导，获得学习信息。

（三）交流学习成果

1. 同桌派代表分享所思所悟，其他同学认真倾听并进行适当评价，有不同意见的及时进行补充。

2. 教师在学生展示过程中根据反馈信息给予指导，并将学生所说进行归纳总结，答疑解惑。

评价量表如下。

评价要素	评价等级及标准			评价等级
	A	B	C	
内容要求	能画出表情，积极与同桌进行交流，总结出至少三条正确对待教师表扬和批评的方法并做简单记录，展示时主动，能准确解答问题	能画出表情，能与同桌展示交流，总结出至少一条正确对待教师表扬和批评的方法并做简单记录，交流结果能较好地解答问题	能画出表情，与同桌展示交流欠主动，交流结果不能准确解答问题	
语言表达	简练、有力、条理清晰	较为简练，较有条理	能表达观点，但无条理	

设计意图：通过实“画”实说的小游戏，提高学生课堂参与度，并通过与同桌交流被教师表扬、误解或批评时的感受，让课堂充满温度，使学生认识到在师生交往过程中不可避免地要面对教师的表扬与批评，重要的是要以正确的态度去对待。帮助学生在同桌交流中寻找正确对待教师表扬和批评的方法，让不同层次的学生都有所收获，进行有梯度的学习。在班内展示交流时，引导学生通过对比分析对待教师表扬与批评的不同态度的效果，使学生做出正确的选择。

环节五：亦师亦友共成长

目标导学四：亦师亦友共成长

（一）呈现评价任务

1. 现场调查。

说一说：你喜欢什么样的老师？你喜欢什么样的课堂？

2. 播放毛泽东尊师重道的视频。

学一学：说说毛泽东尊重老师的表现，从建立良好师生关系的角度，谈谈对你的启示。

设计意图：说一说，通过现场调查的方式，引导学生认识到师生交往的良好状态，为下一个问题做铺垫；学一学，通过榜样毛泽东的力量，小组合作探讨建立良好师生关系的途径。

（检测目标 4：建立良好师生关系的途径）

（二）执行评价任务

学生先独立思考再小组合作，说表现，谈启示。

要求：以小组为单位进行交流，联系自身经历解决问题，小组长记录有效信息并完善讨论结果，选举代表准备展示。

教师巡视，进行个别指导，获得学习信息。

（三）交流学习成果

1. 学生举手分享所学所思所悟，其他同学认真倾听并进行适当评价，有不同意见的及时进行补充。

2. 教师在学生展示过程中根据反馈信息给予指导，并运用所学进行分析，答疑解惑。

3. 教师根据巡视信息以及小组发言的反馈信息调整教学。

评价量表如下。

评价要素	评价等级及标准			评价等级
	A	B	C	
内容要求	能积极主动参与现场调查和组内交流，并根据问题积极探讨，智慧碰撞。展示时积极主动，展示内容丰富，能准确解答问题，总结出多个建立良好师生关系的途径	参与现场调查和组内交流较积极，教师提问时能主动回答，交流结果能较好地解答问题。	参与现场调查和组内交流欠主动，不能准确理解探讨的问题，交流结果不能准确解答问题	
语言表达	简练、有力、条理清晰	较为简练，较有条理	能表达观点，但不条理	

设计意图：通过现场调查学生喜欢的教师以及课堂，使学生认识到师生交往的良好状态是学生乐学，教师寓教于乐，师生彼此尊重、相互关心、携手共进。再通过榜样的力量，引发学生深度思考，总结出建立良好师生关系的途径，使学生深刻认识到，在平等相待、相互促进的师生交往中，学生可以和教师成为朋友，在生活中主动关心教师，达到师生交往理想而美好的状态。

环节六：课堂小结，强化认知

1. 归航拾贝。

归纳整理，展示本节课的知识结构思维导图，引导学生总体把握知识板块。

2. 智慧分享。

请说一说通过本节课的学习你有哪些收获。

设计意图：用思维导图的方式，展示本节课知识框架，明确本节课的知识网络以及重点知识。再通过学生谈感受话收获，教师给予引导，使情感态度价值观得到进一步提升，实现高效度的课堂。

环节七：拓展空间，能力提升

写给老师的“三行情书”。

老师是这个世界上唯一一个与你没有血缘关系，却愿意因你的进步而高兴、退步而着急，满怀期待、助你成才、舍小家顾大家并且无怨无悔的“外人”。学会感恩，让我们写一首特殊的“三行情书”送给自己的老师。

设计意图：通过实践性作业拓展，让学生在实际操作中提升运用知识的能力，使学生敞开心扉，促进学生与教师之间的有效沟通，构建和谐的师生关系。

《自由平等的追求》教学设计

寿光现代明德学校　张　瑶

【课程标准】

本课对应的课程标准是第四学段“法治教育”。具体对应的内容标准如下。

1. 懂得公民的基本权利和义务，正确行使公民权利，自觉履行公民义务。
2. 初步认识法治的内涵，理解法治是治国理政的基本方式。

课标解读：

结合学科课程性质、课程理念、课程实施、课标内容，从四个方面进行解读。

1. 学生学什么？

通过分解课标可知，“正确行使公民权利，自觉履行公民义务”是指学生需要在认识平等的基础上，做到平等待人，不凌弱欺生。自由、平等是社会规则之一，为了维护社会稳定与发展，必须依法行使权利，珍视自由，反对特权，践行平等。“初步认识法治的内涵，理解法治是治国理政的基本方式”表明了法治对社会发展的重要性。自由、平等是社会主义核心价值观的重要内容，是社会层面的价值取向，法治则是实现自由平等的保证。要引导学生在实际生活中努力珍视自由,力所能及地践行平等。在践行平等时,要学会以自身行为践行平等,做到反对特权、平等对待他人的合法权利和敢于抵制不平等的行为,以实际行动在生活中践行平等。

2. 学生学到什么程度?

第1条课标内容的知识维度为概念性知识和程序性知识,在认知维度上提出了“懂得”的要求;第2条课标内容的知识维度为概念性知识,在认知维度上提出了“认识”的要求。针对“自由平等的追求”从自由、平等两个方面分别展开论述。

3. 学生怎么学?

可选取贴近学生生活且易于理解和接受的事例和情境,设置能够调动学生思考和探究欲望的问题和活动,通过活动引领和案例总结珍视自由的做法,知道特权现象是平等的大敌,知道践行平等的做法。注重体验式教学,促进感悟和建构,帮助学生形成尊崇法治和尊重法治权威的法治意识。

【教材分析】

本节课是部编版《道德与法治》八年级下册第七课第二框的内容。本单元《崇尚法治精神》是整册书的逻辑升华,也是法治教育的落脚点,通过讲授法治的价值追求,引领学生崇尚法治精神,形成尊重自由平等的意识。本框内容共两个部分:第一部分“珍视自由”,阐述了珍视自由的方法;第二部分“践行平等”,阐述了特权的实质及如何践行平等。

基于前三单元知识的学习,学生已经基本掌握宪法的基本知识。在前一框题中,学生理解了自由平等的真谛,体悟自由平等是法治价值追求。本框题继续引导学生从内心深处体会社会主义法治尊重自由平等的理念,在生活实践中能具体落实珍惜自由、践行平等的具体途径,承接了前一框题的学习。因此,本课是在前一框题的基础上,侧重在实际生活中落实的问题,同时也为第八课《维护公平正义》的学习奠定了基础,起到了承上启下的重要作用。

【学情分析】

1. 优势。

八年级的学生思维活跃,有一定的分析问题、解决问题的能力,同时已经有了有关自由平等、公民基本权利、社会规则等方面的知识,为学习本节课内容奠定了知识基础。

2. 障碍。

八年级的学生对于很多事情缺乏辨析的能力，特别是独生子女较多，考虑问题多从自己的角度出发，容易忽略他人的利益和感受。此外，平等自由的内涵丰富，除了在认知上有难度，在践行中也缺乏清晰的认识。而且，学生在遇到不平等待遇时容易冲动，缺乏理性解决问题的能力。

3. 应知。

中学生应该知道现实生活中一些不平等以及特权现象的存在。针对学生实际生活中的问题，引导学生树立尊重自由平等的观念，积极探索珍视自由、践行平等的落实路径。

4. 方法。

与学生的思维水平相适应，设计案例分析、辩证交流展示等活动，鼓励学生参与体验与对话，以及合作与探究，最大限度地促进思维的活跃，在探究、体验、反思与分享中展开思维过程，提升思维的质量，拓展思维的维度，形成正确的学习方法。

【课程核心素养】

1. 政治认同。

培育学生的政治认同，有助于他们形成正确的世界观、人生观、价值观，坚定正确的政治方向，初步树立共产主义远大理想和中国特色社会主义共同理想，成为德智体美劳全面发展的社会主义建设者和接班人。

2. 法治观念。

培育学生的法治观念，有助于他们形成法治信仰和维护公平正义的意识，做社会主义法治的忠实崇尚者、自觉遵守者、坚定捍卫者。

【教学目标】

依据课程标准要求，结合教学内容及学生实际，确定如下教学目标。

1. 通过分析材料并回顾旧知，完整复述公民基本权利的内容以及如何行使权利，并准确总结珍视自由的途径，感受自由的来之不易，树立珍视自由的意识。

2. 通过分析视频资料，准确说出特权的含义、表现以及后果，树立平等的意识。

3. 通过分析视频、辩论问题以及列举日常生活中的特权现象，至少从四个方面总结践行平等的具体做法。

【教学重点与难点】

1. 教学重点。

珍视自由的方法。

2. 教学难点。

践行平等的方法。

【课程资源】

1. 小利关于人身自由的文字材料。

2. 仝卓事件的视频片段。

【教学思想】

1. 基于教学评一致性的教学思想，本节课建立以目标为灵魂的“三位一体”的关系，设计适切的学习目标，在教学中通过呈现评价任务、有效处理评价信息、恰当评价学生学习，保证学习目标、教学活动和教学评价的一致性，落实教学评一致性的教学思想，确保代表国家意志的课程标准落实到课堂层面。

2. 依据五度课堂要求，在教学过程中建设有温度、有深度、有梯度、有参与度、高效度的高效课堂，带领学生通过案例分析、小组合作探究，总结自由与平等的关系，概括特权的表现以及践行平等的正确方式。

【评价任务】

1. 采用火车接龙的方式，说一说我国公民还享有哪些基本权利，我们在行使权利时应注意些什么，应该如何珍视自由。（目标 1）

2. 观看仝卓事件视频，自主提取关键信息，同桌交流，回答仝某及其家人的做法是一种什么行为，任由特权现象存在甚至发展，会有什么危害，对于生活中的特权现象我们应该怎样做。（目标 2）

3. 以小组为单位参与问题辩论：服刑人员确诊新冠肺炎，到底应不应该被救治？共同总结践行平等的做法。（目标 3）

【教学方法】

1. 教学方法。

（1）妙趣·三生情境体验法：在教学过程中，有目的地创设生动具体的情境，引起学生亲身体验，理解教材。

（2）案例教学法：基于案例，引导学生自主探究，在体验、讨论与分析中提升能力。

（3）探究讨论法：小组合作进行讨论，成员搜集材料，为本小组的观点提供材料支持。

（4）信息化教学法：利用多媒体教学，实现教学内容清晰、直观。

2. 教学工具。

纸质学案、多媒体、粉笔、黑板。

【教学过程】

环节一：创设情境，导入新课

导入：自由是我们每个人的追求，那么自由是什么呢？自由是不是无限制的？我们应该如何正确地去追求自由和平等呢？

PPT 展示自由的含义。

师生交流，分享所思所想。

教师点评总结，顺势引起学生共鸣，引发思考。

教师总结：自由在法律上的体现，就是我们享有的和正当行使的各项权利。但是自由并不是为所欲为，它是有限制的、相对的，而必要的限制是对我们追求自由的保护，无限制的自由只会导致混乱与伤害。让我们珍惜来之不易的自由，一起走进今天的学习——《自由平等的追求》。

设计意图：由旧知“自由、平等”的概念导入，选用的材料内容与本节课的内容贴合，激发学生的学习兴趣，营造民主、平等、尊重的师生成长共同体的课堂，创设有温度的课堂环境。此外，利用教师设计的递进性的几个问题，顺势导入新课。

环节二：珍视自由有妙招

目标导学一：权利小火车——我国公民有哪些权利

（一）明确学习任务（PPT 展示材料和探究问题）

“权利谁做主？”2021 年 5 月 22 日下午，临沂市沂南县张庄镇 5 名学生相约去河边玩耍，其中 2 人不幸落水，后经抢救无效死亡。警钟敲响，学校更加重视安全教育，要求我们周末回家时，不到河边玩耍。同去的小利却说："周末是我自己的时间，我的人身自由不受他人限制，我的权利我做主，谁也管不了。"

参与活动，结合旧知，自主思考探究问题。

1. 你说我说。

除了人身自由权，我国公民还享有哪些基本权利？

2. 理性思考。

我们在行使权利时应注意些什么？

3. 建言献策。

我们应该如何珍视自由？

设计意图：

（1）问题 1 旨在引导学生回忆公民的基本义务，属于回顾旧知。

（2）问题 2 旨在通过回忆公民基本义务的内容，寻找正确行使权利的途径。

（3）问题 3 旨在总结珍视自由的正确做法。

（检测目标 1：珍视自由的做法）

（二）执行学习任务

学生通过材料分析提取关键信息。

要求：独立思考，借助前期所学。

教师在学生讨论交流过程中巡视，掌握学习进程。

（三）交流学习成果

1. 举手回答，其他同学认真倾听并发表感想。

2. 教师根据巡视信息以及学生发言的反馈信息进行引导，最后进行总结。

评价量表如下。

评价要素	评价等级及标准			评价等级
	A	B	C	
参与学习活动及内容要求	回答问题时积极主动，展示内容完整，能准确解答问题，并完整说出公民的基本权利以及行使权利时的注意事项	回答问题较为积极，教师提问时能够主动回答，能较好地解答问题	参与交流欠主动，不能准确地理解探讨的问题，交流结果不能准确解答问题	
语言表达	逻辑清晰，感情丰富，语言表达有力	较为简练，较有条理	能表达观点，但不够有条理	

教师总结:我们要珍视自由,首先我们要明确宪法、法律赋予我们的权利,珍惜宪法、法律赋予我们的权利,正确认识权利的价值,积极行使和维护自己的权利。我们还要树立法治意识。

设计意图:本环节从学生已有的知识出发,更能引发学生的思考。在材料信息的基础上,挖掘材料背后的信息,体现课堂的深度。设计三个层次不同的问题,使全体学生投入到课堂活动中,最大限度地发挥学生的主体作用。通过分析案例中人物的做法,使学生认识到珍视自由不仅要珍惜自己的合法权利,更要依法行使权利,使学生树立起珍视自由的意识。

环节三:平等知识我知道

目标导学二:社会热点看平等——仝卓事件

(一)明确学习任务(PPT 展示视频 2 和探究问题)

观看视频 2,同桌合作,共同思考下列问题。

1. 请你来说。

视频中仝某及其家人的做法是一种什么行为呢?

2. 理性思考。

任由这种现象存在甚至发展,会有什么危害?

3. 落实行动。

对于生活中的这种现象我们应该怎样做?

设计意图:

(1)问题 1 旨在了解学生对于日常生活中特权现象的认识,摸清学生的知识储备。

(2)问题 2 旨在通过对特权现象危害的分析,引导学生树立平等意识。

(3)问题 3 旨在通过前两个题目的分析,引导学生初步了解如何面对特权现象。

(检测目标 2:特权的含义、表现以及后果)

(二)执行学习任务

1. 同桌合作,智慧碰撞,限时 5 分钟。要求:两人分享对问题的看法并及时进行整理归纳,发现别人回答中的亮点且能进行评价。

2. 教师在学生讨论交流过程中巡视,掌握学习进程。

(三)交流学习成果

1. 学生代表上台展示,其他同学认真倾听和互评。

2. 教师根据巡视信息以及学生发言的反馈信息调整教学,并做出补充。

3. 在学生分享过程中,根据学生的回答,教师及时进行总结。

评价量表如下。

评价要素	评价等级及标准			评价等级
	A	B	C	
参与学习活动及内容要求	能积极参与到同桌交流中,并根据问题积极探讨智慧碰撞。展示时积极主动,展示内容丰富,能准确解答问题	参与组内交流较积极,教师提问能主动回答,交流结果能较好地解答问题	参与交流欠主动,不能准确地理解探讨的问题,交流结果不能准确解答问题	
语言表达	逻辑清晰,感情丰富,语言表达有力	较为简练,较有条理	能表达观点,但不够有条理	

教师总结:在现实生活中,特权是平等的大敌,每个公民都应平等地承担法律规定的义务,不得享有不受法律约束的特权,践行平等就要反对特权;要积极践行平等,敢于抵制不平等的行为,面对不平等的现象,应据理力争,必要时依法维权。

设计意图:设置本环节的主要目的为向学生介绍生活中的特权现象,将课本知识与生活中的特权现象相联系。通过知识的归纳总结和运用,增强学生的问题解决能力:引导学生解决真实情景问题;倡导师生互动解决问题,从而加深学生对特权是平等的大敌的认识。再对案例进行分析,前后呼应,同时也考查学生的分析和运用能力。

环节四:践行平等有方法

目标导学三:学以致用——践行平等

(一)明确学习任务(PPT 展示探究问题)

1. 辩一辩。

死刑犯确诊新冠肺炎,到底应不应该被救治?

2. 正方。

死刑犯也享有生命健康权,对死刑犯的救治恰恰是人类尊重生命的德行要求。要救,要救!

3. 反方。

不应该浪费国家有限的财力去救治一个死刑犯，用公共资源去救治一个已经注定无法换回的生命不值得。不救，不救！

（检测目标3：践行平等的方法）

（二）执行学习任务

1. 分小组准备活动，交流准备时间7分钟。
2. 双方持正反观点进行辩论。
3. 教师根据小组发言的反馈信息进行答疑解惑。

（三）交流学习成果

1. 学生积极辩论，其他同学认真倾听，积极准备发言。
2. 教师对学生发言结论进行点评、总结。
3. 教师根据巡视信息以及小组发言的反馈信息调整教学，在辩论中引导学生总结践行平等的方法。

评价量表如下。

评价要素	评价等级及标准			评价等级
	A	B	C	
参与度	正方与反方均能积极主动地参与辩论的准备活动，人人提出论点和论据。辩论时能积极快速发言	双方大部分成员能参与到准备活动中，辩论时大多能应对对方提出的问题	部分参与，但积极性不高，辩论时不能准确地提出自己的观点，不能积极应对对方问题	
辩论内容	有理有据，论据充分，有说服力，有条理性，不仅能说出应对违法犯罪的理由，还能根据经验说出多个应对的正确做法，实现了预料之外的精彩	论点、论据较充分，能从救或者不救入手辩论，并说出原因	缺少必要的论点、论据，表达欠条理，缺少逻辑性	
辩论过程中的团队合作	反应准确、敏捷，团队分工合理，发言错落有致，互相支持，配合默契	反应较迅速，团队合作较佳，大多能按照准备分工进行发言	团队合作欠佳，配合不好，不能形成一个有机整体	

教师总结：我们每个人都有平等的生活权利、发展权利和追求幸福的权利。我们要以法律为基本的行为准则，平等对待所有成员，平等对待他人的合法权利。实现人与人之间的平等，需要每个公民把平等原则落实到日常的生活、学习和工作中。我们要增强平等意识，努力践行平等，共同构建平等有序的社会制度。

设计意图:通过观察他人的行为,引导学生认识到践行平等时要尊重他人的合法权利。注重问题设计、合作式学习,关注问题设计的层次性与启发性。借助辩论锻炼学生搜集信息、整理信息的能力,站在不同的立场、从不同的角度思考问题,从思辨中获得能力提升,在合作中增强团队意识。小组合作贯穿始终,最大限度地保证学生的参与度。

环节五:课堂小结,强化认知

1. 归航拾贝。

归纳整理后,展示本节课的知识结构思维导图,引导学生总体把握知识板块。

2. 智慧分享。

请说一说通过本节课的学习你有哪些收获。

教师总结:在《自由平等的追求》的学习中,我们学会了珍视自由和权利并依法行使自己的权利。我们了解了社会中存在的特权现象,敢于与特权做斗争并积极抵制不平等的行为,学会了如何去践行平等,并在日常的生活、学习和工作中增强平等意识,为构建自由平等、和谐有序的社会贡献自己的一份力量。

设计意图:利用思维导图,拓展抽象思维,并凸显知识点的关键词部分,总体把握本节所学内容,明确本节课的知识网络和板块结构,引领学生对教材进行标注,落实知识目标。同时,通过学生谈感受与收获,教师引导升华,情感态度价值观得到进一步发展。

第七节 历史部分

●《秦统一中国》教学设计●

寿光现代明德学校 牟 翔

【课程标准】

通过了解秦朝统一、陈胜和吴广等领导的秦末农民起义、西汉“削藩”和尊崇儒术,知道统一多民族封建国家建立和早期发展的过程。

课标解读:

1. 学生学什么（根据内容要求进行分析）？

通过分解课标可知，学生需要知道的事实性知识，即秦统一中国的基本史实、巩固统一的措施；需要理解的概念性知识，即秦朝统一对中国历史发展的意义。

2. 学到什么程度（根据学业要求与认知维度进行分析）？

认知维度上提出了“知道”和“了解”的要求，“知道秦始皇统一中国”需要学生准确复述秦统一中国的原因与过程；“了解秦代的中央集权制度和统一措施对中国历史发展的影响”需要学生全面概括秦朝加强中央集权及巩固统治的措施、影响，并总结秦朝在历史上的作用。

3. 学生怎么学（根据教学提示进行分析）？

通过自主学习，结合动态地图，熟练讲述秦统一中国的原因与过程；结合情境、合作探究，全面概括秦朝加强中央集权及巩固统治的措施、影响；通过史料分析、讨论交流，凝练总结秦朝在中国历史上的作用。

【教材分析】

本课为部编版七年级《中国历史》上册第三单元第一节课。本课主要学习三部分内容：秦灭六国、确立中央集权制度、巩固统一的措施。三部分内容是密切联系的，共同围绕秦统一中国这一主题。秦灭六国，完成了初步统一，中央集权制度的确立和巩固统一的措施，都维护了统一的多民族国家，对后世产生了深远影响。

本课上承春秋战国时期诸侯纷争与变法崛起，下启秦汉时期统一多民族国家的建立和巩固，在本册中具有承上启下的作用。秦灭六国开创了中国历史上的统一格局，秦朝创立的多项制度影响历代封建王朝，秦的统一是中国历史上具有划时代意义的标志性事件。

【学情分析】

1. 优势与不足。

初一学生大都知道秦始皇统一中国，学习热情高涨，很容易进入历史情境；学生有很强的求知欲，但认识较为片面，浮于表面；学生已对春秋战国以来的政治、经济、文化格局有所了解，具有本课学习的知识储备和学习能力。学生对知识缺乏系统整合，前后联系能力有待提高。

2. 解决方法。

与学生认知水平和情感发展相适应，通过设置基于情境的任务，鼓励学生参与体验，活学活用知识；通过小组合作，在探究、反思与分享中最大限度地活跃思维；通过循序渐进的追问，逐步深入，提升思维质量。

【课程核心素养】

1. 从唯物史观角度看，引导学生认识秦的统一是历史发展趋势和人民共同愿望的产物，辩证地看待历史事件、评价历史人物。

2. 从时空观念角度看，动态地图展现秦灭六国的过程，促使学生直观内化知识；通过春秋到战国到秦朝形势的对比，帮助学生理解时局的变化。

3. 从史料实证、历史解释角度看，通过出土文物和各种史料及情境等，引导学生分析史料时论从史出，深入理解秦的各项措施及影响。

4. 从家国情怀角度看，引导学生通过认识秦统一中国的影响，认识统一对国家发展的重要意义。

【教学目标】

1. 通过自主阅读教材、分析动态地图，能熟练讲述秦统一的原因、过程，提高语言概括能力。（时空观念）

2. 进行情境问题探究，同桌交流分享，能解决情境问题，全面概括秦朝巩固统治的措施、影响，提高史料分析、提取信息的能力。（史料实证、历史解释）

3. 通过小组合作、分析史料，凝练总结秦朝在中国历史上的作用，增强对国家统一的认同感。（家国情怀、唯物史观）

【评价任务】

1. 自学教材第 44 页，简要叙述秦王嬴政统一六国的原因；请根据动态地图，说说秦灭六国的顺序和秦朝建立的基本史实。（检测目标 1）

2. 根据教材第 45 ～ 46 页，帮助嬴政解决问题，同桌共同探究。（检测目标 2）

3. 小组合作探究，思考秦始皇应该通过哪些办法解决孔虚遇到的这几个问题。（检测目标 2）

4. 根据材料小组合作，用凝练的语言概括秦朝在中国历史上的作用，并以史为鉴，认识统一对国家发展的重要意义。（检测目标 3）

【教学过程】

环节一:激发思维,导入新课

带着问题看《大秦赋》视频节选,视频展示的核心主题是什么?视频中的主人公是谁?

教师讲述:众所周知,嬴政的最大功绩就是统一六国,建立秦朝。那么他是如何统一六国的?统一后又是如何统治如此庞大的帝国的?让我们通过第九课《秦统一中国》来一探究竟吧。

设计意图:七年级学生对动态直观的资料比较感兴趣,通过播放大气磅礴且与本课密切相关的视频,适应学生认知特点,能够促使学生快速融入,激活学生思维,引发学生深度思考(人物主线串联)。

环节二:任务引领,讲授新课

教师过渡:了解完学习目标后,我们来解决刚刚说的第一个问题,探究秦是如何统一六国的。

一、秦的统一

(一)明确学习任务(检测目标 1)

任务一:自学教材第 44 页,简要归纳秦王嬴政统一六国的原因;请根据动态地图,说说秦灭六国的顺序和秦朝建立的基本史实(在教材上将重点内容用黑笔横线标画)。

设计意图:培养学生自主学习、知识归纳能力,发挥学生的主动性。学生可以通过动态地图,加深理解内化知识,增强时空观念。

(二)执行学习任务

1. 独立梳理教材,快速完成任务。

2. 教师在学生讨论交流过程中跟进,及时了解学情,掌握学习进程。

学情预设:教材描述清晰条理,学生通过自主学习,比较容易完成任务,但是可能存在不全面、有遗漏或是照读教材、语言不凝练等问题;教材内容缺少地图,学生对相关地理位置不敏感,对秦统一六国的过程缺乏直观认识。

(三)交流学习成果

1. 随机挑选学生展示学习成果,其他同学对发言进行点评补充。

2. 在学生分享过程中,根据学生回答,教师进行追问,加深学习;展示相应资料，丰富学生对秦统一六国的原因的认识；通过动态地图，帮助学生直观了解秦统一过程。

评价量表如下。

评价要素	评价等级及标准			自评
	A	B	C	
内容要求	能凝练、全面地说出秦统一原因；流畅复述统一顺序及秦建立的基本史实	能说出秦统一原因，但不全面；能复述统一顺序及秦建立的基本史实，但不够熟练	在他人的帮助下能说出两条原因；对照课本说出秦统一顺序及秦建立的基本史实	
提取信息	阅读无障碍，能找到关键词或语句	能找到部分关键句或词语	阅读障碍较多，关键词或语句定位不清	
表达总结	语言精练，条理清晰	不太流畅，不精练	照读课本，不精练	

教师过渡：秦统一六国后，嬴政遇到了三个棘手的问题，那么请你积极思考帮助嬴政解决这三个问题。

二、秦的统治

(一)明确学习任务(检测目标 2)

任务二：阅读《朝会》历史小品，说说以下三个问题的答案，独立思考后同桌交流结果。

1. 我要是嬴政我会怎么办？
2. 这么多事处理不过来怎么办？
3. 这么大的疆域，管不过来怎么办？

设计意图：基于情境创设任务，学生在交流学习中解决问题，提高思维质量。

(二)执行评价任务

学生以同桌为单位进行交流，要求如下。

1. 独立思考，快速查阅课本。
2. 和同桌交流讨论，进行总结，完善答案。
3. 教师巡查中根据学生情况予以指导。

学情预设：七年级学生对一些名词概念一知半解，只是停留于表面，缺乏深入理解，对于秦朝政治运转情况的层次性缺乏直观认识。需要优化问题设计，设置层层递进的具有梯度的问题，激活学生深度思考。此处任务问题与课本知识相结合是此项学习任务突破的重点，需要引导学生提取关键信息，把课本知识灵活运用，在解决问题的过程中强化认知。

（三）交流学习成果

1. 教师挑选学生回答，其他同学认真倾听并进行评价、补充。

2. 教师补充“分封制与郡县制对比表”“秦朝政治建制示意图”，引导学生思考加深理解。

设计意图：教师根据学情对其障碍进行点拨，并做出相应总结。通过图表直观呈现，促使学生深入学习，理解抽象的制度运转情况。

评价量表如下。

评价要素	评价等级及标准			自评
	A	B	C	
内容要求	能灵活运用知识解决问题，并可以回答教师的追问。	能解决两个问题，回答部分追问	解决一个问题，但无法解释说明	
提取信息	言简意赅，理由充分	较为简洁，有一定依据	表达不清，无有力依据	

教师过渡：同学们很好地帮助嬴政解决了他的问题。但是秦国建立后，一个名叫孔虚的普通人也遇到了一些问题，如果你是秦始皇，该如帮他解决这些问题呢？请同学们以小组为单位为孔虚的问题想出对应的解决办法。

（一）明确学习任务（检测目标 2）

任务三：小组合作探究，思考秦始皇应该通过哪些办法解决孔虚遇到的这几个问题。（可结合教材 46 ～ 48 页，从文化、经济、交通、军事等方面考虑）

情境一：秦人孔虚在咸阳的街头看到一位来自遥远的楚国的商人准备出售他的千里马，商人选好了位置，在地上写下一个大大的 。围观的人看了之后不知所以然。这时曾经去过楚国的孔虚向人们解释说这是一个“马”字，大家这才恍然大悟……

情境二：孔虚出门游历，领略各地风光。路走了一半，饥肠辘辘，准备到餐馆大吃一顿。

店小二：我们餐馆不收秦国货币，只收赵国货币。

孔虚：天啊，我该怎么办？

情境三：（旁白）孔虚好不容易变卖了玉佩，换到了赵国的钱币，在一家布店准备定做一条长裙。三天后，定做的长裙穿在身上却刚到膝盖，成了一条短裙，他几近绝望。

情境四：（旁白）因为战国时期各国的车辆和道路的宽窄都不统一。秦国的马车大，但韩国的道路窄，车辆不便通行。

孔虚：一路步行而来，脚都磨起泡，有车不能坐，真是天理何在啊！

情境五：孔虚来到北方边境，本打算在此经商，但此地经常受到匈奴的侵扰，并不太平。他不禁感慨，如何才能安定！

设计意图：情境任务促使学生了解秦始皇在六国统一后遇到的难题，帮助学生理解措施的影响；活用知识，提高思维质量；小组合作，碰撞思维，增强探究意识，避免课堂时间的冗余和浪费，实现课堂的高效度。

（二）执行学习任务

1. 学生阅读情境故事，自主思考解决办法。

2. 有难度的问题组内讨论，交换观点并进行深入学习。

学情预设：七年级学生仅学习课本知识并不能感同身受地了解各项措施的必要性。创设有关情境，让学生置身其中解决问题，也符合认知规律。但有些学生只是从课本中找答案，并不能深层思考，需要他人点拨。

（三）交流学习成果

1. 小组代表展示小组讨论结果，其他小组同学认真倾听，及时进行补充。

2. 教师针对小组发言的反馈信息进行相关补充、总结。

评价量表如下。

评价要素	评价等级及标准			自评
	A	B	C	
内容要求	能解决情境中的5个问题；能进一步回答细节知识；能说出各项措施的影响	可以解决至少3个情境中的问题；能回答部分教师追问；能说出部分措施的影响	可以解决情境中的1～2个问题；不能回答教师追问；无法说出措施的影响	
提取信息	阅读流畅无障碍，能准确说出答案的依据	阅读存在一定障碍，能说出答案依据	阅读障碍较多，关键句定位不清	
答案总结	语言精练，条理清晰	较为简洁，较有条理	存在照读材料的情况	
小组合作	参与度高，成员积极发言，讨论热烈	大部分成员积极参与并发言，小部分成员不活跃不主动	小部分成员参与并发言，大部分成员只倾听	

教师过渡：通过这节课主要内容的学习，我们了解到不管是秦朝的建立还是采取的统治措施都是极具开创性的，那么这样的秦朝在整个中国历史上有什么作用呢？

三、秦的意义

（一）明确学习任务（检测目标 3）

任务四：根据材料小组合作，用凝练的语言概括秦朝在中国历史上的作用，并以史为鉴，认识统一对国家发展的重要意义（用红笔标画材料关键句，先思考再讨论）。

设计意图：通过观察秦各时期疆域变化图，增强时空观念。通过小组合作探究，既突破了本节课的重点、解决了难点，又培养了学生综合解读历史、史料实证的能力，在小组合作中激发思维碰撞，提高思维能力，充分调动学生参与的积极性。教师积极参与学生讨论，对问题进行有针对性的答疑解惑，创造有温度的课堂氛围。

（二）执行学习任务

学生以小组为单位对合作探究题目进行交流，要求如下。

1. 先独立思考，勾画材料中的关键词，进行概括。

2. 有难度的问题组内讨论。

3. 完善讨论结果，选举代表准备展示；教师巡视，进行个别指导，获得学习信息。

学情预设：通过本节课的知识学习，多数学生对于秦统一的意义有了一定了解，能说出各项措施的影响，但不够系统、全面，对秦朝在中国历史中的作用缺乏宏观认识。有些学生仅靠自主学习，不能全面提取观点，需要借助小组力量碰撞思维，解决本节课的难点问题。

（三）交流学习成果

1. 小组代表展示小组讨论结果，其他小组同学认真倾听，有不同意见的及时进行补充。

2. 教师引导学生突破本节难点，总结发言。

3. 教师引领学生从秦的统一联系到当今统一趋势，认识统一对国家发展的重要意义。

设计意图：通过统一话题引发学生思考，从秦的统一联系到当今统一趋势，体会统一对国家发展的重要意义。以史为鉴，得到启示，培养学生历史迁移能力和家国情怀。

评价量表如下。

评价要素	评价等级及标准			自评
	A	B	C	
内容要求	能根据材料用历史语言总结出至少三条作用；能以史为鉴，说出统一对当下的重要意义	能根据材料总结出至少两条作用；认识统一对当下的重要意义	简单说出一条作用；认识统一对当下的重要意义	
提取信息	阅读流畅无障碍，能准确说出答案的依据	阅读存在一定障碍，能说出答案依据	阅读障碍较多，关键句定位不清	
答案总结	语言精练，条理清晰	较为简洁，较有条理	存在照读材料的情况	
小组合作	参与度高，成员积极发言，讨论热烈	大部分成员积极参与并发言，小部分成员不活跃、不主动	小部分成员参与并发言，大部分成员只倾听	

本课结语：从2020年的全民抗疫到最近香港的繁荣稳定，从前段时间的全民力挺新疆棉花到最近孟晚舟的安全归国，这一桩桩一件件无不让我们看到任何困难都将被一个统一、团结的民族战胜，任何辉煌都会被创造。如果奇迹有颜色，那一定是中国红！

环节三：课堂小结，学有所获

请同学们自主构建本节课的知识框架，尝试用思维导图的方式把知识点列出。

设计意图：构建知识框架，巩固学习成果。

环节四：拓展活动，延展课堂

材料一：秦始皇是中国封建统治阶级中的一个杰出人物，不仅因为他是一个王朝的创立者，而且因为他……开创了一个中央集权的封建专制主义的新的时代。

——翦伯赞

材料二：“秦王怀贪鄙之心，行自奋之智，不信功臣，不亲士民，废王道，立私权，禁文书而酷刑法，先诈力而后仁义，以暴虐为天下始。夫并兼者高诈力，安定者贵顺权，此言取与守不同术也。” ——司马迁《史记·秦始皇本纪》

为什么两人对于秦始皇的评价褒贬不一？请你来说说你眼中的秦始皇。

(结合本课及第10课所学,上网搜集材料)

设计意图:培养学生全面客观看待历史事件与历史人物的能力,渗透唯物史观。同时,为第10课的学习做铺垫。

《经济大危机和第二次世界大战》单元复习教学设计

寿光现代明德学校　赵静雯

【课程标准】

世界现代史部分课程标准摘录如下。

1.通过了解经济大危机和罗斯福新政,初步理解国家干预政策对西方经济发展影响。

2.通过了解日本对中国的侵略、纳粹德国对外扩张,知道德国、日本、意大利侵略集团是发动第二次世界大战的罪魁祸首,知道第二次世界大战的主要进程和主要战场,知道《联合国家宣言》和雅尔塔会议等国际会议,了解世界人民反法西斯战争的艰巨性和胜利原因。

课标解读:

1. 学生学什么(根据内容要求分析)?

学生需要知道的事实性知识包括经济大危机、第二次世界大战的罪魁祸首、第二次世界大战的主要进程、《联合国家宣言》和雅尔塔会议等国际会议;需要理解的概念性知识包括罗斯福新政及国家干预政策的影响、日德对外侵略扩张与第二次世界大战的关系、世界人民反法西斯战争的艰巨性和胜利原因。

2. 学生学到什么程度(根据学业要求与认知维度分析)?

(1)知道:能够准确说出经济大危机的基本史实、发动第二次世界大战的罪魁祸首、第二次世界大战的主要进程以及《联合国家宣言》和雅尔塔会议的内容。

(2)了解:能准确复述罗斯福新政的前因后果;能准确复述日德对外侵略扩张与第二次世界大战的关系,迅速列举日本侵华的史实。

(3)初步了解:能解释说明罗斯福新政的特点和实质、国家干预政策对西方经济发展的影响,总结分析世界人民反法西斯战争的艰巨性和胜利原因,客观评论战争的影响。

3. 学生怎么学(根据教学提示分析)?

通过自主梳理导图、构建时间轴来整合知识;通过分析史料、借助同桌交流、小组合作等方式解决难点问题。

【教材分析】

本单元是部编版《世界历史》九年级下册第四单元,内容包含罗斯福新政、法西斯国家的扩张和第二次世界大战。纵向上看,它前承第一次世界大战,后启第二次世界大战后的世界格局;横向上看,它与中国抗日战争密切相关。所以本单元在世界历史上占据着极其重要的地位,向来是中考的重要考点。

面对1929年经济大危机,美国通过国家干预经济手段走出困局,这一方式对资本主义世界影响深远;德、日、意则走上了侵略扩张的道路,发动了第二次世界大战。经过世界反法西斯力量的共同努力,第二次世界大战最终以世界反法西斯联盟的胜利而结束。通过本单元的复习,学生能深刻认识到面对危机时要立足国情,改革创新,加强团结合作,珍惜来之不易的和平。

本课是复习课,需要从单元的角度出发进行主题抽提、整合构建;再结合学情进行深入研究,力求从本单元复习中寻求历史的借鉴。

【学情分析】

1. 优势。

学生已经学习过本单元,对日本侵华战争也相对熟悉,具备了复习本节课的知识基础。大多数学生具备了一定的历史学习能力,能够对史料进行分析和概括。部分学生在此基础上能做到前后知识的联系。

2. 障碍。

学生对本单元基础知识存在遗忘,知识的纵向联系和横向联系能力较弱,材料题的答题技巧和方法有待提升。

3. 应知。

能够全面地评价罗斯福新政,正确地认识战争,明确世界反法西斯战争与中国抗日战争的联系。

4. 方法。

多种形式记忆,夯实基础;构建完整的知识网络,在习题精炼中迁移应用;让学生做命题人,激发研题热情,训练学生的答题方法和技巧。

【课程核心素养】

根据知识内容特点、时间轴、地图等方式对基础知识进行梳理巩固，让学生形成有效的历史记忆，增强学生的时空观念；通过阅读分析史料、尝试命题研究，培养学生"史料实证""历史解释"等核心素养；以史为鉴，学以致用，增强学生社会责任感，潜移默化中渗透学生的家国情怀。

【教学目标】

1. 通过梳理教材、分析史料，概述主要资本主义国家应对经济大危机的不同方式、影响及启示；提升知识整合能力。

2. 通过构建时间轴，流畅复述第二次世界大战主要进程；通过辨析史料、合作命题，全面归纳反法西斯战争胜利的原因、影响、启示；提升概括分析能力。

3. 通过观看视频，回顾所学，简要概括面对全球性问题时的应对策略，增强社会责任心。

【教学思想】

落实育人目标，落实历史核心素养，体现教学评一致性。本课根据课程标准、学科素养、学情和教材分析制定本单元的教学目标，设计与教学目标相对应的评价任务，并把评价任务镶嵌到教学活动之中。通过实施基于情境的不同层次的相关任务，体现教学的梯度与深度；学生在积极参与中感受历史温度；在教学中践行五度，充分凸显以生为本的教育理念，重视学生的知识获得感和体验感，最终实现教学效度。

【单元情境任务】

新冠肺炎疫情在全球蔓延，给人民群众身体健康带来巨大威胁，给全球公共卫生安全带来巨大挑战。应该如何应对全球疫情？我们回顾发生在20世纪的两次世界性问题，看看历史给我们怎样的借鉴。

【评价任务】

1. 自主复习教材，构建单元知识体系，与同桌说说主要资本主义国家怎样应对经济大危机，产生了什么影响，启示是什么。

2. 梳理教材69～71页，构建第二次世界大战进程时间轴，同桌相互提问

检查。(检测目标 2)

3. 小组合作,辨析史料,提出问题,并尝试在组内解答。(检测目标 2)

4. 观看视频,结合本课所学,说说面对全球性问题时我们应该怎么办。(检测目标 3)

【教学过程】

环节一:情境导入

新冠肺炎疫情在全球蔓延,给人民生命安全和身体健康带来巨大威胁,给全球公共卫生安全带来巨大挑战。诸如此类的世界性问题有何破解之计呢?我们看看历史给我们怎样的借鉴。

设计意图:通过联系当下全球性问题,创设任务情境,激发学生探究意识,快速引入本单元复习。

环节二:危机下的抉择——新政与法西斯

(一)明确学习任务

自主复习教材,构建单元知识体系,说说主要资本主义国家怎样应对经济大危机,影响、启示如何。(要求:先自己独立思考,有难度的同桌交流)

1. 复习助手:根据史料,多角度分析罗斯福新政的影响。

美国经过他(罗斯福)的手术,得到的不是死亡,而是变得比过去更强壮,并取得新的生命……第二次世界大战后,英国、法国、联邦德国和日本等,虽然发展模式各不相同,但政府干预都是这些国家经济发展中的共同之处。

——[美]罗伯特·舍伍德《罗斯福与霍普金斯》

罗斯福说:"作为一个国家,我们拒绝了任何彻底的革命计划……我们依靠的是旧民主秩序的新应用。"第二次世界大战后,各主要资本主义国家又发生了次数不等的经济危机,如美国 7 次、日本 7 次、法国 5 次、英国 7 次。

2. 以史为鉴:根据史料,同桌合作。

著名历史学家黄安年说,20 世纪,中美出现了两大改革家,一个挽救了现代资本主义,一个挽救了现代社会主义。

他们是谁?有何突出成就?他们成功的有什么共同原因值得我们学习?

70多年前，法西斯主义者发动了第二次世界大战，给人类社会带来了巨大的灾难……中国是世界上遭受法西斯侵略危害最大的国家之一，中国人民抵抗法西斯侵略浴血奋战的时间最长……今天，我们在纪念《开罗宣言》之际，要特别警惕法西斯主义以任何形式死灰复燃；也要特别警惕西方国家怂恿日本制造事端。

——张顺洪《吸取历史教训，警惕法西斯主义死灰复燃》

阅读史料，说说你对法西斯主义的认识。

(二)执行学习任务

1. 按照任务要求，先独立思考，再同桌合作。

2. 同桌间对有难度的问题，如“不同应对方式的影响及启示”，进行讨论。

3. 教师在学生交流过程中跟进，及时了解学情，掌握学习进程。

(三)交流学习成果

1. 学生积极举手，教师随机挑选学生回答，其他同学认真倾听和评价，并进行补充。

2. 教师根据巡视信息及学生发言的反馈信息调整教学，对其障碍进行点拨，并做出相应总结，展示答案。

评价量表如下。

评价要素	评价等级及标准			评价等级
	A	B	C	
内容要求	能说出美国和德日应对经济大危机所采取的方式；能概括罗斯福新政的3条影响；至少总结3条启示	能说出美国或德日应对经济大危机所采取的方式；能概括罗斯福新政的2条影响；至少总结2条启示	说不出美国或德日应对经济大危机所采取的方式；能概括罗斯福新政的2条影响；总结1条启示	
语言表达	逻辑清晰，语言表达有力	较为简练，较有条理	表述不清	

设计意图：

(1)整合知识，构建思维导图，清晰条理地帮助学生理清思路，提升认知层次；教师随机抽查，便于掌握基础复习效果。

(2)选择典型材料，强化史料实证意识，多角度客观评述历史事件，培养学生历史解释能力。

（3）加强中外史联系，以史为鉴、学以致用，从历史事件中探寻启示，潜移默化中渗透家国情怀，体现历史课堂的温度。

学情预设：学生可能存在知识遗忘，对单元整合缺少必要认知基础，构建导图时存在一定困难。例如，不能从多角度复述“罗斯福新政影响”，需要查阅教材并通过相关史料帮助理解；对“日德对外侵略扩张与第二次世界大战的关系”认识不清、复述不到位，需要教师启发引导。“以史为鉴说启示”环节，有些学生可能总结不到位，需要同桌间相互交流。可能缺乏时空认知，需要教师提供相关时间轴、地图等资料帮助解决困境。

环节三：第二次世界大战

（一）明确学习任务

梳理教材第 69 ～ 71 页，构建第二次世界大战进程时间轴。（要求：完成后，自己订正；同桌间互说第二次世界大战过程）

（二）执行学习任务

1. 同桌两人为一组，先独立梳理课本，完善时间轴。
2. 同桌针对难点进行交流，相互订对答案。
3. 同桌间相互复述第二次世界大战过程。
4. 教师观察学生时间轴完成度和复述是否完整、准确。

（三）交流学习成果

1. 随机选取两名学生展示时间轴，其他学生认真倾听以备补充。

2. 教师根据巡视信息及学生发言的反馈信息调整教学，展示时间轴，同时给学生部分时间夯实基础。

评价量表如下。

评价要素	评价等级及标准			评价等级
	A	B	C	
内容要求	能正确填写时间轴上的所有内容	能正确填写时间轴上超过 2/3 的内容	能正确填写时间轴上超过 1/2 的内容	
语言表达	语言凝练、流畅	较为简练，较流畅	表述不流畅	

设计意图：通过时间轴的形式，引领学生建立时空观念，清晰了解基本史

实。对重点但是较为简单的内容直接进行记忆，帮助学生构建知识体系。

环节四：我是命题人

（一）明确学习任务

小组合作，辨析史料，提出问题，并尝试在组内解答。（要求：先自己认真研读史料，再进行组内交流）

材料一：国际反法西斯联盟是不同社会制度的国家组成的国际反法西斯统一战线，它的组成大大加强了国际反法西斯力量……这就为最后战胜法西斯轴心国定了坚实的基础。

——《二十世纪世界史》

材料二：世界反法西斯战争是人类历史上最伟大的正义战争。

——《高中历史》

材料三：德、意、日法西斯国家被彻底打败，曾经是世界一流强国的英、法受到严重削弱，取而代之的是美、苏两个大国，第二次世界大战极大地改变了世界格局……存在数百年的殖民体系彻底瓦解……第二次世界大战期间科学技术的发展促进了战后新科技革命的兴起。

材料四：

参战国、地区	涉及人数	伤亡人数	军费开支	经济损失
60 多个	达 20 亿	超 1 亿	约 1.3 万亿美元	超 4 万亿美元

材料五：世界反法西斯战争对人类历史的进程产生了广泛而深远的影响，其胜利成果代表着人类对和平的认知、对正义的界定，为战后世界和平与发展上了一道“安全锁”，为保障人类安全福祉发挥了重要作用。

流程方法：我选取的是材料（　　），命制的题目是（　　），我的凝练答案是（　　）。

（二）执行学习任务

学生以小组为单位进行交流，要求如下。

1. 先独立分析史料，提出相关问题。
2. 组内相互提问，进行问题命制。
3. 解答自命题，选举代表展示。

（三）交流学习成果

1. 小组 PK。选代表随机发问他组,应答小组迅速作答。

2. 其他小组参与点评。

3. 教师根据反馈情况及时总结分享。

评价量表如下。

评价要素	评价等级及标准			评价等级
	A	B	C	
小组合作	能积极参与交流,并根据问题积极探讨智慧碰撞;展示时积极主动,并能准确解答他组问题	参与组内交流较积极,交流结果较好,能解答问题	参与交流欠主动,不能准确地理解探讨的问题,交流结果无法解答问题	
语言表达	逻辑清晰,语言表达有力	较为简练,较有条理	能表达观点,但不够有条理	

设计意图:

(1)促使学生转换角色,从命题人的角度深入辨析材料、思考问题,提高思维深度及参与度。

(2)史料辨析训练,培养史料实证的核心素养的同时,增加学生研题热情。

(3)通过整理问题及答案的逆向思维训练,提高学生的审题意识及作答规范能力。

环节五:以史为鉴探今朝

(一)明确学习任务(PPT 展示新闻视频)

观看视频,结合本课所学,说说面对全球性问题时我们应该怎么办。(要求:观看时随时记录信息)

(二)执行学习任务

1. 学生观看视频,并记录视频中的关键信息。

2. 回顾本节所学知识,结合记录信息总结自己的答案。

(三)交流学习成果

1. 举手回答,其他同学认真倾听并发表感想。

2. 教师根据巡视信息以及学生发言的反馈进行引导,最后进行总结。

评价量表如下。

评价要素	评价等级及标准			评价等级
	A	B	C	
信息提取	能准确提取视频中的关键信息并做好纸笔记录	能提取视频中的部分有效信息,进行部分记录	无法提取有效信息,无纸笔记录	
语言表达	至少说出3个应对全球性危机的方法	至少说出2个应对全球性危机的方法	能说出1个应对全球性危机的方法	

设计意图:以史为鉴,联系现实,通过学生提供方案,培养学生关注社会热点、从历史中获取智慧的能力,渗透家国情怀。

学情预设:本课的大任务是从经济危机应对、第二次世界大战影响启示中吸取经验,通过复习,大多数学生都能形成自己的观点,再通过视频补充印证。此任务比较开放,言之有理即可。

环节六:知识小结

20世纪30年代,解决全球性问题——经济危机主要有两条途径:以美国为代表的国家,通过国家干预的手段逐渐走出危机;而德意日等国采取的是法西斯专政,最终导致二战爆发,给世界造成更大的危机。在新的世界性问题层出不穷的今天,只有通过全人类的合作、国际的交流方能解决难题。

环节七:拓展作业

请同学们假期中上网查阅资料,说说自己的看法。

令人纠结的牛奶

经济大危机中,出现这样一幕:一边是大量底层百姓食不果腹,另一边是养牛场倒掉大量牛奶。那把这些牛奶给贫困的底层百姓岂不是一举两得?其实,这有很多复杂因素。首先,他们倒掉这些牛奶的目的之一,是为了减少供给。既然牛奶生产过剩导致价格大跌,那么只能减少供给,以尽量拉回价格。其次,倒掉牛奶的成本远比运输出去或捐赠或以低价出售低得多。另外,为什么不让附近的人过来领?一方面是这些人领不了多少,另一方面资本家也不愿这么做,一切都是经济利益考虑。如果把这些牛奶白送或以极低的价格出售,牛奶就更卖不出去了。所以,这些资本家宁愿把牛奶倒掉,这也是资本主义经济黑暗的一面。经济大危机,也是资本逐利的结果。

对此,你怎么看?你会选择如何处理卖不掉的牛奶?如果今年种的菜由于供给过剩价格过低,你是选择让这些菜烂在地里还是如何处理?

设计意图:通过拓展作业,对史实进行深入思考,让学生在情境中运用知识,反思历史事件,提升知识迁移运用。

《三大改造》教学设计

寿光现代明德学校 田全良

【课程标准】

了解"一五"计划、三大改造、开创独立自主的和平外交,理解建立社会主义制度的重要意义。

课标解读:

1. 学生学什么(根据内容要求分析)?

通过分解课标可知,学生需要知道的事实性知识,即三大改造的方式;需要理解的概念性知识,即三大改造的历史意义。

2. 学到什么程度(根据学业要求与认知维度分析)?

认知维度上提出了"了解"和"理解"的要求,"了解三大改造"需要学生准确复述三大改造的原因与方式;"理解建立社会主义制度的重要意义"需要学生全面概括三大改造的实质和历史意义,进一步认识社会主义制度初步确立。

3. 学生怎么学(根据教学提示分析)?

通过研读教材和史料,准确说出农业、手工业、资本主义工商业的社会主义改造的原因、方式、结果。通过完善表格,准确概括三大改造的实质;通过研读教材和史料,客观评价三大改造,简要说出对社会主义现代化建设的启示。

【教材分析】

本课包含两个子目,即农业、手工业合作化,公私合营,讲述了向社会主义过渡的重大事件——三大改造。新中国成立后,为了更好地发展农业,满足工业化的需要,国家开始进行农业、手工业和资本主义工商业的社会主义改造。到1956年底,三大改造的基本完成,是我国社会主义制度基本建立、社会主义革命取得历史性胜利的重要标志。在本册教材中,横向上,三大改造与

"一五"计划相互联系，是变革社会生产关系的重要一步。纵向上，三大改造完成后，我国进入社会主义初级阶段，开始社会主义建设的探索。同时本课也是中考热点，中考侧重于对三大改造的方式、意义的考查。

【学情分析】

1. 优势与不足。

八年级的学生有一定的知识储备，已经学过"一五"计划和人民代表大会制度的确立；有一定的分析问题能力，能够通过自主学习的方式解决简单问题，通过合作探究的方式去解决疑难问题；认识问题易从感性角度出发，理性思维较为欠缺；在知识储备中，对于三大改造了解较少；本课理论相对复杂，学生不易理解。

2. 应知。

复述三大改造的方式，并能说明三大改造的原因、实质和意义。

3. 方法。

运用适宜材料及方法与学生交流并引导，形成正确的认识；通过设置基于情境的任务，鼓励学生参与体验，活学活用知识；通过小组合作，在探究、反思与分享中激活思维。

【课程核心素养】

1. 时空观念。

知道 1956 年底随着三大改造的基本完成，我国进入社会主义初级阶段。

2. 史料实证。

通过史料阅读和分析，学生能概括得出三大改造的原因、意义，做到论从史出，培养史料实证的历史核心素养。

3. 唯物史观。

学生能准确概括三大改造的实质，能认识到三大改造实现了生产资料私有制向社会主义公有制的转变。

4. 家国情怀。

通过梳理近现代中国社会性质的三次转变，激发学生的爱国情怀和民族认同感，树立为实现中华民族伟大复兴而努力的理想。

5. 历史解释。

通过本课所学，学生能系统地叙述三大改造的相关知识。

【教学目标】

1. 通过研读教材和史料，准确说出农业、手工业社会主义改造的原因、方式、结果。

2. 通过研读教材和史料，准确说出资本主义工商业改造的原因、方式、政策、结果。

3. 通过完善表格，准确概括三大改造的实质；通过研读教材和史料，客观评价三大改造，简要说出对社会主义现代化建设的启示。

【教学重点与难点】

1. 教学重点。

三大改造的形式和意义。

2. 教学难点。

三大改造的实质。

【课程资源】

教材，多媒体，视频、文字、报纸等相关史料，学生已有经验。

【教学思想】

1. 基于教学评一致性的教学思想，通过设计明确的学习目标，在课堂中呈现评价任务，创设真实情境，及时处理评价信息，把握课堂生成。

2. 立足五度课堂，在教学过程中渗透温度、深度、梯度、参与度，达成高效度。

【评价任务】

1. 通过研读教材和史料，准确说出农业、手工业社会主义改造的原因、方式、结果。采用教师重点提问和同桌互评两种评价方式。（检测目标 1）

2. 通过研读教材和史料，准确说出资本主义工商业改造的原因、方式、政策、结果。采取同桌互评和小组互评两种评价方式。（检测目标 2）

3. 通过完善表格，准确概括三大改造的实质；通过研读教材和史料，客观评价三大改造，简要说出对社会主义现代化建设的启示。采取小组互评、达成共识的评价方式。（检测目标 3）

【教学方法与工具】

1. 教学方法。

讲授法、小组合作探究法。

2. 教学工具。

黑板、电子白板。

【教学过程】

环节一:问题激趣导入新课

播放幻灯片,梳理2020年中国大事记。

问题引导:中国取得如此辉煌的成就,彰显了我国社会制度的优越性。同学们,你知道我国的社会制度是什么吗?我国又是如何确立社会主义制度的呢?

设计意图:通过回顾2020年我国的辉煌成就,联系到我国社会制度,通过问题激发学生求知欲,迅速进入本课学习。

环节二:讲授新课,探求新知

一、农业、手工业的社会主义改造

(一)明确学习任务

任务:通过研读教材和史料,准确说出农业、手工业社会主义改造的原因、方式、结果。

材料一:

生产、生活资料	耕地(亩)	牛(头)	猪(头)	犁(张)	水车(架)	房(间)
数量	6.98	0.32	0.58	0.62	0.16	3.91

土地改革之后,中国农民拥有了土地,但是一些农民因为缺少农具、牲畜等,生产发展十分缓慢,甚至出现了荒地、出租土地和卖地等情况。

材料二:个体手工业是分散落后、规模狭小的个体经济,同时也是小商品经济,很不稳固。这种个体私有制的生产关系限制了生产力的发展和新技术的采用。

——张岂之《中国历史·中华人民共和国卷》

设计意图:通过史料阅读和分析,认识到土地改革后农业生产面临的问题，进一步归纳农业改造的原因。培养学生对材料的提取概括及知识的归纳能力。问题层层递进，落实梯度。

（二）执行学习任务

学生通过阅读教材，分析史料，提取概括关键信息，完成问题。

1. 阅读教材第 23 页第一段，结合材料，找出土地改革后农民面临着哪些困难。

2. 同桌讨论，一家一户的分散经营方式对社会造成了什么影响。（农业改造的原因）

3. 阅读教材第 23 ～ 24 页，找出农业社会主义改造的时间、方式、原则、阶段和结果，同桌相互说一说。

4. 阅读教材第 24 页，结合材料，找出手工业社会主义改造的原因、方式和结果，同桌互相说一说。

设计意图：通过问题引领，找出农业社会主义改造的相关史实，提升学生从材料中提取有效历史信息的能力。通过问题引导学生主动探究，提高学生的参与度。通过学生自主仿学，培养学生的学习方法，夯实温度。

（三）交流学习任务

1. 以一对一、一对多的方式进行理答。

2. 教师根据学生反馈的信息进行针对性引导和补充。

评价量表如下。

评价要素	评价等级及标准			评价等级
	A	B	C	
内容要求	能结合教材、史料，全面概括出农业、手工业改造的原因、方式	能对照教材说出农业、手工业改造的方式	能找到原因、方式，但不明确	
表达要求	准确流畅说出，语言凝练	语言相对简洁	简单说出，但不够准确	

出示相关习题，进行习题检测

1. 农业劳动模范吕鸿宾在《我们农业生产合作社的一年》一文中高兴地说道：“我们排除了积水，消灭了虫子，抗住了冻害、疸病，各种庄稼普遍取得了较好的收成。”这主要得益于（　　）。

A. “大跃进”运动的开展　　B. 土地改革的开展

C. 人民公社化运动的实施　　D. 农业合作化的实现

2. 与王麻子剪刀齐名的张小泉剪刀在新中国成立后也日渐衰微，你有什么办法帮助张小泉走出困境？（同桌互相说一说）

设计意图：通过习题检测学生学习的效度，学以致用，实现知识性迁移。

教师过渡：党和政府对资本主义工商业的社会主义改造和对农业、手工业的改造是不同的，这不仅表现在态度上，也表现在形式上，而且还有独创性。那么，具体情况如何呢？

二、资本主义工商业的社会主义改造

（一）明确学习任务

任务：通过研读教材和史料，准确说出资本主义工商业改造的原因、方式、政策、结果。采取同桌互评和小组互评两种评价方式。

出示上海水泥厂面临的困境，请学生思考应该如何解决。

材料一：资本主义私有制大大地妨碍统筹兼顾，妨碍国家的富强，因为它是无政府性质的，跟计划经济是相抵触的。

材料二：苏联的社会主义改造是强制性的，他们对一切私有制都是仇视的，对一切私有资本主义的财产进行了没收，造成资本家、贵族和地主发动内战，对国内经济造成重大破坏。

中国对作为同盟的民族资产阶级采取和平赎买的政策，并给予资本家定息，此创举得到了民族资产阶级的积极拥护。

——《中苏对资本主义工商业改造政策对比》

设计意图：通过创设情景，激起学生好奇心，引导学生主动探究。通过史料阅读和分析，认识到新中国成立后资本主义工商业存在的问题，进一步概括得出资本主义工商业改造的原因，培养史料实证的历史核心素养。通过自主学习培养主动发现问题的意识，小组互相提问、补充，增强探究意识，小组合作提高学生参与度。

（二）执行学习任务

1. 阅读教材第 25 页第一段，结合材料一，概括资本主义工商业社会主义改造的原因，同桌相互说一说。

2. 参照农业、手工业改造相关史实，阅读教材第 25 页第二、三段，找出资本主义工商业社会主义改造的相关知识点。（先小组内互相印证，后小组间相互提问）

3. 研读材料二，比较中苏资本主义工商业改造方式的不同，说一说我国和平赎买政策的意义。

设计意图：通过比较中苏资本主义工商业改造方式的不同，加深学生对和平赎买政策的意义的理解。

（三）交流学习任务

1. 同桌相互印证后，教师挑选代表回答，其余同学进行评价和补充。
2. 小组代表展示学习成果，组员进行评价和补充。
3. 教师针对学生反馈的信息，进行调整和补充。

评价量表如下。

评价要素	评价等级及标准			评价等级
	A	B	C	
内容要求	能结合教材、史料，全面概括出社会主义改造的原因、方式、政策、意义	能对照教材大致说出社会主义改造的原因、方式、政策、意义	能找出原因、方式、政策、意义，但不明确	
表达要求	准确流畅说出，语言凝练	大致说出	语言不够准确	

三、三大改造的实质和意义

（一）明确学习任务

任务：通过完善表格，准确概括三大改造的实质；通过研读教材和史料，客观评价三大改造，简要说出对社会主义现代化建设的启示。

行业	改造前所有制性质	改造后所有制性质
农业		
手工业		
资本主义工商业		

设计意图：通过梳理表格，锻炼学生前后对比归纳的能力，帮助学生更加深刻地认识三大改造的实质。

材料一：我国对农业、手工业和资本主义工商业生产资料私有制的社会主义改造，实现了把生产资料私有制转变为社会主义公有制的任务。政治上，社会主义的基本制度在我国初步建立；经济上，社会主义计划经济在我国基本确立；从此进入社会主义初级阶段。

材料二：我国社会主义事业中极其重要的一个方面——伟大的社会主义

改造，在1956年已基本完成……所有这些，都为胜利实现第一个五年计划打下了较好的基础。

——毛泽东在1956年一次国务会议上的一段发言

材料三：不少地方在办社中存在着“宁多勿少”“宁大勿小”“越多越好”“越大越好”的错误思想，因而违背农民自愿，胡乱地多办社、办大社，盲目追求公共财产，有的甚至将棺木寿材、老羊皮袄也归了社……

——陈大斌《从合作化到人民公社化运动——中国农村的集体化时代》

（二）执行学习任务

1. 梳理三大改造后各行业所有制性质的改变，填写表格，总结出三大改造的实质。

2. 阅读教材第26页，结合材料，从正反两方面归纳出三大改造对中国的影响，并进一步探究三大改造对今天社会主义建设的启示。

设计意图：引导学生辩证分析三大改造的历史意义，树立论从史出的史学观念，培养学生史料实证的历史核心素养，辩证看待事物的唯物史观。

（三）交流学习任务

1. 教师挑选学生填写表格，其余同学认真梳理并进行评价。

2. 小组代表发言，其余同学进行补充和点评。

3. 教师对反馈的信息进行补充总结。

出示1952年和1956年我国各种所有制经济在国民收入中所占比例表格，进一步理解实质。

环节三：导图引领，总结提升

回顾所学，梳理近现代中国社会性质的三次转变。

总结语：1956年底，对农业、手工业和资本主义工商业的社会主义改造基本完成，社会主义制度在中国初步建立。社会主义改造是在生产关系方面由私有制到公有制的一场伟大变革，它对当时社会生产力的发展直接起到了促进作用。社会主义制度的全面确立为中国的发展和进步奠定了根本基础，由此开始了中华民族在社会主义道路上实现伟大复兴的历史征程。

设计意图：通过纵向联系，梳理近现代中国社会性质的三次转变，增强时空观念。

第八节 生物部分

《物质运输的器官——血管》教学设计

寿光现代明德学校 李朝霞

【课程标准】

本节所依据的课程标准是“人体生理与健康”中的“人体通过循环系统进行体内的物质运输”。具体对应的内容标准如下。

1. 血液循环系统包括心脏、血管和血液。

2. 血液循环包括体循环和肺循环，其功能是运输氧气、二氧化碳、营养物质、代谢废物和激素等物质。

课标解读：

1. 学生学什么？

三种血管的结构特点及其功能。

2. 学生学到什么程度？

从结构与功能的角度，说明动脉、静脉和毛细血管在形态、结构和功能方面的差别。

3. 学生怎么学？

结合学生的生活经验，通过观看视频、自主学习、小组合作等形式，引导学生推断三种血管的结构和功能。

【教材分析】

教材通过分组实验观察小鱼尾鳍内血液的流动现象呈现的血管的类型，再通过图示和文字介绍了三种血管的结构和功能特点。教材安排循序渐进，符合七年级学生的认知特点。

本节内容选自济南版七年级《生物学》下册第三单元第三章第二节《物质运输的器官——血管》，本节内容是在学习完《物质运输的载体——血液》之后进行的，血液循环是在由血管和心脏组成的封闭系统内进行的。因此本节的学习具有承上启下的作用，是本章的重点之一。

【学情分析】

1. 优势。

本节课的教学对象为初一的学生，在生活中对血管的形态和功能有一定的认知和生活经验。

2. 障碍。

没有经过系统的学习，不能很好地分清楚什么是动脉、什么是静脉、什么是毛细血管，以及三种血管的具体结构及对应的功能。

3. 应知。

三种血管的结构特点及其功能。

4. 方法。

该年龄段的学生已经具备了一定的自主学习、合作探究的能力。鉴于此，基于学生已有的知识和生活经验设计教学活动，引导学生通过对比的方法，归纳得出三种血管的结构和功能，从而提高学生的学习兴趣，降低学习难度。

【课程核心素养】

1. 生命观念。

通过学习三种血管的结构特点，认同结构与功能相适应的生命观念。

2. 探究实践。

借助显微镜观察小鱼尾鳍内血液的流动现象，提高学生的动手能力和分析问题的能力。

【教学目标】

1. 通过观察“小鱼尾鳍内血液流动”实验，能够在显微镜下找到三种血管，并能从血流速度、血流方向等方面辨认动脉、静脉和毛细血管。

2. 通过自主学习，能够说出三种血管的结构和功能特点，并能够整合动脉、静脉和毛细血管知识。

3. 通过学习三种血管的结构特点，认同结构与功能相适应的生命观念。

【评价任务】

1. 用显微镜观察小鱼尾鳍内血液流动的现象，能够在显微镜下找到三种血管，并能通过血流速度和血流方向的不同对三种血管进行区分，完成判断

题。(检测目标 1)

2. 自主阅读课本,能够找出三种血管各方面的不同,并完成三种血管的对比表格。(检测目标 2)

【课程资源】

1. 图片。

生活中三种常见的不同的流血情况和毛细血管适于物质交换的图片。

2. 视频。

教师录制的《观察小鱼尾鳍内血液的流动》的视频。

【教学思想】

通过设计完成不同的真实情境任务,启发学生有目标地进行学习;通过真实情境任务完成的成果展示,检测学生学习成果,便于教师了解学生实现目标的情况,从而对掌握情况不理想的学生进行及时的、有针对性的指导。

通过交流式评价、表现性评价的方式检测学生目标是否实现,落实教学评一致性的教学思想。

【教学方法与工具】

1. 教学方法。

(1)信息化教学法:多种图片和视频的运用实现教学内容清晰、直观。

(2)情境体验法:以解决生活中真实生物问题创设情境,从学生真实的生活经验入手,借助真实问题的解决贯穿整堂课。

(3)任务驱动法:提出本节课的总任务,然后分解成不同的子任务,学生完成各项子任务后解决现实的生物问题,从而实现闭环。

2. 教学工具。

纸质学案、多媒体、粉笔、黑板。

【教学过程】

环节一:情境创设,导入新课

导入:展示三种生活中常见的不同出血情况的图片。教师提问:“为什么同样是血管受伤,流血情况却不一样?为什么止血带的包扎位置不一样?”

让我们带着这两个疑问进入今天的学习——《物质运输的器官——血管》。

设计意图:选取生活中常见的三种不同流血情况的图片,引导学生了解在我们身体中存在着不同的血管,从生活实际导入,既可以激发学生兴趣,又可以提高学生学习的积极性。

环节二:《观察小鱼尾鳍内血液的流动》

在观看视频前,请同学们思考以下两个问题。

1. 你观察到了几种血流速度不同的血管?

2. 红细胞在最细的血管中是如何流动的?

播放视频:《观察小鱼尾鳍内血液的流动》。

判断:1、2、3 分别是哪种血管?

设计意图:选取教师亲自录制的实验操作视频,让学生更直观地看到显微镜下真实的三种不同的血管流动现象,加深其直观印象,可引起学生浓厚的借助显微镜亲自探究的兴趣,还可以通过判断题为学生下一板块的深入学习奠定基础。

环节三:动脉、静脉和毛细血管

1. 独立阅读课本教材第 50 ~ 51 页相关内容,自主完成下面表格。

血管种类	功能	分布	管壁厚薄	管腔大小	血流速度
动脉	把血液从 ____ 送到 ____	大多分布在身体较 ___ 部位,少数分布在较 ___			
毛细血管	连通最小的 ____ 和 ____	分布 ____,数量 ____			
静脉	把血液从 ____ 送回 ____	有的分布较 ____,有的分布较 ____			

分别让学生把手指按在另一只手的手腕内侧和脖颈处,感受动脉;一只手握住另一只手的手腕,观察手背上的"青筋",感受静脉;毛细血管由于十分微小,分布在全身各处,我们很难感受得到,擦伤、淤青就是由于毛细血管破裂引起的。

2. 俗话说,水往低处流。那下肢静脉的血液会向下流吗?为什么?

3. 总结:毛细血管有哪些特点适于与组织细胞之间进行物质交换?

设计意图:运用表格的形式展示三种血管各方面的不同,通过让学生阅读教材进行比较和观察，探究得出动脉、静脉和毛细血管在结构和功能上的不同之处。

通过亲身体验，让学生对身体里的三种血管有一定的感性认识。

将生活中的俗语与静脉中的血液不会向下流对比，加深学生对静脉内静脉瓣学习的理解。

问题设置层层递进，符合学生的认知水平和思维发展规律，可以使学生归纳总结出毛细血管适于物质交换的结构特点。

环节四：知识迁移

为什么同样是血管受伤，流血情况却不一样？为什么止血带的包扎位置不一样？

设计意图：再次展示课堂导入提出的问题，解决生活实际问题的同时形成一个闭环，检测学生本节课的掌握情况，通过学生的反馈情况可以帮助教师有针对性地改进教学。

环节五：自主建构

通过前面的学习，你对三种血管已经有了清晰的认识，那接下来你能不能为你喜欢的一种血管代言，向大家推介你自己："假如我是×××，我分布在……"？

设计意图：采用"自我推介会"的形式，学生自主发言分享本节所学，巩固本节知识的同时还能与本节内容建立逻辑上的联系。

环节六：牛刀小试

1. 现有一条较长且带有几个分支的血管，从一端能灌入水，从另一端却不能灌入水，这条血管可能是(　　)。

A. 动脉　　B. 静脉　　C. 毛细血管　　D. 动脉或静脉

2. 英国生理学家威廉·哈维曾做过这样一个实验：用丝带扎紧人上臂时，发现丝带上方(靠近指端一方称下，近心端称上)的血管变化情况是：血管①膨胀起来，血管②变扁，丝带下方的血管：血管③膨胀起来，血管④变扁。试判断血管①②③④依次是(　　)。

A. 动脉 动脉 静脉 静脉　　B. 动脉 静脉 动脉 静脉

C. 静脉 动脉 静脉 动脉　　D. 动脉 静脉 静脉 动脉

设计意图：基础知识、拓展拔高题的选取既能让学困生感到本节有所收获，提高他们的学习兴趣，又能对学优生思维的深度和广度进行拓展，通过习题检测，反馈学生对本节课内容的掌握程度，从而帮助教师指导接下来的课堂教学。

第九节 艺术部分

《公益招贴设计》第一课时教学设计

寿光现代明德学校 孙 颖

【课程标准】

本课属于义务教育第四学段(八、九年级)“设计•应用”学习领域。目标是了解“设计满足实用功能与审美价值，传递社会责任”的设计原则，能为学校或社区的学习与生活需求设计作品，形成设计意识，增强社会责任感。

课标解读：

1. 学生学什么？

通过分解课标可知，学生需要理解平面设计中公益招贴定义、构成要素等基础知识；理解和运用设计方法、形式美法则设计创作公益作品，树立公益意识，初步掌握平面设计的一般规则。

2. 学生学到什么程度？

公益招贴的定义和构成要素属于概念性知识，在认知维度上提出了“理解”的要求；设计方法、形式美法则属于程序性知识，在认知维度上提出了“理解、应用、评价”的要求。

3. 学生怎么学？

选取学生熟悉、感兴趣且易于理解的设计案例理解知识内容，并设置调动学生思考和探究欲望的多种练习，有意识地让设计与学生生活发生直接关联，促进学生思维流畅性、灵活性和独特性的发展。

【教材分析】

1. 学习内容。

本课是湖南美术出版社《美术》八年级上册第六课《公益招贴设计》。本单元以招贴画设计为教学内容。招贴画是现代平面设计艺术中的组成部分，集中反映了现代文明的一个层面。教材选择公益招贴画教学，把德育渗透其中，增强学生对社会的关注意识，让学生初步了解公益招贴画的设计方法、设计要素和形式美的要求。本课按照“设计•应用”领域的要求，设置了“图形创意”“设计制作”的活动，围绕“招贴的构成要素”“招贴设计的方法”组织材料。招贴的构成要素包括图形、文字、色彩，其中如何创作图形是本课的重点。第二部分招贴设计的方法侧重构思定位和创意表现的引导，对学生建立良好的设计工作程序与习惯有直接帮助。

2. 关系地位。

从六年级《标签与品牌》《生命的甘露》《走向明天》《吉祥宝贝》，七年级《标志设计》《扮靓生活的花卉纹样》等课程中初识字体、宣传画、标志、纹样，到本课综合运用图形、文字、色彩多重要素绘制完整平面作品，学生初步掌握了平面设计的一般规则，对后续平面知识的学习，起到了很好的启承作用。

【学情分析】

1. 优势。

八年级的学生对美术课兴趣浓厚，同时具有较好的表现能力和形象思维能力，抽象思维也得到进一步发展，富有生活情趣，动手能力强，不仅能够使用各种创作工具，也能体验不同表现手法的效果，懂得把握作品的主题并寻找合适的表现方式。同时，前期的美术学习已初步了解平面设计的艺术语言，为学生学习本节课内容打下了基础。

2. 障碍。

八年级的学生涉世不深，对公益性问题探究不深、关注面不广，尤其缺乏实践经验，所以作品选题有局限性；这个年龄阶段的学生鉴赏水平、思维水平与实际绘图水平的差异越来越大，在创作作品时，不够果断、自信和勇敢，甚至出现畏惧创作的情况，妨碍作品的呈现和情感的表达。

3. 应知。

理解公益招贴的定义和构成要素的基础知识；掌握图形设计的方法和形式美法则；理解文字和色彩要素的作用；掌握“瞬间思绪”的记录方法、招贴设计流程；理解和分析构图与主题表现、形式美感的联系。

4. 方法。

选取和设计与学生认知水平和思维方式相适应的案例分析、创意活动，引导鼓励学生参与探究，提升思维活跃度和质量，拓展思维的维度，提高重新构建创造新形态的能力。

【课程核心素养】

艺术学科要培养的核心素养主要包括审美感知、艺术表现、创意实践、文化理解。本课时引导学生在体验图形创意的乐趣中，感知艺术作品中的艺术语言、情感表达，发展观察能力、联想和想象能力，提升审美情趣，形成创新意识，关注生活，关注社会性问题，积极正面表达自己的想法和情感，增强对自然和人类社会的热爱及责任感，增强公益意识。

【教学目标】

单元目标：通过学习图形、文字和色彩三要素的设计方法，准确总结和充分理解公益招贴画的构成及设计工作流程，独立创作公益招贴画作品，树立公益意识。

教学目标：

1. 通过故事引导、案例分析，准确归纳公益招贴画的定义和构成要素，提升图像识读能力。

2. 通过案例分析和多方式练习，熟练运用同构法、渐变法、正负形的图形设计方法，独立分析范例作品，增强形象思维能力。

3. 通过教师创作示范，完整绘制公益招贴作品并分享立意，提高艺术实践能力和创造能力，树立公益意识。

【评价任务】

1. 结合温情故事和招贴作品，自主归纳招贴画的定义及构成要素。（检测目标 1）

2. 参与创意接龙、“快闪视频”、辨图游戏，小组合作，讲述设计思路（方法）或说出游戏答案。（检测目标 2）

3. 观察范例展板，自主说出作品中运用的创意图形设计方法。（检测目标 2）

4. 选取一个公益主题，运用一种或者多种图形设计方法，自主绘制一幅公益招贴画，完成后，推介、分享自己的作品。（检测目标 3）

【课程资源】

1. 麦当劳、汉堡王产品图片。

2. 公益类招贴画图片。

3. 同构、渐变、正负形方法的分解图形。

4. 图形渐变视频、正负形“眼神大考验”视频、正负形辨图游戏快速视频、正负形辨图游戏慢速视频、同构图形视频。

5. 公益类招贴画 KT 展板。

【教学思想】

1. 本课是基于教学评一致性教学思想，“以终为始”，从学习结果开始逆向思考，设计该学、能学、可教和利评的学习目标，在教学过程中通过嵌入性评价，收集评价信息，适时调整教学和课堂，确保学习目标、教学活动和评价的一致性，确保核心素养落实到课堂层面。

2. 依据五度课堂要求，在教学过程中建设有温度、有深度、有梯度、高参与度、高效度的高效课堂，带领学生通过案例分析、小组合作探究等，创造有意味的、符合主题的视觉形象，绘制公益招贴作品，提高美术表现能力，树立公益意识。

【教学方法与工具】

1. 教学方法。

（1）案例教学法：基于经典故事、典型图例，引导学生图形识读、自主探究、发散思维，在观察、分析、总结中掌握设计方法，迸发设计灵感，提升创作能力。

（2）直观演示法：通过教师绘图示范，引导学生直观了解创作步骤及绘画技巧。

（3）信息化教学法：利用多媒体教学，实现教学内容清晰、直观。

2. 教学工具。

多媒体、粉笔、黑板、绘画纸、马克笔、勾线笔、铅笔、彩铅、展架、画板。

【教学过程】

环节一：温情故事，导入新课（对应教学目标 1、评价任务 1）

教师讲述汉堡王和麦当劳“携手做公益”的温情故事，制造悬念，引导学生猜测故事情节。同时,观察、分析、思考作品类型,引出本课主题。

设计意图:通过学生感兴趣的品牌温情故事,引出基于真实问题的设计案例,增强讨论与思考,更快理解本课主题,增强学习积极性,体现课堂温度。

环节二:思考推理,合作探究(对应教学目标1、评价任务1)

1. 思考。

何为"招贴"? 解析"公益招贴画"词组,推理其定义。

2. 公益招贴画的构成要素。

教师出示生活中学生常见的公益招贴作品,学生欣赏并思考:公益招贴画的构成要素是什么?

师:欣赏作品的过程中,对我们视觉产生最强冲击力的是哪一个要素?

生:图形。

师:图形在视觉传达方面具有优越性,在一幅作品中有至关重要的作用。为了设计出一幅好的作品,这节课,我们重点学习创意图形的设计方法。

评价量表如下。

评价要素	评价等级及标准			评价等级
	A	B	C	
内容要求	能准确说出公益招贴画的完整定义;清楚说出三种构成要素	能准确说出"公益招贴画"词组的定义;能说出一种或者两种构成要素	仅能说出"公益"或"招贴画"的大致含义;仅能用非美术专业语言说出画面组成内容	

设计意图:定义和构成要素的讲解分别利用了"分—总"和"总—分"的形式,引导学生从局部和整体两个维度层递性深入理解知识,体现课堂梯度和深度。

环节三:精讲点拨,重点突破(对应教学目标2、评价任务2)

师:为了让大家更好地学习创意图形的设计方法,老师要利用同学们非常熟悉的一个动物给大家讲解,那就是鸽子。我们一起来看一看"鸽子变形记"。

鸽子变形一:

1. 教师展示作品《和平总是姗姗来迟》,学生自主解析图形的组成办法,归纳、总结同构法的定义。

2. 教师展示样例,学生读图分析,强化理解。

3. 以“刷子”为元素，通过“开火车”的形式，学生描述创作方法和思路，巩固练习。

鸽子变形二：

1. 教师展示作品，学生观察图形渐变过程，归纳、总结渐变法的定义。

2. 学生观察多幅图片，依据渐变过程将图片顺序排列，强化理解。

3. 教师出示图形，小组讨论，学生选取其中一个或多个，用语言描述渐变后的图形形态及渐变过程，巩固练习。

4. 观看视频，欣赏图形完整的渐变过程，教师对应讲解要点，学生进一步熟悉和掌握渐变法的变化规律。

鸽子变形三：

1. 教师播放“快闪视频”，引导学生寻找“第三只鸽子”。

2. 揭秘答案，学生读图分析，归纳、总结正负形的定义。

3. 教师播放“快闪视频”，小组合作参与“正负形辨图游戏”，在游戏中欣赏和辨别更多的正负形图案。

4. 观看“慢速视频”，逐图分析，加深学生对正负形方法的理解，开阔眼界，拓宽思维。

设计意图：

1. 三种不同的方法均利用“鸽子”元素进行讲解，可促进知识要点的系统化建构；讲练结合的方式，帮助学生获得高产出的学习结果，体现课堂效度。

2. 开火车、“快闪视频”、辨图游戏等形式，不仅增加了课堂的趣味性和紧张感，更易于触发学生们的头脑风暴和创作灵感，体现课堂参与度、深度。

3. 多样化的合作机会，使学生理解和体会到相互合作、相互学习、平等交流和友爱的意义与价值，促进团队的共同发展，体现课堂温度。

环节四：学以致用，独立分析（对应教学目标 2、评价任务 3）

观察范例展板，分析作品运用了哪种或哪几种创意图形的设计方法，并解读画面主题和作者设计意图。

评价量表如下。

评价要素	评价等级及标准			评价等级
	A	B	C	

内容要求	能准确说出5幅作品中运用的所有设计方法；能准确、详细解读画面主题和作者设计意图	能准确说出3～5幅作品中运用的设计方法；能准确说出画面主题，简单概述作者设计意图	能说出1～3幅作品中运用的设计方法；能概括说出画面主题	
语言表达	逻辑清晰，语言表达有力	较为简练，较有条理	能表达观点	

设计意图：引导学生“综合运用”本课所学的设计方法独立分析范例作品，有利于学生多种方式整合运用的思维形成，在图像辨别的同时学会尝试解读作品主题和设计意图，提升欣赏、评述能力，体现课堂深度。

环节五：示范创作，评价提升（对应教学目标3、评价任务4）

1. 教师示范。

以“保护野生动物”为主题，利用正负形的方法，教师示范创作作品。

2. 教师出示课堂作业。

选取一个公益主题，运用本课学习的一种或多种设计方法，完整绘制一幅公益招贴画。

评价量表如下。

评价要素	评价等级及标准			评价等级
	A	B	C	
价值观引领	画面要素契合主题，具有强烈的视觉吸引力，具有正向的引领和教育意义	画面要素契合主题，具有较强的视觉吸引力，具有正向的引领和教育意义	画面要素较为合理，有一定吸引力，具有正向的引领和教育意义	
图形设计	能综合运用三种图形设计方法；图形完整、新颖、独特，寓意深刻	能综合运用两种图形设计方法；图形完整，有一定寓意	能运用一种图形设计方法，图形完整	
构图	画面构图合理，凸显图形要素	画面构图合理，图形要素较为凸显	画面构图合理	
线条	线条完整、流畅	线条完整，较为流畅	线条完整	
色彩	涂色饱满整洁，色彩搭配协调	涂色整洁，色彩搭配协调	色彩搭配较为协调	

3. 学生根据评价量表，自评并在小组内阐述、推介自己的作品。

4. 优秀作品展示，教师点评。

5. 课堂小结。

设计意图：

(1)通过教师绘图示范,引导学生直观了解创作步骤及绘画技巧,同时增强师生互动解决真实情景问题的能力。

(2)通过创设情境,引导学生执行学习任务,检测知识应用能力,提升创作能力。

(3)通过评价量表,学生自评学习效果,及时反思和改进。

(4)通过优秀作品展示、教师点评,强化知识深度理解和灵活运用,进一步树立和传播公益意识。

环节六:创意欣赏,拓展思路

师:同学们,这节课我们学习了三种创意图形的设计方法,还记得第一个学习的是哪种方法吗? 在生活当中,很多设计大师和摄影家也非常喜爱用同构法创作有趣的、好玩的新图形,那接下来我们通过一段视频,来看看这些设计大师们是如何脑洞大开,玩转同构图形的! 希望同学们看完之后,在课下也尝试着设计更多、更好的作品!

设计意图:通过集中展示经典设计案例,扩展和延伸教材内容,拓展教学资源,激发学生创作思维,增强学生热爱艺术、热爱生活的情感,体现课堂温度。

•《红旗颂》教学设计•

寿光现代明德学校　张亚楠

【课程标准】

本课属于义务教育第四学段(八、九年级)"欣赏"学习领域。

目标是能较好地把握音乐的思想感情和内涵意蕴,理解作品中蕴含的爱国主义、集体主义,体悟民族精神、时代精神等,增强国家认同感、归属感、责任感和使命感;深入感知、体验、理解音乐的感性特征和审美特质,辨识不同音乐表现特征的差异与联系,具有初步的音乐欣赏与评述能力;保持对音乐的浓厚兴趣,养成积极乐观的态度。

课标解读:

1. 学生学什么?

通过分解课标可知,学生需要通过聆听及分析作品,说出音乐的基本表现要素(节奏、速度、力度、旋律等)在作品中对不同红旗主题形象塑造所起的作用；知道交响诗的概念；通过哼唱主题旋律、肢体律动感受乐曲所表达的情感。

2. 学生学到什么程度？

交响诗的概念属于概念性知识，从认知维度上对学生提出了“知道”“理解”的要求。用音乐要素分析乐曲和感受乐曲所表达的情绪属于程序性知识，从认知维度上对学生提出了“理解”和“应用”的要求。

3. 学生怎么学？

本课在内容选择、任务设计等方面，突出强调学生自主、合作、探究的学习方式。引导学生积极主动地分析作品并大胆地用音乐要素表述对音乐作品的见解，从而获得知识及加深对音乐的理解。

【教材分析】

《红旗颂》选自湘教版八年级《音乐》上册第四单元《华夏乐章（二）》。《红旗颂》是作曲家吕其明创作的交响诗，该作品于 1965 年创作并首演成功。《红旗颂》以红旗为主题，描绘了 1949 年 10 月 1 日中华人民共和国成立时第一面五星红旗升起的情景。同样，它以宏伟庄严的歌唱性旋律，表现了中国人民在红旗的指引下，英勇顽强、奋发向上的英雄气概，讴歌了伟大祖国蒸蒸向上的繁荣景象。

《华夏乐章》主题系列正是以优秀的中国创作音乐为主要教学内容。《华夏乐章》每个单元都以一种音乐体裁形式作为知识点，将有关的音乐作品整合到一起，让学生通过学习，熟悉并热爱祖国的音乐文化，增强民族意识，培养爱国主义情操。本单元是该主题系列单元之一，涉及的音乐体裁为“交响诗”，学生在七年级已学会简要地用音乐要素分析比较短小易懂的乐曲。本单元乐曲难度增大，需要让学生更具体地用音乐要素分析乐曲的发展变化，为后续的单元系列学习奠定基础。

【学情分析】

1. 优势。

八年级学生经过《华夏乐章（一）》的学习，已具有初步的音乐审美、感知能力，能够有意识地体验音乐所表达的情感，简单地用音乐术语进行描述。

2. 障碍。

对于八年级的学生，年龄阶段的心理特征决定了他们对课堂反应的被动，回答问题不够大胆，需要在课堂中及时调动学生的积极性。另外，八年级学生对音乐内容的理解较浅，需深入理解。

3. 应知。

学生应知道作品的体裁，并能用音乐要素分析乐曲的情绪变化，说出乐曲的情感表达，激发爱国热情。

4. 方法。

针对学生存在的问题，设计了逐步聆听、情境探究、小组合作等活动方式，引导学生学会听赏及理解作品。在教学过程中，让学生们多感受、多参与，体验音乐带来的美感，拓展思维度，形成正确的学习方法。

【课程核心素养】

本节课主要培养的学生的课程核心素养为审美感知、艺术表现和文化理解。

通过聆听、分析乐曲，了解音乐的基本表现要素（节奏、速度、力度、旋律等）对塑造音乐形象的作用，培养学生的音乐欣赏能力，提升审美情趣。演唱歌曲主题部分，根据乐曲变化挥舞国旗等活动，让学生动起来，走进音乐，融入音乐之中，感受音乐的情感表达，激发爱国热情。

【教学目标】

1. 通过教师讲解及个人总结，准确说出交响诗的概念，扩展对音乐体裁和形式的认识。

2. 通过聆听、分析乐曲，能够详细概括出音乐的基本表现要素（节奏、速度、力度、旋律等）对塑造音乐形象的作用，提高学生对音乐鉴赏的兴趣。

3. 学唱音乐主题，能根据情绪的变化有感情地演唱《红旗颂》音乐主题填词的歌曲，提高学生的艺术表现力。

4. 感受音乐的情感表达，激发爱国热情。

【评价任务】

1. 根据乐曲的介绍，结合作品说出交响诗的概念。（检测目标 1）

2. 对比聆听进行乐曲分析，总结出主题部分发生的变化以及发生变化的原因（音乐要素发生的变化）。（检测目标 2）

3. 跟随音乐主题的发展，挥舞国旗，并根据变化有感情地演唱音乐主题。

(检测目标 3)

4. 如果你是乐曲推荐员,你如何向大家推荐这首歌,从哪些方面跟大家介绍和展示?(检测目标 1、2、3、4)

【课程资源】

以校内资源为主,加入《开国大典》视频片段、党史视频、升旗图片素材、《红旗飘飘》音乐素材。

【教学思想】

基于教学评一致性思想以及五度课堂的体现,在教学设计中强调明确清晰的目的和明确的表现性目标,在教学过程中嵌入评价,收集学生反馈信息,及时调整上课内容,确保达到预期效果。在课堂教学过程中要呈现有温度、有深度、有梯度、有参与度和高效度的课堂。紧扣学生的学,挖掘深度;课前装饰教室、播放爱国音乐营造课堂气氛,让学生感受到温度;通过总—分—总的聆听设计,知识由浅入深、层层递进,形成梯度;通过小组合作探究及律动,提高学生参与度,最终高效获取本节课的知识内容。

【教学方法与工具】

1. 教学方法。

音乐欣赏法、讲授法、探究法、讨论法。

2. 教学工具。

PPT、钢琴、48 面小国旗、1 面大国旗。

【教学过程】

环节一:创设情境,导入

1. 课前装饰教室,播放孙楠歌曲《红旗飘飘》,学生有秩序地随音乐进入教室,坐好。

(1)想一想,刚才我们听到歌曲名字时是什么时候?听这首音乐时我们的心情是怎样的?

(2)我们与国旗最亲密、最贴近的时候是什么时候?还有哪些时刻会看到升旗?

2. 观察手中的国旗,了解国旗的设计含义。

3. 观看《开国大典》升旗片段，重温当年激动人心的时刻。

教师：在举世瞩目的时刻，有一位作曲家用音乐记录了这伟大的壮举，也为奉献了青春和生命的英雄谱写了一页页辉煌的时代乐章。导出新课——《红旗颂》交响诗。

设计意图：创设情境，通过利用音乐、问题、视频引出红旗画面，清晰地了解本节课的音乐主题，明确学习任务。通过装饰教室及播放音乐便于学生进入教室后迅速感受到红旗音乐文化的氛围，提高学生学习的积极性，体现了温度。

环节二：初识作品，完整感受（对应学习目标 1、评价任务 1）

1. 回顾什么是交响曲，对比出示交响诗的概念。

2. 了解作者及作品介绍。根据作品介绍再次回顾交响诗概念。

设计意图：通过掌握作者生平及乐曲的简单介绍，为欣赏乐曲做好情绪铺垫。

评价标准：

A. 详细准确说出交响诗的概念，并与作品相联系。

B. 准确完整地说出交响诗的概念。

3. 完整地聆听歌曲，说说感受。

设计意图：通过学生自主聆听全曲，谈感受，锻炼其音乐鉴赏及表达音乐体验感受的能力。

环节三：逐层探究，重点突破（对应学习目标 2、3，评价任务 2、3）

乐曲分段欣赏：

1. 引子部分。

（1）出现了哪首歌的音乐素材？

（2）音乐的情绪是怎样的？听后有什么感受？

设计意图：初步体会乐曲的基本情绪，感受乐曲所要塑造的红旗形象。

2. 第一部分：《红旗颂》主题（呈示部）。

（1）聆听第一部分，音乐的情绪是怎样的？

（2）再次聆听，跟着旋律唱歌词，音乐的主题连续出现几次？音调又有什么变化？

（3）跟随钢琴看着出示的谱例学唱主题部分。

设计意图：掌握音乐主题的旋律，有利于加深对红旗音乐主题的感受与理解。

(4)歌曲的意境是怎么样的？

3. 第二部分：变奏主题欣赏（展开部）。

(1)感受乐曲，与第一部分相比第二部分在速度、节奏、力度、情绪方面发生了怎样的变化？小组讨论填写表格。

活动：体会三连音在歌曲中带来的情绪作用（拍打音乐凳）。

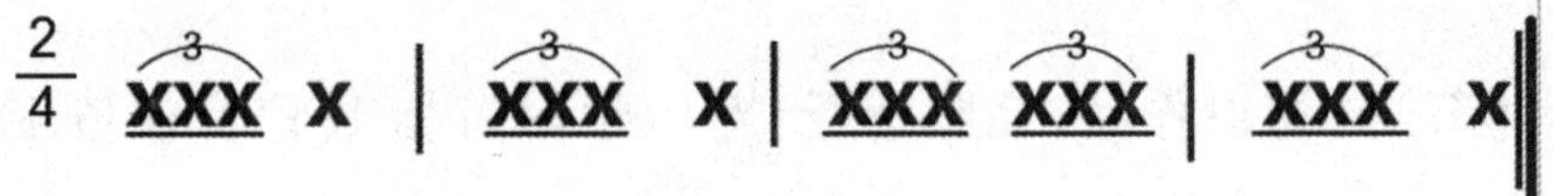

评价标准：

A. 通过对比，准确说出四项音乐要素发生的变化。

B. 准确说出三项音乐要素发生的变化。

C. 简单地形容乐曲发生的变化。

设计意图：通过对比法深入引导学生发现音乐要素在音乐中的表现作用，提高欣赏能力，体现了深度。

(2)音乐主题发生了怎样的变化？

(3)乐曲描绘了怎样的意境？

4. 第三部分 + 尾声：再现主题欣赏（再现部）。

(1)聆听音乐，思考：这部分与前面的哪一部分有异同（力度及情绪）？

(2)乐曲尾声中出现了哪些乐曲的旋律？

(3)音乐意境是怎样的？

乐曲完整欣赏：完整地聆听乐曲，再次体会歌曲所带来情绪体验，当乐曲播放至主题部分时，请跟随音乐演唱歌词，并挥舞国旗。

设计意图：通过环节二到环节三总—分—总的听赏设计，让学生们先完整感知，再逐层突破，最后到完整表现，实现有梯度的教学。

环节四：拓展思路，文化提升（对应学习目标 1、2、3、4，评价任务 4）

1. 如果你是乐曲推荐员，你如何向大家推荐这首乐曲？从哪些方面跟大家介绍和展示？小组讨论后进行展示。

2. 学生总结完后 PPT 出示知识点,教师总结。

评价量表如下。

评价要素	评价等级及标准			评价等级
	A	B	C	
内容要求	完整准确说出音乐体裁的定义、四种音乐要素给音乐情绪发展带来的变化,以及有感情地演唱歌曲主题部分	能用部分词语准确概括出音乐体裁的定义、三种音乐要素给音乐情绪发展带来的变化,以及完整地演唱歌曲主题部分	能够从三个方面对知识点进行梳理,其中两个方面较为完整准确	
语言表达	大方、准确、简洁	大方,较为简练、准确	较为简练,部分准确	

设计意图:此环节将提问式的课堂总结变为创设情境式的合作自主总结,既培养学生合作精神,也提高学生对知识点的梳理、概括能力。通过想、听、说,加深了对知识点的掌握和对学习目标的检测,实现了有参与度和高效度的课堂。

延伸:同学们,我们现在美好的生活都是先辈们的牺牲和奋斗换来的。没有共产党就没有新中国,让我们跟随视频来重温党史,倾听时代洪声(播放党史视频)。一幅幅画面看得我们热血沸腾,我们在党的呵护下茁壮成长。少年强则国强,让我们不忘初心、牢记使命,好好学习、天天向上。下课!

设计意图:通过振奋人心的视频,让学生们的情绪深受感染,情感得到升华。

第七章 >>>

评价任务单

第一节 数学部分

• 一次函数的性质 •

寿光现代明德学校　王子烨

【学习目标】

1. 通过观察与思考，完整说出一次函数 $y=kx+b(k \neq 0)$ 中 $k>0$ 和 $k<0$ 时图像的变化情况，主动参与数学探究活动。

2. 通过“比一比”，准确说出 $|k|$ 的大小对直线倾斜程度的影响，养成用数学语言表达与交流的习惯。

3. 通过思考、讨论交流，完整说出 k、b 的符号不同时，直线 $y=kx+b(k \neq 0)$ 所经过的象限，学会利用思维导图建构知识体系。

【学习过程】

(一)探究 $k>0$ 和 $k<0$ 时图像的变化情况

1. 任务一。

问题 1：如下图，点 $P(x, y)$ 是直线 $y=2x+4$ 上的一个动点，当点 P 沿直线向右上方运动时，请回答下列问题。

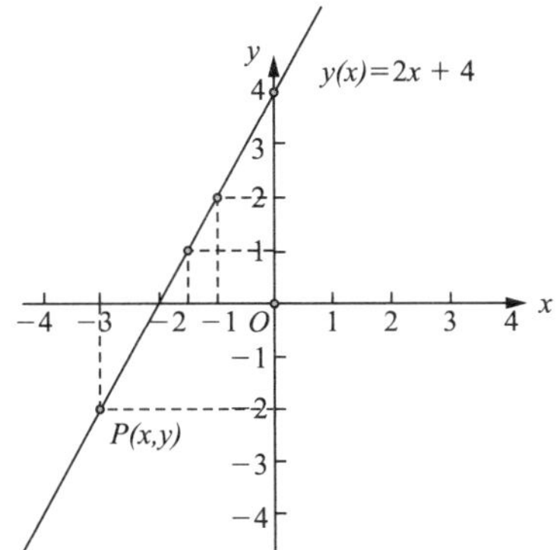

点 P（x, y）的横坐标 x 和纵坐标 y 发生怎样的变化？

（2）这说明，一次函数 $y=2x+4$ 当自变量 x 的值增大时，函数值 y 是怎样变化的。

当自变量 x 的值增大时，函数值 y 也__________。

（3）当点 P 沿直线从右向左运动时，点的横坐标 x 和纵坐标 y 发生怎样的变化？

由此我们可以知道，当自变量 x 的值减小时，函数值 y 也__________。

问题 2：如下图所示，在同一直角坐标系中，分别画出直线 $y=2x+1$，$y=x$，$y=0.5x-2$，它们是否也具有上述性质？

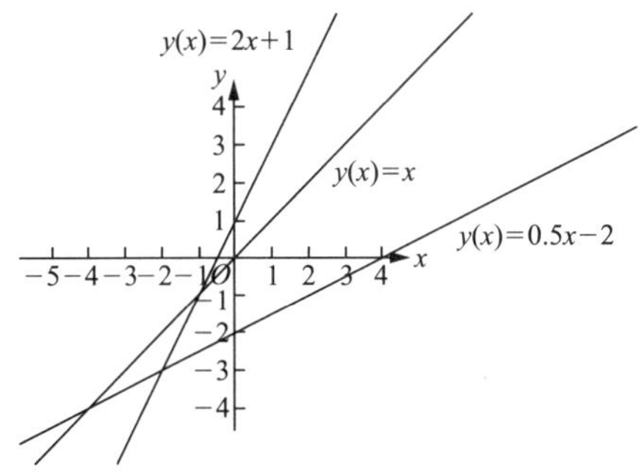

由此，我们可以说，当 $k>0$ 时，y 随 x 的增大而__________。

问题 3：如下图所示，在同一直角坐标系中，分别画出直线 $y=-2x+1$，$y=-x$，$y=-0.5x-2$，它们是否也具有上述性质？

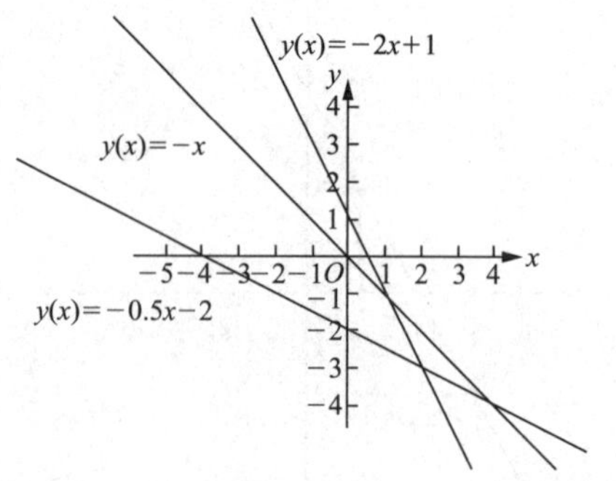

我们可以说，当 $k<0$ 时，y 随 x 的增大而__________。

总结：一次函数 $y=kx+b$（$k\neq 0$），

当 $k>0$ 时，y 随 x 的增大而__________，y 随 x 的减小而__________；

当 $k<0$ 时，y 随 x 的增大而__________，y 随 x 的减小而__________。

2. 任务二。

自主完成幻灯片所示的例题，小组合作交流 $|k|$ 对直线的倾斜程度的影响。

由图 ① 可知，哪一条直线最陡，倾斜程度最大。

∴当 $k>0$，k 越__________，直线越陡。

由图 ② 可知，哪一条直线最陡，倾斜程度最大。

∴当 $k<0$，k 越__________，直线越陡。

通过完成上述操作，你得到了什么结论？

____

（二）k、b 符号决定直线 $y=kx+b$ 的大体位置，也就是经过的象限

直线 $y=kx+b$ 与 y 轴交于点 $(0, b)$，所以直线经过的象限不仅与 k 的符号有关，还与 b 的符号有关。请小组合作，填写下表。

结论：

k 的符号	$k>0$			$k<0$		
k 的符号	$b<0$	$b=0$	$b<0$	$b>0$	$b=0$	$b<0$
图像						
经过的象限						

设计意图:加强小组合作学习,言语行为互动以提高学生的积极性,提高参与度,数形结合,开展合作式学习,使得不同学生学有所获。

1. 总结建构(梳理知识体系)。

2. 针对性训练。

(1)直线 $y = 4x - 2$ 经过点(0, 2),y 随 x 的增大而 ______。

(2)一次函数 $y = (m - 2) = \frac{3}{4}$,当 m 为何值时,y 随 x 的增大而减小?

(3)如果点(-2, m)和(0.5, n)都在直线$y = \frac{3}{4}x + 4$上,比较 m、n 的大小。

(4)如果点(a, m)和(b, n)都在直线$y = -\frac{4}{3}x + 4$上,且 $a > b$,比较 m、n 的大小。

(5)对于直线 $y = 2x + b$,

(1)当 $b = 5$ 时,直线经过哪几个象限?

(2)当 $b = -5$ 时,直线经过哪几个象限?

6)对于直线 $y = kx - 1$,

(1)当 $k = 3$ 时,直线经过哪几个象限?

(2)当 $k = -2$ 时,直线经过哪几个象限?

7)已知一次函数 $y = kx - k$,且 y 随 x 的增大而增大,试探索它的图像经过哪几个象限。

8)给出 m 的一个值,使一次函数$y = \left(\frac{m}{2} + 1\right) - m$的函数值随 x 值的增大而减小,并且对应的函数图像不经过第一象限。

第二节 物理部分

●《阿基米德原理》学习任务单●

寿光现代明德学校 张慧芳

【学习目标】

1. 通过复习影响浮力大小的因素及 $V_{排}$和 $V_{浸}$的关系,能猜想出浮力的大小与排开液体重力有关,提高推理判断能力。

2. 通过实验探究,能准确总结出阿基米德原理,提高动手操作、解决问题、分析问题、收集整理信息及与他人合作的能力,树立严谨求实的科学态度。

3. 通过典型练习，能运用阿基米德原理分析解决生活中的实际问题。

【学习过程】

1. 复习回顾。

(1)任务：基础知识回顾，自主回答下列问题。

(2)浮力大小的测量方法：

称重法：$F_{浮}=$________。

压力差法：$F_{浮}=$________。

2. 创设情境、导入新课。

任务：请同学们结合 PPT 课件讲一讲曹冲称象的故事。

3. 猜想与假设。

(1)任务：以小组为单位，交流讨论下列问题。

(2)浮力大小的影响因素：________、________。

(3) $V_{浸}$________$V_{排}$（>，<，=）。

(4) $\rho_{液}V_{排}=$________。

(5)液体的________大小跟它的质量成正比。

(6)猜想：浮力的大小跟排开液体所受的________有关。

4. 实验探究。

探究物体浸入液体中所受浮力的大小跟排开液体的重力的关系。

5. 实验器材。

弹簧测力计、铁块、小桶、溢水杯、毛巾、烧杯等。

6. 任务。

(1)以小组为单位，自主设计实验方案(需要测量的物理量)，并交流讨论：

1)如何测量物体浸入液体中所受浮力的大小？

2)如何测量排开液体所受重力的大小？

(2)小组上台展示实验方案，其他同学记录方案设计的不足之处，并提出改进措施。

(3)利用桌上实验器材进行实验探究，分工合作，记录实验数据。

实验记录表						
实验次数	物重 G/N	物块浸入水中后测力计的读数 F/N	物块受到水的浮力 $F_{浮}$/N	空桶和排开水重 G_2/N	空桶重 G_1/N	物块排开的水受到的重力 $G_{排}$/N
1						
2						
3						

(4)实验结论：$F_{浮}$ =________=________=________

5. 小试牛刀。

任务：自主完成下列习题，解答时应写出必要的文字说明、公式和重要的计算步骤。

(1)排水量为1 000 t的轮船在河水中航行，所受河水的浮力是多少牛？(g取 10 N/kg)

(2)一个在节日放飞的气球，体积是 620 m^3，这个气球在地面附近受到的浮力有多大？(空气的密度是 1.29 kg/m^3)

(3)将体积相同、形状不同的铅块、铜块、铁块浸没在水中不同深度的地方，则(　　)。

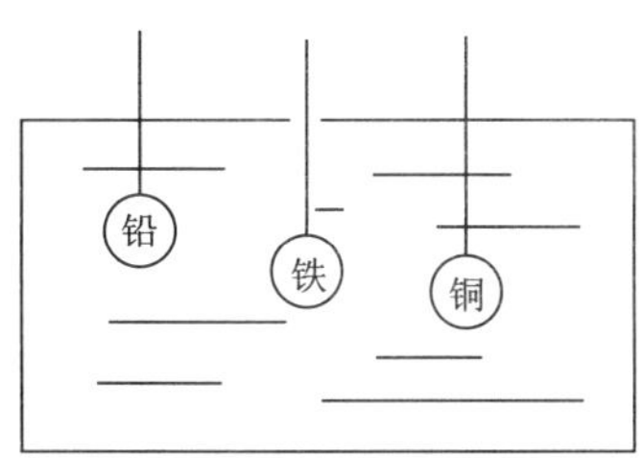

A. 铅块受到的浮力小，因为它的密度大体积小

B. 铁块受到的浮力大，因为它的密度小体积大

C. 铅块、铜块、铁块受到浮力一样大

D. 因素太多，无法判断

6. 挑战自我。

任务：以小组为单位交流讨论：曹冲称象故事中，________________

为什么石头的质量等于大象的质量？________________________

7. 总结建构。

任务：收获园地 颗粒归仓

1. 请说一说通过本节课的学习你有哪些收获。

2. 尝试用知识结构思维导图梳理本节课所学知识。

8. 课后拓展。

任务：请同学们课后搜集关于阿基米德的人物介绍，并制作介绍卡片。

第三节　化学部分

社团课程：《走近溶液的酸碱性、酸碱度》学习任务单

寿光现代明德学校　韩少华

【学习目标】

1. 通过动手实验，能准确说出石蕊、酚酞在不同酸碱性溶液中的颜色变化；学会利用石蕊、酚酞颜色的变化准确判断某溶液的酸碱性。

2. 通过动手自制酸碱指示剂，能准确判断某植物汁液能否做酸碱指示剂，并规范表述指示剂在不同酸碱性的溶液中颜色的变化。

3. 通过动手实验，会正确测定溶液酸碱度，并灵活运用酸碱度的知识，尝试解决生产生活中土壤改良问题。

【学习过程】

一、酸碱指示剂

任务一：认识酸碱指示剂：石蕊、酚酞

1. 我动手。

取石蕊、酚酞分别滴加到 1～2 ml 的盐酸、稀硫酸、氢氧化钠溶液、澄清的石灰水中。

观察并准确记录颜色变化。

	盐酸	稀硫酸	氢氧化钠溶液	澄清石灰水
石蕊				
酚酞				

2. 请填写图表中 A、B、C、D 呈现的颜色。

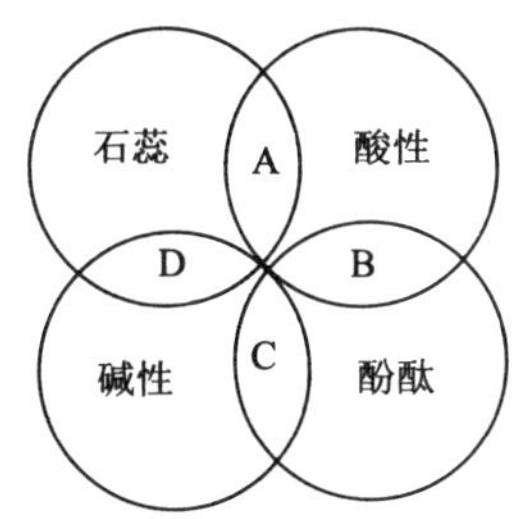

任务二：自制的酸碱指示剂

1. 我体验。

（1）实验目的：自制酸碱指示剂并检验家里常用物质的酸碱性。

（2）实验用品：紫甘蓝（或紫薯、牵牛花）、酒精（或普通白酒）、白醋、氯化钠溶液和小苏打溶液、滤网或纱布。

（3）实验步骤。

1）取少量紫甘蓝（或紫薯、牵牛花）用剪刀剪碎，加入酒精浸泡（或用榨汁机榨汁备用）。

2）用滤网或纱布将汁液挤出，得到酸碱指示剂。

3）取少量家里常用物质（白醋、氯化钠溶液、小苏打溶液），制成无色溶液，加入紫甘蓝指示剂，观察现象并准确表述现象，对比现象判断物质的酸碱性。

2. 我“找碴”。

下面是某些同学在实验过程中得出的结论，请你基于实验和自己的理解，帮他们判断对错并说明原因。

（1）刘梦宸同学说：“加入小苏打后，甘蓝指示剂变成蓝色，小苏打呈碱性，所以酸碱指示剂遇碱变蓝；加入白醋后，甘蓝指示剂变成红色，所以甘蓝指示剂遇酸变成红色。”

（2）赵海诺同学说：“酸性物质（如白醋）遇酸碱指示剂变红；碱性物质（如苏打水）遇酸碱指示剂变蓝。”

（3）任瀚博同学说：“酸碱指示剂遇碱变蓝，遇酸变红。”

任务三：用石蕊、酚酞检验常见溶液的酸碱性

1. 我验证。

你了解你身边熟悉的溶液的酸碱性吗？马上动手滴加石蕊或酚酞验证

一下你的猜想，并将结果（呈现颜色）记录在下面的表格中。

	苹果汁	橙子汁	苏打水	肥皂水	天然皂液	洗发液	护发素	中华牙膏
石蕊								
酚酞								

2. 我思考。

（1）哪些溶液的酸碱性与你的预期猜想不符？

（2）在酸性、碱性和中性溶液的检验中，酚酞无法区分吗？

（3）你认为在检验溶液的酸碱性中，石蕊和酚酞的优势分别是什么？

二、溶液的酸碱度

资料卡片：溶液酸碱性的强弱程度叫酸碱度。我们可以用 pH 值试纸测溶液的酸碱度。

任务一：我来测：请同学们测盐酸、橙汁、氢氧化钠溶液、肥皂水等的 pH 值

提示：pH 值测定的方法如下，在玻璃片上放一片 pH 值试纸，用玻璃棒蘸取溶液滴在 pH 值试纸上，把试纸显示的颜色跟标准比色卡比较，读出溶液的 pH 值。

	盐酸	橙汁	氢氧化钠溶液	肥皂水
pH 值				

任务二：我标注：请在图像中标出数字，并标出酸碱性的变化

任务三：我探究：洗发液和护发素的酸碱性

头发的主要成分是蛋白质，容易受碱性溶液的侵蚀。

同学们，我选择了几种平时使用的洗发用品（洗发剂、护发剂或洗护合一的洗发液），请大家测一下我提供的洗发液、护发素稀释后溶液的 pH 值。

根据实验及所学知识，讨论下列问题。

1. 一般情况下，我们使用的洗发用品是酸性的还是碱性的？

2. 有的洗发用品分为洗发剂（洗发香波）和护发剂（护发素）。洗发时，在用过洗发剂后再使用护发素，这样对头发有保护作用。你能解释这是为什么

吗?

任务四:走进植物园、百果园

我检测:一般作物适合在中性或接近中性的土壤中生长,请大家随我走进我校的植物园、百果园。植物园、百果园内的土壤酸碱性如何?植物园、百果园内的土壤是否符合植物生长要求?

任务五:我支着、我挑战

1. 问题。

如果植物园中土壤酸性偏强,如何调整?请同学们尝试用图像表达出土壤 pH 的变化图像。

2. 拓展任务动员令。

各位同学,大家好!五一小长假给大家布置了一个小作业:自制酸碱指示剂。请在群内分享一下你的成果。录制小视频,边说边做更好,期待大家的精彩表现!

(1)实验目的:自制酸碱指示剂并检验家里常用物质的酸碱性。

(2)实验用品:紫甘蓝、酒精(或普通白酒)、滤网或纱布。

(3)实验步骤。

1)取少量紫甘蓝用剪刀剪碎,加入酒精浸泡(或用榨汁机榨汁备用)。

2)用滤网或纱布将汁液挤出,得到酸碱指示剂。

3)取少量家里常用物质,制成无色溶液,加入紫甘蓝指示剂,观察现象并对比现象判断物质的酸碱性(食醋、氯化钠溶液、小苏打溶液)。

3. 作业要求。

提交视频或照片(视频需要对实验进行解说,照片呈现主要实验步骤和现象)。

第四节 历史部分

•《独立自主的和平外交》学习任务单•

寿光现代明德学校 刘珊珊

【学习目标】

1. 通过研读教材和史料,准确说出中国实行的独立自主的和平外交政策及取得的成就。

2. 通过梳理教材，准确说出和平共处五项原则的内容；利用时间轴梳理其发展历程；通过研读史料，简要概括其作用。

3. 通过辨析史料，探究“求同存异”的含义，并全面分析其作用。

【学习过程】

1. 图文观中国外交。

任务一

研读教材第 81 页内容，分析史料，对比近代外交的特点，准确概括出新中国实行的外交政策及取得的成就。（完成后同桌间相互核对，对有疑问处进行标注）

材料：清朝的西太后、北洋政府的袁世凯、国民党的蒋介石，哪一个不是跪在地上办外交呢？中国一百年来的外交史是一部屈辱的外交史。我们不学他们……要有独立精神，要争取主动，没有畏惧，要有信心。

——周恩来《新中国的外交》

2. 五项原则结四方友邻。

任务二

（1）梳理教材第 82 页内容，和同桌说一说和平共处五项原则的内容，并用时间轴构建出和平共处五项原则确立的过程。（完成后同桌间相互核对、补充）

原则内容	重要性及内在联系
	最重要的原则，是基础和核心
	是保证，是处理各国政治关系的基本行为准则
	是条件，是各国经济、贸易关系的基本出发点
	是目标，其他原则是实现该原则的根本基础和前提条件

（2）分析史料，结合所学知识，简要概括和平共处五项原则的历史意义。（注意用笔勾画）

材料一：和平共处五项原则早已载入中国宪法，标志新中国外交的成熟，是中国长期奉行独立自主的和平外交政策的基础，也体现在中国与 170 多个国家的建交公报中。60 多年来，中国努力实现和平共处五项原则，在此基础上发展同世界各国的友好合作关系。

材料二：半个世纪以来，和平共处五项原则经受住了历史的考验，得到国际社会的广泛认同，成为指导国际关系的基本原则，为维护世界的和平与稳定，促进国际关系健康发展，做出了不可磨灭的贡献。

——唐家璇在2004年6月28日会见印度报业托拉斯记者约瑟夫时的讲话

3. 中国声音广交朋友。

任务三

研读教材第83页“加强与亚非国家的团结合作”一目，在准确勾画出万隆会议基本史实的基础上，小组合作分析史料，全面归纳并选举代表进行总结发言。

材料一：“中国代表团是来求同的而不是来立异的。在我们中间有无求同的基础呢？有的。那就是亚非绝大多数国家和人民自近代以来都曾经受过并且现在仍在受着殖民主义所造成的灾难和痛苦。这是我们大家都承认的。从解除殖民主义痛苦和灾难中找共同基础，我们就很容易互相了解和尊重、互相同情和支持，而不是互相疑虑和恐惧、互相排斥和对立。”

“我首先谈不同的思想意识和社会制度问题。……次之，我要谈有无宗教信仰自由的问题。宗教信仰自由是近代国家所共同承认的原则。”

——《周恩来在万隆会议上的补充发言》

概括“求同存异”方针中“同”和“异”的含义。

材料二：总理第一句话是“中国代表团是来求团结的，不是来吵架的”，第二句话是“中国代表团是来求同的而不是来立异的”。总理的话被翻译出来后，全场热烈鼓掌，将整个会议紧张气氛扭转过来。

当时与会国家只有6个与我们建交，很多国家对新中国很不理解。对于一些人指责中国共产党要颠覆周边国家，周总理表示，中国人民长期受到外来势力侵犯，中国有句话是己所不欲勿施于人。这些话讲出来后当时感动了很多人，尼赫鲁和阿里总理等多国领导人争相与总理握手。

——《周总理如何斡旋万隆会议？》

全面归纳“求同存异”方针的作用。

4. 大国风范，尽显外交魅力。

任务四

结合视频和史料，简要概括周恩来在新中国成立初期的外交成就，和同桌说一说周总理身上值得学习的优秀品质。

总结建构：梳理知识体系。

针对性训练：

(1)习近平总书记说："随着中国的发展，中国将……更多地提出中国方案，贡献中国智慧。"历史上，新中国首次向国际社会"贡献中国智慧"，是提出（　　）。

A. 和平共处五项原则　　B. "求同存异"方针

C. 人类命运共同体理念　　D. "一国两制"构想

(2)一位美国记者评价周恩来在万隆会议中的作用时说："周恩来并不打算改变任何一个坚持反共立场的领导人的态度，但是他改变了会议的航向。"具体是指周恩来提出了（　　）。

A. 全方位外交政策　　B. 和平共处五项原则

C. 求同存异的方针　　D. 互不干涉内政方针

(3)"中华人民共和国外交政策和原则是，为保障本国独立、自由和领土主权的完整，拥护国际的持久和平和各国人民间的友好合作，反对帝国主义的侵略政策和战争政策。"根据材料得出我国的外交政策是（　　）。

A. 和平共处五项原则　　B. 独立自主的和平外交政策

C. 求同存异　　D. 全方位外交

(4)孔子提出过"君子和而不同"的思想，意思是"和谐而又不千篇一律，不同而又不互相冲突"，运用这种思想处理不同社会制度的国家间的关系，取得成功的范例是（　　）。

A. 中苏建立外交关系　　B. 中美建立外交关系

C. 美苏争霸局面的出现　　D. 万隆会议的圆满成功